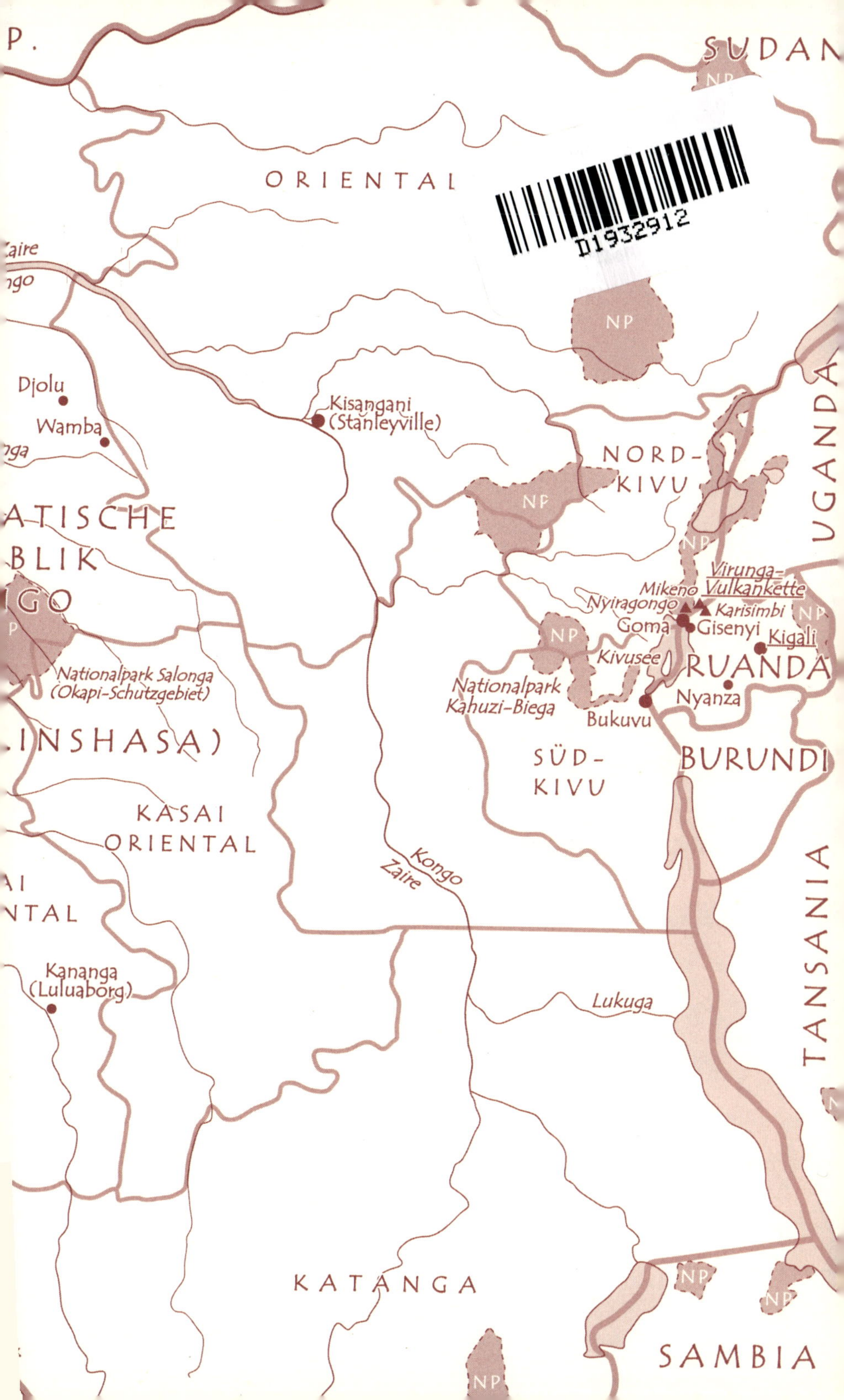
P.
SUDAN
ORIENTAL
NP
Zaire
ngo
Djolu
Wamba
nga
Kisangani
(Stanleyville)
NORD-
KIVU
NP
UGANDA
ATISCHE
BLIK
NGO
NP
Nationalpark Salonga
(Okapi-Schutzgebiet)
INSHASA)
Virunga-
Vulkankette
Mikeno
Nyiragongo
Karisimbi
Goma
Gisenyi
Kigali
NP
Kivusee
RUANDA
Nationalpark
Kahuzi-Biega
Bukuvu
Nyanza
SÜD-
KIVU
BURUNDI
KASAI
ORIENTAL
AI
NTAL
Kongo
Zaire
TANSANIA
Kananga
(Luluaborg.)
Lukuga
KATANGA
SAMBIA

Wilde Zärtlichkeit

Claudine André

Wilde Zärtlichkeit

Mein Paradies für Bonobos
im Herzen Afrikas

Aus dem Französischen von
Stefanie Windfelder und Mechthild Ochsenmeier

KOSMOS

Die Originalausgabe erschien 2006 unter dem Titel
Une tendresse sauvage bei Éditions Calmann-Lévy, Paris
Fotos: Claudine André (Tafel 1 und 2 sowie 11 rechts unten),
Christine d'Hauthuille (Tafel 3–16)

Weitere Informationen über Claudine André und LOLA YA BONOBO finden Sie unter www.claudine-andre.de

1. Auflage 2007

ISBN 978-3-440-11007-2
Printed in the Czech Republic/ Imprimé en République tchèque

Inhalt

Prolog

Die Savanne erstreckt sich bis ins Unendliche, nur selten steht ein einzelner Strauch. Die Trockenzeit hat die hohen Gräser braun werden lassen. Im Kontrast zu ihrer erloschenen Farbe steht das dunkelgrüne Band der Wälder, die bis zum Horizont die Flüsse säumen. Bald werden – kurz vor der Regenzeit – die großen Buschfeuer gelegt, die sich über Hunderte von Hektar ausbreiten und den Boden vorbereiten: Mit dem ersten Regen wird zartes Gras sprießen, das den Herden als Nahrung dient.

Ein leichter Morgennebel verschleiert noch die Sonne. Bis zu uns her trägt der Wind die Laute der Tiere, die sich unten in ihren Pferchen zu regen beginnen. Ab und zu spitzt meine Stute Bellabelle die Ohren, mit der wachsamen Neugier der Tiere, die ein, zwei Sekunden lang jede ihrer Bewegungen erstarren lässt. Dann nehmen wir den Pfad zum „Kral", wie man hier zu den Pferchen sagt. Ich werde beim Bad der Tiere im „Dip" zuschauen. So wird das Becken genannt, durch den das Vieh regelmäßig getrieben wird, damit das insektizidhaltige Wasser Zecken und andere Parasiten abtötet. Mein Vater, ein gutaussehender vierzigjähriger Mann, sportlich, in Shorts und Khakihemd, weißen Kniestrümpfen und Safarihut mit umgeschlagener Krempe, überwacht das Ganze. An bestimmten Tagen sind die Rinder dran, an anderen die Schafe, die unruhig im Kral stampfen und scharren. Die Viehhirten treiben sie mit einem Stock durch eine Art Trichter, der sie einzeln in das zementierte, etwa zehn Meter lange Becken führt. Sie müssen durch das Wasser planschen, bevor sie über eine Verengung am anderen Ende zurück in den Kral kommen und sich schnaubend trocken schütteln. Die anderen Herden warten an der Umzäunung. Mein größtes Vergnügen ist es, oben auf dem Rand des Dips zu sitzen, die Beine in der Luft baumelnd, und zuzusehen, wie die Tiere unter mir vorbeilaufen. Die ersten zögern noch, sträuben sich, dann durchqueren sie das Becken und die anderen folgen vertrauensvoll. Ich mag die Tage, wenn die Schafe an der Reihe sind, ihre stoische Art vorwärts zu laufen, obwohl ich immer ein wenig Angst habe, dass die Lämmer störrisch werden und dadurch vielleicht Panik ausbricht. Sie bleiben unter der Aufsicht ihrer Hirten, bis sie nach dem Dip zu ihren Herden zurückkehren.

Bald darauf erhebt sich eine Staubwolke. Die Erde stößt ihren heißen Atem aus. Mich umfängt der Geruch der Tiere, vermischt mit den Gerüchen der Savanne. Ich schließe die Augen. Wir sind im Herzen des Kongo, im Kasai, im Mai 1960. Ich bin vierzehn Jahre alt und ahne nicht, dass ich die letzten Tage einer unbeschwerten Kindheit erlebe.

Am anderen Morgen stehen die Hirten meinem Vater gegenüber. Ich bin an seiner Seite, ganz stolz darauf, an diesem Platz stehen zu dürfen. Über dem Feldlager weht die Flagge von Belgisch Kongo, dunkelblau mit einem gelben Stern in der Mitte. Unsere Farm erstreckt sich über mehrere Tausend Hektar Land. Die Überwachung der Herden ist eine ständige Sorge. Jeder Führer legt bei Tagesanbruch seinen Bericht vor, bevor mein Vater in alle vier Himmelsrichtungen des riesigen Besitzes auf Inspektion geht.

Einer der schwarzen Rinderhirten ergreift das Wort. Er ist besorgt. Am Rand des Flusses, der die Plantage begrenzt, im sogenannten Mwamba Nzolo, etwa zwanzig Kilometer vom Feldlager entfernt, haben die Löwen erneut Vieh gerissen. Zwei Kälber sind in der Nacht verschwunden. Der Hirte spricht von „Ungeheuern“, weil die Löwen über die Absperrung des Nachtkrals gesprungen sind und die Kälber mitgeschleppt haben, ohne Spuren zu hinterlassen. „Das muss ich mir genauer ansehen“, unterbricht ihn mein Vater, dem ich die Unruhe anmerke. Wir steigen in den Willis-Jeep und fahren los, mit offenem Verdeck und heruntergeklappter Windschutzscheibe. Justin, einer unserer besten Männer, sitzt am Steuer. Der Rinderhirte fährt mit und natürlich Raf, die deutsche Bracke, die immer dabei ist und das Niederwild apportiert, die einzige Jagdleidenschaft meines Vaters. Ich bestehe darauf, die Männer zum Mwamba Nzolo zu begleiten, das für mich am Ende der Welt liegt. Papa zögert kurz, bevor er zustimmt. Für alle Fälle nimmt er sein Jagdgewehr mit.

Wir finden nur ein totes Kalb etwa dreißig Meter jenseits der Umzäunung. „Wir müssen das zweite finden, das führt uns vielleicht zu dem Löwen“, entscheidet mein Vater. Im Schritttempo geht es mit dem Jeep weiter, vor uns läuft ein Fährtenleser, der den Spuren des Raubtiers folgt. Ich fühle mich sehr unbehaglich. Wir suchen den Horizont ab, versuchen, die Umrisse eines Löwen zu erahnen, der hinter dem hohen, trockenen Gras versteckt ist. Nichts. Wir fahren weiter, es erscheint mir wie eine Ewigkeit.

Plötzlich ertönt das Brüllen eines Löwen. Wo ist er? Fünf Meter entfernt oder fünfzig? Unmöglich festzustellen. Der Wind überträgt die Laute, als ob das Tier ganz in unserer Nähe wäre. Ich sehe den Löwen schon auf unseren Jeep springen. Die Angst lässt mich erstarren, ich beginne am ganzen Körper zu zittern. Meine Knie sind weich. Das Jagdgewehr meines Vaters kommt mir lächerlich klein vor. „Wir sollten besser Herrn Robert Bescheid sagen“, sagt mein Vater. Das ist ein Nachbar, der Großwild jagt – den ausgestopften Elefanten auf der Weltausstellung in Brüssel haben wir ihm zu verdanken. Wir geben die Suche auf und treten den Rückzug an. In den Tagen darauf werden die Männer Treibjagden organisieren, jedoch ohne Erfolg.

Gestört durch die Aufregung haben die Löwen sich weiter von der Farm entfernt.

Zu Hause angekommen zittere ich immer noch. Das Brüllen des Löwen, das die Stille zerriss, höre ich bis heute. Und Raf, der abends und frühmorgens, auf dem Boden liegend, zu knurren begann. Mein Vater mit seinem trockenen Humor deutete es auf seine Art: „Du weißt ja, dass die Erde Laute überträgt. Bestimmt hört Raf in der Ferne einen Löwen brüllen." In dieser Zeit verkroch ich mich nachts besonders tief unter die Bettlaken, versteckte mich hinter meinem Moskitonetz und wartete, bis die Petroleumlampe auf dem Nachttisch erlosch.

Bald würde diese Welt im Nichts verschwunden sein. Ich konnte damals nicht ahnen, welch weiter Weg mit Überraschungen und Hindernissen vor mir lag, bevor ich mich wieder zu Hause fühlen durfte. In Afrika habe ich Momente größten Glücks erlebt, und in Afrika habe ich gelernt, was Angst bedeutet. Die Vorahnung einer Bedrohung, die ganz in der Nähe lauert, ein Brüllen, von dem man nicht weiß, ob es nah ist oder fern.

Gewalt unter Menschen kann jederzeit ausbrechen, die natürliche Harmonie ist ständig bedroht. Und trotzdem: Dort, im Herzen Afrikas, habe ich mein Paradies auf Erden gefunden.

Kapitel 1

Meine afrikanische Heimat

Ich sage manchmal, mein zweites Leben hat in einem Alter begonnen, in dem die meisten Leute anfangen, an ihre Rente zu denken. Um es zu betonen, mache ich mich manchmal sogar noch älter. Tatsächlich war ich siebenundvierzig Jahre alt, als ich begann, mich für das Schicksal der Bonobos zu interessieren. Manchmal findet man seine Bestimmung erst, wenn das Leben scheinbar schon alle Karten verteilt hat.

Für mich war es der verlorene Blick in den Augen des verwaisten Bonobo-Kindes Mikeno, 1993 im Zoo von Kinshasa, der zu meiner radikalen Neuorientierung führte. Als Tierhändler ihn in den Zoo brachten, war sein Zustand schon so kritisch, dass sie befürchteten, er könne sterben. Daher versuchten sie, ihn dort loszuwerden, um keinen Ärger zu bekommen, denn das Wildern von Menschenaffen und das Handeln mit diesen Tieren ist im Kongo verboten. Sie wollten ihn sogar an den Zoo verkaufen. Weil Mikeno aber schon fast tot war, gaben sie es auf und ließen ihn einfach dort. Ich werde die Worte von Zoodirektor Musubao nie vergessen: „Claudine, hängen Sie Ihr Herz nicht an dieses Tier, die Bonobos gehen zu hundert Prozent ein." In diesem Moment habe ich keine Sekunde gezögert, die Herausforderung anzunehmen. Selbst wenn alle Bonobowaisen starben, die als Opfer von Wilderei im Zoo von Kinshasa landeten, sollte dieser hier überleben. Ich konnte noch nicht ahnen, dass meine Entscheidung mein ganzes Leben umkrempeln würde und dass ich dieses Versprechen angesichts eines kleinen Tieres, das vor der menschlichen Grausamkeit gerettet wurde, in den nächsten Jahren noch oft wiederholen würde:

„Dich werde ich retten." Ich war dazu bereit, die festgefügte Ordnung einer ganzen Existenz in Frage zu stellen – nämlich meiner eigenen.

Eine festgefügte Ordnung ... vielleicht doch nicht ganz. Wie bei den Bonobos gibt es auch in meinem Leben innige Nähe und Entfernung; immer hier und immer woanders. Ich bin eine Euro-Afrikanerin, eine emigrierte Belgierin ohne Sehnsucht nach ihrem Geburtsland, eine Kongolesin, die in ihre Adoptivheimat verliebt, aber kritisch ist; eine „Blanc cassé", eine gebrochene Weiße, wie die Bewohner des Landes es ausdrücken. Man mag glauben, dass das Leben jedem eine zweite Chance gibt; ich glaube eher, dass jeder eine Vielfalt von möglichen Schicksalen hat. An dieser Vorstellung gefällt mir alles. Zum Ahnen- und Vergangenheitskult, dem sich der Schwarze Kontinent verschrieben hat, füge ich den Kult der Zukunft hinzu mit den Herausforderungen, die es anzunehmen gilt. Der Wunsch nach Freiheit ist tief in mir verwurzelt. Wer meinen Weg verstehen will, muss aber wissen, das mir einige Werte genauso wichtig sind: Respekt vor dem Leben, Abscheu vor Gewalt und Extremismus, Glaube an den Menschen und tiefe Verbundenheit mit dieser Erde.

Meine erste Schule war der Busch, das aufregende Leben mitten im Herzen der Wildnis.

Im Alter von vier Jahren bin ich nach Belgisch Kongo gekommen, wohin mein Vater, ein Tierarzt, von der Regierung berufen worden war. Zunächst reisten wir viel durch Ruanda-Urundi, Königreiche der Tutsi-Herrscher und zu jener Zeit noch unter belgischer Verwaltung, genannt das „Land der tausend Hügel", und durch Kivu, eine Provinz im Osten, die auch belgische Kolonie war. Die Landschaft ist abwechslungsreich, die Vegetation üppig. In meiner Erinnerung sehe ich unseren langen Konvoi, wenn wir von einer Ansiedlung zur anderen reisten, die Träger mit dem Weidenkorb, in dem meine Schwester und ich saßen. Papa bildete das Ende des Zuges. Vor ihm Mama, die wir um ihre geschlossene, sie vor der Sonne schützenden Tragsänfte beneideten – wir mussten uns mit unseren kleinen Tropenhelmen begnügen. Und dann die tausend Geräusche des Urwaldes, die Nähe zu den großen Wildtieren. In meinen frühen Lebensjahren war die Natur allgegenwärtig und überwältigte mich mit ihrer Kraft. Später hat mich ihre Verletzlichkeit beunruhigt. Aber damals ahnte niemand etwas davon. Große Teile der Natur waren weitgehend unberührt, so wie die ersten Forscher sie erlebt haben müssen.

Bei Einbruch der Nacht erreichte unser Konvoi die nächste Unterkunft. Meine Schwester und ich liebten es, die Umgebung zu erkunden, während alle anderen mit dem Auspacken beschäftigt waren. Jedem wurde eine Aufgabe zugeteilt: Die Sturmlampen, bereit zum Anzünden, auf dem Boden aufzureihen, die Bettstätten auszurollen, Baldachine und Moskitonetze anzubringen. Der Bote mit der Kalebasse, die als Butterfass diente, handelte mit den Einheimischen um Milch; dann begann er, die Kalebasse rhythmisch zu schütteln, bis der Inhalt die richtige Konsistenz hatte. Papa brachte uns Feldhühner, Trappen, Wachteln oder Kaninchen, die er in der Nähe erlegt hatte und bald darauf begann Mama, mitten im Busch mit den Kochtöpfen zu hantieren. Als Kühlschrank diente ein Jutesack mit grobkörnigem Salz, in den wir Flaschen steckten und mit Wasser aus den Bächen überschütteten. Manchmal luden die Stammesoberhäupter uns zu einem Fest ein, was wir gern und mit gebührendem Respekt annahmen. Einmal lud uns der Mwami – der König – am Hof von Nyanza im Süden Ruandas ein, bei den berühmten Tänzen seiner Intore-Krieger zuzuschauen. Der Anblick von etwa hundert riesigen Tänzern, die zum Klang der Trommeln rhythmisch tanzend am Ende der Ebene auftauchten, geschmückt mit Bast- und Federbusch auf dem Kopf, Schellen an den Knöcheln, Leopardenfellen um die Hüften und Speeren in der Hand war so überwältigend, dass ich mich unter meinem Sitz verkroch.

Als meine Schwester Paule und mich der sogenannte Ernst des Lebens, also das schulpflichtige Alter, erreichte, gab unsere Familie das Nomadenleben auf. Von da an arbeitete mein Vater als Leiter eines Zentrums zur Verbesserung des heimischen Weideviehs im Landesinneren, in der Provinz Kasai. Dort wurden auf einer Farm von sechstausend Hektar Schafe und Rinder gezüchtet. Mein Vater kreuzte Buckelrinder aus Asien mit einheimischen Rassen, um gut angepasste und robuste Jungtiere zu erhalten. Das Experiment gelang, die Farm blühte auf, und die Leute waren glücklich. Wie alle habe auch ich im Nachhinein die bedrückenden Augenzeugenberichte über die Gräueltaten der Kolonisation gelesen. Ich will hier weder meine Erinnerungen idealisieren noch die Auswüchse bestreiten. Aber ich selbst habe sie nicht erlebt. Trotz der Unterschiede in Hautfarbe und sozialem Status blieb in meiner Umgebung ein Mensch ein Mensch.

Wir lebten nicht weit entfernt von einem kleinen Marktflecken, Luputa, an der Eisenbahnstrecke, die das Land bis zu den schiffbaren Wasserwegen bei Kinshasa durchquerte. Die Belgier hatten nur wenige asphaltierte Straßen gebaut, aber es gab eine Vielzahl schiffbarer Flüsse und Nebenflüsse und ein dichtes Schienennetz mit komfortablen Zügen.

Unser Internat in Luluabourg, dem heutigen Kananga, war nur dreihundert Kilometer von der Farm entfernt, und trotzdem dauerte die Fahrt mit dem Schlafwagen zwölf Stunden. Ich erinnere mich an den intensiven Geruch meiner Hände, wenn ich mich stundenlang an der Kupferstange am offenen Fenster festgehalten hatte, vermischt mit dem der Ledersitze und dem Rauch der Lokomotive.

Unser Haus war aus Backsteinen gebaut – das örtliche Vorkommen von Laterit ermöglichte ihre Anfertigung in großer Stückzahl. Rings um das Haus befanden sich große, überdachte Terrassen, auf denen wir uns zu jeder Jahreszeit aufhielten. Sie schützten auch die innen liegenden Zimmer, in denen es weder Ventilatoren noch Klimaanlage gab, vor zu starkem Sonneneinfall. Die Abende waren lang und wurden mit Lesen, Gesellschaftsspielen und Unterhaltungen verbracht. Wir machten es uns in den Morris-Sesseln mit ihren breiten Armlehnen aus Holz und ihren großen Kissen bequem, die alle Kolonisten im Wohnzimmer stehen hatten.

Mama war eine hochgewachsene Frau mit schwarzen Haaren, die sie im Nacken zu einem Knoten zusammensteckte. Sie interessierte sich nicht für die Viehzucht, aber für das Dutzend Pferde, das sie versorgte. Sie kümmerte sich auch um meine Stute Bellabelle, wenn ich im Internat war. Mama war eine unvergleichlich gute Hausfrau und der Gemüsegarten ihr besonderes Hobby. Sie setzte ihren Ehrgeiz daran, im Schatten von geschnittenen Palmwedeln europäisches Gemüse zu ziehen und holte dazu schwarze Erde aus dem Galeriewald entlang des Flusses. Unsere Mahlzeiten wurden so durch Buschbohnen, Tomaten und Salat ergänzt. Mama war eine hervorragende Köchin, die ihre Kochkunst dem Angebot des lokalen Marktes angepasst hatte und Antilope Stroganoff oder Büffelschmorbraten ausgezeichnet zubereitete. Sie zögerte nicht, Fasan durch Trappe oder Erdbeeren und Preiselbeeren durch Bélé-Bélés zu ersetzen, jene kleinen roten Beeren, die im Kasai wachsen. Damals kannte niemand die Lebensmittelknappheit, die heute im Kongo an der Tagesordnung ist. Der Zug brachte uns regelmäßig alle Waren, die wir benötigten. Dank der Eisenbahnlinie, die die Provinz Kasai mit den Ländern des südlichen Afrika verband, bekamen wir sogar Weintrauben aus dem damaligen Rhodesien. Kam ich von einem Ausritt zurück, empfing mich aus der Küche der köstliche Duft von frisch gebackenem Brot. Wir hatten ein wunderbares Zuhause, und die Zeit schien still zu stehen.

Um sechs Uhr abends brach die afrikanische Nacht herein. Der „Boy“ stellte im Haus Petroleumlampen auf, die er zuvor auf der Terrasse vor der Küche angezündet hatte. Dieses Vorgehen erforderte minutiöse Genauigkeit. Man musste einen Kolben drücken, damit das Petroleum im Vorratsbehälter auf den entzündeten Docht gesprüht wurde. Dieser brennt dann mit einem gleichmäßigen Zischen und schafft einen schönen, bleichen Lichtkreis, ähnlich wie eine Neonlampe. Im Herzen der Savanne gab es weder Elektrizität noch fließendes Wasser. Selbst der Kühlschrank wurde mit Petroleum betrieben. Jeden Morgen ging einer der Arbeiter an den Fluss zum Wasserholen. Dann füllte er reihum alle Tanks der Farm damit auf. In unserer Küche gab es einen Filter für Trinkwasser und darüber zwei Wasserbehälter. In den oberen wurde das zuvor erhitzte Wasser gegossen, das dann langsam durch einen stangenförmigen Tonfilter in den zweiten Behälter lief. Alte Gewohnheiten sind zäh: Ich benutze heute noch genau den gleichen Filter. Im Badezimmer gab es zwei zementierte Behälter, aus denen die Becken mit Wasser versorgt wurden. In einem war kaltes Wasser, das andere wurde durch eine Feuerstelle, in der Holzscheite brannten, erhitzt und lieferte warmes Wasser.

Ich ließ keine Gelegenheit aus, meinen Vater auf seinen Kontrollfahrten mit dem Jeep über die Farm zu begleiten. Er trug dabei seinen ewigen Safarihut, da der Tropenhelm langsam aus der Mode kam. Der Tropenhelm war besonderen Anlässen vorbehalten, offiziellen Zeremonien, TeDeum-Messen, dem Nationalfeiertag. Bei Tagesanbruch gingen wir oft auf die Jagd nach Niederwild, Wachtel, Trappe oder Antilope. Unser Hund Raf begleitete uns, hielt witternd die Nase in den Wind, aufmerksam wartend auf den feinsten Geruch eines Tieres.

In meinem Geburtsland entdeckte ich eine andere Natur, eine andere Stimmung, aber der Zauber war genauso groß. Unsere Familie kam nur alle drei Jahre nach Belgien. Dort wohnten wir bei meiner Großmutter oder auf dem Anwesen meines Onkels – und das Abenteuer ging weiter. Bei Jagdausflügen im Wald habe ich von meinem Vater und seinem Bruder, einem diplomierten Landwirt, Respekt und Liebe für die Natur, für ihre Kreisläufe und Gesetzmäßigkeiten gelernt. Von den wunderbaren Stunden, die ich an ihrer Seite verbrachte, bleiben vielfältige Bilder und Eindrücke unauslöschlich in meinem Gedächtnis: der Ruf des Kuckucks, ein Reh, das in der Ferne abspringt, der Wechsel der Jahreszeiten, das Rascheln von trockenem Laub unter unseren Füßen. Diese beiden Männer waren die ersten Naturschützer, die ich kennenlernte. Und wenn ich heute in Afrika meinen Kampf für die Bonobos unter meinem Mädchennamen führe, ist es sicher auch, um ihr Andenken zu ehren. Ihnen habe ich es zu verdanken, dass ich die Rhythmen der Natur, der Tiere und Pflanzen erspüre und sie zu meinem Lebensinhalt gemacht habe.

In Belgien traf ich auch meinen Paten Arille wieder. Er war zwar nicht gerade das schwarze Schaf der Familie, sorgte aber in einer Zeit des Kalten Krieges und der Angst vor dem Vormarsch des Kommunismus für Besorgnis. Die meiste Zeit verbrachte er in seiner Bibliothek, die dem kleinen Mädchen, das ich damals war, eine neue magische Variante von Abenteuerlust bot. Obwohl Arille einen seriösen Beruf ausübte – er war Wirtschaftsprüfer – machten ihn seine Ideen zum Außenseiter einer konformistischen Gesellschaft. Einige Jahre später erfuhr ich, dass er tatsächlich Kommunist war, und dies förderte bei mir eine Phase, in der ich prosowjetische Ideen mit einem solchen Eifer vertrat, dass meine ältere Schwester sprachlos war. Arille, dieser Mann, der in einer Ecke seines Arbeitszimmers

„Die rote Fahne“ las, faszinierte mich. Ich sah ihn mit den Augen eines Kindes, später einer Jugendlichen, halb als Spion, halb als Philosoph, und schuf mir um ihn herum eine geheimnisvolle Welt. Er behandelte mich wie eine Erwachsene, hörte meinen Fragen aufmerksam zu, immer bereit, eine Antwort zu finden und immer auf dem Sprung, ein Buch hervorzuholen, das seine Aussagen belegte, oder mir eine Karte, ein Foto, ein Bild zu zeigen. Er war meine erste Enzyklopädie und bot mir alles, was meine Persönlichkeit prägen sollte: einen Hang zur Rebellion, aber auch die Liebe zur Wahrheit.

Nach der Geburt meiner älteren Schwester Paule träumte mein Vater von einem Jungen. Daher stammt mein Vorname, die weibliche Form eines heiß ersehnten Claude. Armer Papa, nach einer dritten Tochter, Françoise, musste er bis zur Geburt seines vierten Kindes warten, damit sein Wunsch endlich in Erfüllung ging! War es vielleicht, um diesen Mangel auszugleichen, dass an mir immer ein Junge verloren gegangen schien? Ein Wildfang mit langen Locken, der sich kein bisschen für Mädchenspiele interessierte, aber beim Reiten und Jagen auf seine Kosten kam und sogar lernte, Munition herzustellen? „Du wirst noch mal Waffenschmiedin“, sagte mein Vater manchmal, wenn ich ihm half, Patronen herzustellen und Blei abzuwiegen. Für mich war es unmöglich festzustellen, was daran Herausforderung, Wunschvorstellung oder ernsthafte Zukunftspläne waren. Wenn schließlich aus Claude eine Claudine geworden war, konnte es statt eines Waffenschmieds doch auch eine Waffenschmiedin geben.

Viele, die heute meinen Kampf gegen Wilderer und Wildtierfleisch-Händler erleben, wären bestimmt erstaunt, wenn sie erführen, dass ich als Kind unter Anleitung meines Vaters, eines Tierarztes, Patronen herstellte. Die Zeiten waren damals andere. Im Einklang mit der Natur zu leben bedeutete auch, vernünftig Jagd zu betreiben und dabei Sorge zu tragen, dass das Gleichgewicht der Natur gewahrt wurde und ihr nicht noch die letzten Stücke zu entreißen, wie es heute ohne jede Scham geschieht. Die Jagd stand im Dienst einer höheren Ordnung und trug zu einer Harmonie bei, die es zu bewahren galt.

Ende Juni 1960, unmittelbar nachdem der Kongo seine Unabhängigkeit erklärt hatte, wurde mein Vater, wie alle anderen Regierungsbeamten auch, nach Belgien zurückberufen. Dieser Abzug geschah in Folge von Unruhen, die das ganze Land überzogen, denn niemand hatte eine so schnelle Aufgabe des Kongos erwartet. Von einem Tag auf den anderen war die gesamte Verwaltung des Landes an die neuen einheimischen Autoritäten übergeben worden, während die meisten privaten Unternehmer und Siedler vor Ort blieben. Sie hegten die Hoffnung, dass das Land, das sie als ihre Heimat ansahen, es auch bleiben würde. Sie wurden enttäuscht, denn das Mutterland war überzeugt, den Übergang vorbereitet zu haben.

Obwohl sich die Spannung zwischen Einheimischen und Weißen schon seit den ersten Unruhen im Jahr 1958 verstärkt hatte, war der Schock gewaltig. Im Internat berichteten uns die externen Schüler von alarmierenden Gerüchten, die unter den Familien der Ausgewiesenen kursierten. Aber wir, die wir doch so weit weg von allem wohnten, inmitten der stillen Savanne, was hatten wir schon zu befürchten?

Doch dann überstürzten sich die Ereignisse. Die Schule wurde im Mai geschlossen, mehr als einen Monat vor Ende des regulären Schuljahrs. Aus Sicherheitsgründen schickten meine Eltern meine Schwester und mich für die Zeit der Unabhängigkeitsfeiern zum Polizeikommissar von Luputa. Später erzählten sie uns, dass die Zeremonie der Machtübergabe in unserer kleinen Ortschaft, in der kaum zwanzig Weiße lebten, sehr bewegend gewesen sei, mit vielen Reden und Versprechungen.

Wenige Tage später brachen in der Provinz Bas-Congo Unruhen aus, die sich über das ganze Land ausbreiteten. Innerhalb weniger Stunden mussten wir aus Angst vor drohenden Plünderungen unsere Koffer packen und fast allen unseren persönlichen Besitz zurücklassen, sogar die Familienfotos, denen ich heute noch nachtrauere. Die schmerzende Erinnerung an diese Stunden der Panik, in denen wir hastig irgendwelche Kleinigkeiten zusammenpackten und dabei die wirklich wichtigen Dinge vergaßen, wird mir für immer bleiben. So konnte ich mich nicht von einem Plattenspieler trennen, der mir später schnell überflüssig erschien. Wir öffneten die Käfige unserer Vögel, während eine Stute gerade ein Fohlen bekam. Ich war fünfzehn Jahre alt. Die Farm, auf der ich so glücklich gewesen war, wurde meinem Leben gewaltsam entrissen.

Meine Kindheit verschwand wie ein Traum, und wir fürchteten, dass er zu einem Albtraum werden könnte. Ich habe später erfahren, dass wir nicht die einzigen waren, die von der Schnelligkeit der Ereignisse überrascht worden waren. Nach unserer Abreise haben die schwarzen Angestellten der Farm zunächst unser Haus bewacht, weil sie mit unserer Rückkehr rechneten. Aber wir kehrten nie zurück, und bald fiel alles den Plünderungen zum Opfer.

Ein zweiter Schock erwartete uns, als wir mit dem Flugzeug für die Heimkehrer in Belgien landeten. Wir begriffen schnell, dass ganze Flugzeugladungen voll neuer Mitbürger keineswegs mit Begeisterung erwartet wurden. Wo sollte man Zehntausende Beamte mehr unterbringen, deren Dienste nicht benötigt wurden? Was konnte man für sie tun, welche Zukunft ihnen bieten? Von einem Tag auf den anderen wurden wir zu Verlierern eines Kampfes, der nicht der unsrige war. Wir kamen mit leeren Händen und schweren Herzen. Wir repräsentierten das schlechte Gewissen eines Landes, das sich fast ein Jahrhundert lang mit dem Besitz einer Kolonie gebrüstet hatte, die fast achtzigmal so groß war wie das eigene Land, und der es einen großen Teil seines Reichtums verdankte. Wie bei allen Spielen stören auch beim Spiel der Geschichte die Verlierer. Wir waren die Verlierer, und wir störten.

Viele Belgier hatten sich eine zu einfache Vorstellung der jetzt aus der Kolonie Vertriebenen gemacht. Alle drei Jahre kamen wir für sechs Monate in die Heimat und wirkten wie reiche Leute, die sich einen Luxusurlaub gönnten, jede Gelegenheit zum Einkaufen wahrnahmen, ein glückliches Leben führten, wunderbare Geschichten vom Leben in der Savanne erzählten und manchmal unglaubliche Abenteuer erlebten. Wir erschienen ihnen wie konsumierende Müßiggänger inmitten einer hart arbeitenden Bevölkerung. Und zum Teil traf dies tatsächlich zu: Die Kolonisten genossen es, sich in einem Land bei Freunden zu erholen, die sie vor Jahren verlassen hatten. Natürlich war es einfacher, Kleidung, Geschirr oder Möbel in einem Kaufhaus in Brüssel einzukaufen als mitten im tropischen Regenwald. Eine Safari am Sonntagmorgen ist spannender als ein Picknick in den Dünen der Nordsee, so wie es exotischer ist, einen Ozeandampfer zu besteigen, um an seinen Arbeitsplatz zu gelangen als eine überfüllte Straßenbahn. Aber war das unser Fehler? Und zeigten sich jene, die uns ein Schicksal zum Vorwurf machten, das sie für sich oft abgelehnt hatten, etwa barmherzig uns gegenüber, die wir alles verloren hatten? Wie dem auch sei, in ihren Augen blieben wir die Privilegierten, die wir immer gewesen waren. Wir waren unerwünscht in unserem eigenen Land.

Da wir keinen anderen Familien-Wohnsitz hatten, lebten wir bei meiner Großmutter. Meine Eltern, beide Anfang vierzig und noch voller Tatendrang, erlebten eine schwere Zeit. Mein Vater wurde nicht sofort wieder eingestellt, was ihm sehr zu schaffen machte. Was seine Kinder betrifft, so erlebten sie gleich zu Beginn des neuen Schuljahrs, zwei Monate nach unserer Ankunft, eine Ablehnung, die sie sofort zu Außenseitern der Klasse machte. Unter den Belgiern entwickelte sich eine Art innere Rassengrenze – auf der einen Seite schlossen sich die ehemaligen Kolonisten wieder zusammen, auf der anderen Seite rückten die anderen enger zusammen, um keinen Platz für die zu lassen, die sie „die Kreolen" nannten. Wir wurden ignoriert und man zeigte mit Fingern auf uns.

Ich brauchte lange, um mich von diesem Schock in meinem Land, das doch nicht mein Land war, zu erholen. Da wir in die Rolle der peinlichen Opfer gedrängt wurden, flüchtete ich mich in einen Traum. Ich war unfähig, wie eine Belgierin zu leben und beanspruchte meinen Status als Exotin. Die anderen täuschten sich – ich war viel mehr als eine Kreolin: ich war eine ehemalige kongolesische Kolonistin. Ich wollte meine Schulbildung in einem Belgien abschließen, das uns so schlecht aufgenommen hatte und dann endgültig wieder nach Afrika zurück und dort leben. Eines Tages, da war ich ganz sicher, würde ich mein verlorenes Paradies, meine Farm in Afrika, wiederfinden.

Ich hatte mich nicht getäuscht. Als ich ohne große Begeisterung eine Ausbildung zur Bewegungstherapeutin machte, geschah etwas Unerwartetes, das meinem glanzlos gewordenen Leben gewaltigen Auftrieb gab. Eines Tages kam Georges hereingeschneit, ein Freund meines Vaters, und wie er ehemals Beamter im Kongo. Während der Unruhen von 1960 war er zunächst nach Belgien zurückgekommen, aber bald wieder nach Afrika ausgereist, wo er als Entwicklungshelfer arbeitete. Er liebte die Natur und war ein ausgezeichneter Jäger, der auch vor großen Raubtieren keine Angst hatte, er begeisterte sich für Fotografie und afrikanische Kunst und war eine wandelnde Enzyklopädie. Ich war zwanzig Jahre alt, er fünfunddreißig, und ich verliebte mich auf der Stelle in diesen Märchenprinzen, den der Himmel mir geschickt hatte. Zum großen Kummer meines Vaters. Die Entscheidung seiner Tochter stürzte ihn in eine Ratlosigkeit und einen Zorn, den der große Altersunterschied zwischen Georges und mir nicht allein erklären konnte. Ich schmiss alles hin – Ausbildung, Familie, Belgien. Wir heirateten und zogen nach Afrika, genauer gesagt nach Ruanda, das früher zu Belgisch Kongo gehörte und inzwischen auch unabhängig geworden war. Georges wurde dort Direktor einer Postschule, die lokale Beamte ausbildet. Wir richteten uns in der Nähe der neuen Grenze ein, die heute zwei Städte voneinander trennt, die einst verbunden waren: Goma und Gisenyi oberhalb des Kivu-Sees, am Fuß der Virunga-Vulkane. Mein Leben nahm wieder einen afrikanischen Lauf, der in meinem Kopf nie wirklich unterbrochen worden war. Ich wurde Mutter, zuerst eines Sohnes, Philippe, dann einer Tochter, Géraldine. Wir erkundeten das Land in alle Richtungen, ich fand die Landschaften meiner Kindheit wieder, wir campten in freier Wildbahn, ich war glücklich. Hier begann die Phase meines Lebens, die ich mit „Vulkane und Naturparks" überschreiben könnte.

Was den Naturschutz betrifft, waren die Belgier Pioniere. Sie standen als Wegbereiter für eine Bewegung, die in den Siebzigerjahren ihren Höhepunkt erreichte. Im Jahr 1929 war der erste afrikanische Nationalpark gegründet worden, der Albert-Nationalpark, der nach der Unabhängigkeit in Virunga-Nationalpark umbenannt wurde und an der Grenze zwischen dem neuen Zaire und Ruanda lag. Nachdem die anfänglichen politischen Irrtümer beendet waren, widmete sich Mobuto seinerseits dem Naturschutzes zu. Der Höhepunkt seines Regimes in der zweiten Hälfte der Sechziger- und zu Beginn der Siebzigerjahre, war in Sachen Naturschutz eine Glanzzeit. Der Park wurde gut gepflegt und bewacht von aufmerksamen Wildhütern, die die Wilderei – später eine der vielen Plagen Schwarzafrikas – verhinderten. Belgische Naturschützer, von Mobutu sehr geschätzt, standen ihnen zur Seite. Darunter Adrien De

Schryver, der mit Casimir, dem Silberrücken-Gorilla vom Nationalpark Kahuzi-Biega, berühmt wurde, André Letziexe, Jacques Verschuren und vor allem unser Freund Jean-Pierre Von Der Becke aus Antwerpen, ein Kindheitsfreund von Georges. Hinzu kamen bald auch kongolesische Pioniere des Naturschutzes, wie Samy Mankoto, heute Mitarbeiter bei der Unesco.

Mobutus Engagement für den Naturschutz ging weiter. In den darauffolgenden Jahren wurden neue Parks gegründet und von der Unesco anerkannt. Das Land hielt sich seit 1974 an die Konvention von 1972, die den Schutz von Gebieten festlegte, die zum Weltnaturerbe zählten. Und das ein Jahr vor Frankreich, 22 Jahre vor Belgien, aber zur gleichen Zeit wie die meisten afrikanischen Länder, die in diesem Fall einmal Vorreiter waren. Im Lauf der Jahre wurden fünf weitere Parks eingerichtet: die Nationalparks Virunga (1979), Garamba (1980) und Kahuzi-Biega (1981), alle drei im Osten des Landes, der Nationalpark Salonga (1984) im Landesinneren, der, wie ich später feststellte, ein Teil des Bonobo-Verbreitungsgebietes umfasst, und schließlich das Okapi-Schutzgebiet (1996) im Nordosten. Aufgrund fehlender finanzieller Mittel, vor allem aber wegen der ständigen Konflikte, die das Land erschütterten, standen die Naturparks vor immer größeren Problemen. Die Schutzgebiete umfassten 8,5 % der Landesfläche. Sie wurde unter die Schirmherrschaft des kongolesischen Instituts für Naturschutz (L'Institut Congolais pour la Conservation de la Nature – ICCN) gestellt. Während der Kriegsjahre arbeitete diese Behörde praktisch ohne staatliche Mittel, Unterstützung erhielt sie nur von der deutschen Entwicklungshilfe, den großen internationalen nichtstaatlichen Organisationen und der Unesco.

Wir lebten am Ufer eines wunderschönen afrikanischen Sees, des Kivu-Sees, mit Blick auf eine der üppigsten Landschaften, die ich je kennen lernen durfte. Da ich nicht berufstätig war, konnte ich meine ganze Zeit der Familie und meiner Begeisterung für die Natur widmen. Die Bilder der Vulkankette, die wir von unserem Haus aus sehen konnten, stehen mir noch vor Augen: der Nyiragongo, den der Wind im April, zu Beginn der Trockenzeit, langsam von seinen Rauchwölkchen befreit, während auf dem Kivu-See die Wellen weiße Schaumkronen tragen; der Karisimbi, was in der Kinyarwanda-Sprache „der mit dem weißen Kopf" bedeutet, und der Mikeno. Über 4500 Meter hoch, erheben sie nach der Regenzeit ihre weiß verschneiten Gipfel neben dem Krater des Nyiragongo, der seinen Feuerschein in den nächtlichen Himmel wirft und mit dem klaren Licht des afrikanischen Monds wetteifert.

Doch die Faszination des Anblicks genügte mir bald nicht mehr. Ich wollte diese Gipfel erobern. Damit begann meine afrikanische Bergsteigerzeit. In Begleitung von Georges und einigen Freunden habe ich mit dem Fotoapparat im Rucksack diese Viertausender erklommen und die üppige Vegetation an ihren Hängen bewundert, von der subalpinen Flora über die Bambus- und Kossobaum-Wälder. Unter unseren Freunden war auch Jacques Durieux, ein junger Professor aus Goma, der eine Passion für Vulkanologie entwickelt hatte, da er zu Füßen der Virunga-Vulkane lebte.

Er war in den Augen der Einheimischen ein Original, dem sie den liebevollen Spitznamen „Jacquum Durieff" gegeben hatten, im Andenken an Haroun Tazieff, den Vulkanologen, der seine Karriere als Kolonist in Belgisch Kongo begonnen hatte. Jacques hat, ebenso wie sein Vorbild, seinen Traum konsequent verwirklicht und zählt zu den großen Vulkanologen. Mit ihm zusammen bin ich in das Innere des Nyiragongo-Kraters gestiegen, der einen Durchmesser von 1400 m hat. Zusammen mit einem anderen Freund, Amin Dhanani, hat Jacques uns auf den Spuren der jüngsten Expedition von Haroun Tazieff geführt. Wir sind bis zur ersten Terrasse hinabgestiegen, 174 m tief. Nur die überhängende Steilwand über der zweiten,

47 Meter weiter unten, in deren Zentrum ein flüssiger Lavasee brodelte, hielt uns zurück. Als Laien waren wir überhaupt nicht entsprechend ausgerüstet – wir hatten weder Schutzkleidung gegen die Hitze noch Atemmasken, die so wichtig sind, wenn der Wind schwefelhaltige Dämpfe im Krater aufwirbelt, die das Atmen erschweren. Ohne eine solche Ausrüstung ist es unmöglich, die Hitzewand zu durchdringen, die unsichtbar, aber unüberwindbar an den Ufern der Lavaflüsse steht und deren sonderbare Bekanntschaft jeder Vulkanologe einmal in seinem Leben gemacht hat.

In den Jahren, die wir dort lebten, kam es zu einigen spektakulären Ausbrüchen des Nyiragongo Vulkans, zu dessen Füßen die Städte Goma und Gisenyi liegen. Wir haben keinen davon verpasst. Ohne daran zu denken, dass wir eine brennende Vulkanbombe auf den Kopf hätten bekommen können, sind wir in den frischen, schwarz erstarrten Lavafeldern herumspaziert. Alle Vorsicht außer Acht lassend, sind wir so weit gegangen, wie wir nur konnten, bis wir sogar die Bildung neuer Krater eines jungen Vulkans sahen, der in starken Erschütterungswellen Lavablöcke spie. Und das alles auf der Jagd nach dem besten Foto, dem abenteuerlichsten Erlebnis, der wagemutigsten Besteigung und der Hoffnung, den schönsten Schnappschuss eines riesigen Auswurfs festzuhalten.

Die einzige Befürchtung, die ich damals hatte, lässt mich heute noch schmunzeln. Ich wusste, weil ich sie zwei-, dreimal in der Stadt gesehen hatte, dass im Virunga-Gebiet eine ungewöhnliche Amerikanerin ihr Leben den wilden Gorillas verschrieben hatte. Zu dieser Zeit interessierte sich noch kaum jemand für Menschenaffen oder für Dian Fossey, und nichts ließ darauf schließen, dass sie bald weltweit Berühmtheit erlangen würde. Ich erinnere mich noch gut an ihren ersten Film, den ich um 1972 herum mit weniger als 10 anderen Kinobesuchern sah. Vor den Gorillas hatte ich eine Riesenangst, und nachdem ich einigen von ihnen an den Vulkanhängen versehentlich zu nahe gekommen war, ging ich nie wieder auf Expedition, ohne vorher ihren Aufenthaltsort erkundet zu haben. Unvorstellbar, dass ich eines Tages auch eine „Affenmutter", wie wir uns heute manchmal selbstironisch nennen, werden würde. Damals genügten für mein Glück die Vulkangipfel und die Aufnahmen, die Georges und ich mitbrachten. Bald bedeckten sie ganze Wände in unserem Haus.

Noch eine andere Leidenschaft hatte mich in ihren Bann gezogen. Dank seiner guten Kenntnis der Region war Georges im Lauf der Jahre zu einem Experten für afrikanische Kunst geworden und hatte sich eine beachtliche Sammlung zugelegt. Für mich war es eine völlig neue Entdeckung. Meine Eltern hatten keinen Zugang zu einheimischen Kunstwerken und auch keinen Kontakt zu Kunstliebhabern. Dem Vorbild meines Mannes folgend und begeistert von dem, was er mir beibrachte, begann ich, Bücher, Kataloge und private Sammlungen zu studieren. Afrikanische Kunst war noch wenig bekannt, obwohl sie seit Jahrzehnten zahlreiche Künstler, von Modigliani bis Picasso, begeisterte. Auch hier wollte ich den Dingen auf den Grund gehen und durchforstete nach und nach das Netzwerk der belgischen Kunstsammler und amerikanischen Händler, die sich für diesen Markt zu interessieren begannen. Entscheidend war die Begegnung mit einem renommierten Antiquitätenhändler aus Brüssel, Pierre Dartevelle, der in Ruanda auf der Durchreise war. Er verfügte über solides Wissen und einen ausgeprägten Sinn für Schönheit. Ich zeigte ihm die Werke, die Georges und ich erworben hatten. Er kaufte einige, ließ andere unbeachtet, und ihm habe ich es zu verdanken, dass mein Blick geschult wurde und ich lernte, das Richtige auszuwählen.

Danach wollte ich auf eigenen Beinen stehen. Ich reiste in die USA, sehr zum Missfallen von Pierre, der mir zum Abschied eine Platte schenkte, auf der ein Liedtext lautete: „Seine Lieben verlassen, um Teller auf der Nase tanzen zu lassen, nein, das lohnt sich nicht." Aber mich lockte das Abenteuer, Händlerin für afrikanische Kunst zu werden und damit meinen Horizont entscheidend zu erweitern. In New York, wo Kunst von Schwarzen modern war, traf ich bedeutende Händler und angesehene Experten, darunter Morton Simpson und Herwin Hersey. Sie staunten über mein Alter. Eine fünfundzwanzigjährige junge Frau als Kunsthändlerin? Seltsam. Und sie hatten nicht Unrecht. Meine Karriere ging schnell zu Ende. Nicht aus Mangel an Kompetenz, sondern an Geschäftstüchtigkeit. Ich stellte fest, dass ich nicht gleichzeitig Kunstwerke sammeln und damit handeln konnte. Ich sehe mich noch in New York einem bekannten Kunsthändler aus Los Angeles eine wunderbare Warega-Maske in Form eines doppelten Herzens zeigen. Ich pries ihre Bedeutung und die Schönheit des Objekts und wusste gleichzeitig, dass ich sie nie verkaufen könnte, so sehr hing ich daran. Und zum Erstaunen des Händlers habe ich mich tatsächlich geweigert, die von mir selbst angepriesene Maske zu verkaufen. Nach Ruanda zurückgekehrt, war mir klar: Ich würde nie Kunsthändlerin werden, da ich mich von den Objekten, die ich lieb gewonnen hatte, nicht trennen konnte. Georges und ich haben weiter gesucht, aber nur mit dem Ziel, unsere Sammlung zu erweitern. Manchmal reisten wir dafür sehr weit. Ich erinnere mich an eine Expedition bis tief ins Landesinnere von Zaire, wo wir einen Schemel auftreiben wollten, den wir auf einem alten Foto in einem Museum entdeckt hatten.

Eigentlich war die Zeit wenig günstig für waghalsige Expeditionen. Mitte der Sechzigerjahre erlebte der Kongo eine nie da gewesene Welle der Gewalt. So kosteten der Aufstand von Pierre Mulele und die blutige Einnahme der Stadt Stanleyville – heute Kisangani – durch seine Truppen Hunderttausende von Kongolesen und Hunderte von Europäern, darunter die meisten der weißen Missionare in den östlichen Provinzen, das Leben. Nicht minder gefährlich war der Aufstand der Söldner unter Jean Schrame und Bob Denard: Sie waren in den Dienst Mobutus getreten, weil er sich mit ihrer Hilfe von den Anhängern Muleles befreien wollte, hatten aber keinen Sold ausgezahlt bekommen. Überall wollte man alte Rechnungen begleichen oder sogar ganze Bevölkerungsteile, weiß oder schwarz, ausrotten. Als die Söldner die Stadt Bukavu, im Süden des Kivu-Sees an der Grenze zu Ruanda, einnahmen, breitete sich Panik aus. Dian Fossey, die sich zunächst an den Hängen des Karisimbi Vulkans auf kongolesischer Seite niedergelassen hatte, musste fliehen. Damals trafen wir uns zum ersten Mal, sie war gerade über die Grenze gekommen und wusste nicht, wie es weitergehen sollte. Später erfuhr ich, dass sie ihr Camp Karisoke in Ruanda auf dem Sattel zwischen den Vulkanen Karisimbi und Visoke aufgeschlagen hatte, von wo aus ihre Arbeit über die Berggorillas immer bekannter wurde. Aber zu der Zeit wusste ich so gut wie nichts über ihre Arbeit, ebenso wenig wie über Jane Goodall, die sich einige hundert Kilometer entfernt in Tansania, im Wald von Gombe am Ufer des Tanganjika-Sees, um das Überleben von Schimpansen bemühte.

Die Lage endete wie immer mit einer Beruhigung, und es gelang uns, die Unruhen, die das Land zerrissen hatten, zu verdrängen. Georges und ich kannten Afrika mit seinen plötzlichen Aufwallungen, den verschlungenen Pfaden seiner Politik und den verzwickten Schachzügen, die von einem Tag auf den anderen aus Verbündeten erbitterte Gegner machten. Mit Fotoapparaten und Notizbüchern fuhren wir im Einbaum Flüsse entlang, trafen Einwohner, die erstaunt waren über unsere Unbefangenheit, uns aber freundlich aufnahmen und uns Masken, Fußschemel und Totems aller Art verkauften. Wieder zu Hause, freuten wir uns an den mitgebrachten Objekten und schwelgten in der Erinnerung an die herrlichen Landschaften.

In diese relativ ruhige Phase schlug für uns ohne Vorwarnung ein Ereignis ein wie ein Blitz aus heiterem Himmel: Präsident Mobutu verkündete in einer Rede am 24. November 1973 in seinem verzweifelten Bemühen um eine „Rückkehr zur Authentizität", die ihm seit zwei Jahren als Regierungsprogramm diente, dass ab dem 1. Januar des folgenden Jahres die vollständige „Zairisierung" in Kraft treten würde. Die Europäer begriffen sofort, dass mit dieser Ansprache dreizehn Jahre nach der politischen Unabhängigkeit des Landes das Verschwinden der letzten ausländischen Wirtschaftskräfte besiegelt war. Und wir standen dabei in vorderster Reihe.

Der Kivu, im Grenzgebiet zwischen Zaire und Ruanda gelegen, war mit seinen großen Tierzucht-Farmen, seinen Tee- und Kaffeeplantagen und den Anbaugebieten von Chinarindenbaum und Pyrethrum, einem natürlichen Insektizid aus Chrysanthemenblüten, die landwirtschaftliche Perle der Region. Außer den griechischen, jüdischen oder indo-pakistanischen Gemeinden führten hier auch Großgrundbesitzer aus der europäischen Oberschicht und Auswanderer aus der Zeit der belgischen und deutschen Kolonien seit langer Zeit ein ruhiges Luxusleben. Belgische Aristokraten, wie die Baronin Vonnich de Crombrugge de Lorringhe und Madame Van Hoegaerde, hatten sich am Ufer des Sees, in der Nachbarschaft adliger Polen, des Prinzen Sapiegua und des Grafen Bielski, niedergelassen. Letzterer baute neben anderen landwirtschaftlichen Spezialitäten am Fuß der Vulkane köstlichen Spargel an. Immer den Gentleman-Farmer spielend, pflegten diese Leute die nostalgische Vorstellung einer europäischen Kolonie, von der sie gar nicht wussten, wer sie schließlich verteidigen würde.

So erstaunlich es auch klingen mag, die Unabhängigkeit hatte ihren Lebensstil kaum verändert. Denn wenn auch alle Regierungsangestellten 1960 das Land hatten verlassen müssen, war doch die wirtschaftliche Zusammenarbeit nie in Frage gestellt worden. Viele Grundbesitzer hatten sich daher entschieden zu bleiben. Natürlich wurden sie nicht von den vielfältigen Schikanen der Regierung verschont, und obwohl die Gewalt seit zehn Jahren in ihrem Leben Einzug gehalten hatte, arrangierten sie sich. Ihr Leben spielte sich hier ab und nirgendwo anders. Sie schliefen mit einem griffbereiten geladenen Gewehr und klammerten sich an das Land, das sie als das ihre betrachteten. Außerdem glaubten sie im Grenzgebiet vor politischen Unruhen sicher zu sein und führten auf den Plantagen ein angenehmes Leben. Sie empfingen sich gegenseitig in ihren prächtigen Villen am Ufer des Sees, die zu Beginn des Jahrhunderts mit Türmchen und Buntglasfenstern wie Kirchenfenster gebaut worden waren, und in denen mit Wappen verziertes Silberbesteck und Tafelgeschirr um die Wette funkelten. Die dunklen Möbelstücke und die Böden waren auf Hochglanz poliert, hier und da erinnerten Jagdtrophäen oder afrikanische Kunstwerke daran, wo man lebte.

Diese Leute demonstrierten ihr Anderssein mit Familienandenken, die sie in der europäischen Vergangenheit verwurzelt hielten. Das Ganze hatte durchaus seinen Charme und bildete eine geschlossene, aber sympathische Gesellschaft, in der ich als junge Frau mit Blicken aus einer anderen Zeit empfangen wurde. Bei Vonnich, wie ich die Baronin de Crombrugge vertraulich nannte, bediente bei Tisch ein alter Hausangestellter mit weißen Handschuhen nach einem unverrückbaren Protokoll, denn in den „Kolonien“, wie man in diesen Kreisen sagte, musste das Leben sich abspielen wie früher. Die eine oder andere Witwe mit Strohhut harkte am Abend die letzten trockenen Chinarinden oder Kaffeefrüchte zusammen. Man spielte Tennis oder ritt gemeinsam aus, und das Ambiente glich eher Baden-Baden als einem amerikanischen Pionierlager.

Obwohl wir am Rand dieser Gesellschaft standen, gingen Georges und ich dort ein und aus, und ich als junge Frau, die mitten im Busch aufgewachsen war, sich für Vulkane und afrikanische Kunst begeisterte, betrachtete sie mit amüsiertem Erstaunen. Das Ganze war eine bizarre Mischung und erinnerte auf seine Art an „Jenseits von Afrika“ oder auch an „Unter dem Vulkan“. Denn diese Elite, die glaubte, die Zeit sei an den Ufern des Kivu-Sees für immer stehen geblieben, musste mit der Rede des Präsidenten entdecken, dass die Geschichte eben doch fortschritt. Mobutu hatte unter anderem verfügt, dass ausländisches Vermögen nicht außer Landes geführt werden durfte, sodass diese Aristokraten aus einer anderen Epoche plötzlich mit dem Rücken zur Wand standen, gefangen auf einem Gutsbesitz, der sie ernährt hatte und von dem sie nun befürchteten, dass sie ihn mit ihrem Leben bezahlen würden.

Die Silvesterfeiern zum Jahreswechsel 1973/74, die wir in Goma verbrachten, sind mir unvergesslich. Im Palast von Goma, dem Hotel des Grands Lacs, wurde eine Gesellschaft nach der anderen gegeben. Über dem Ganzen schwebte eine Atmosphäre von künstlicher und verbissener Fröhlichkeit. Jeder hielt es für seine Ehre, großzügig Geld auszugeben. Wenn die Titanic schon unterging, dann wurden eben alle Vorratskammern geplündert. Der Champagner floss in Strömen, gefolgt von edlen französischen Tropfen und uralten Branntweinen. Beim abschließenden Feuerwerk herrschte eine elektrisierte Ausgelassenheit, von der viele glaubten, dass sie nie enden würde. Auch wenn einige Gäste, gutgläubig bis zur Naivität, sich noch der Hoffnung hingaben, dass die zairischen „Käufer“ ihrer Plantagen sie behalten würden, um die Geschäfte weiterzuführen, war sich die Mehrheit doch der Lage bewusst.

Weit davon entfernt, die Begriffe Nationalisierung oder gar Enteignung zu verwenden, hatte Mobutu präzisiert, dass die zairischen „Käufer“ zehn bis fünfzehn Jahre Zeit hätten, um die früheren Besitzer auszuzahlen. Die Zukunft strafte diese Versprechen Lügen: die Kolonisten wurden in derselben Währung bezahlt, in der ihre Vorfahren die Schulden für das russische Darlehen gezahlt hatten.

Im Kongo hatten sich im Zuge der Zairisierung von einem Tag auf den anderen alle mit „Bürger" und „Bürgerin" anzusprechen, wie in den großen Momenten der Französischen Revolution. Die Männer trugen Hemden mit kurzem Stehkragen, die schon bald „abacost", Kurzform für „à bas le costume" – „nieder mit dem Anzug" – genannt wurden. Krawatten waren verpönt, und eine Art Lendenschurz, das klassische afrikanische Bekleidungsstück, ersetzte Kleider und Hosen. Der Staat verwechselte sich selbst mit Mobutus Partei – wenn nicht sogar umgekehrt. Großartige Parolen, darunter das berühmte „Dienen und nicht sich bedienen", wurden überall angeschlagen. Angesichts der bereits üblichen Gepflogenheiten mangelte es ihnen nicht an Pikanterie. Die Namen von Städten, geografische Bezeichnungen, Unternehmen und Plantagen, alles erhielt einen neuen zairischen Anstrich. Die meisten Weißen verließen das Land, wie wir dreizehn Jahre zuvor, mit wertlosen Koffern, aber unbezahlbaren Erinnerungen. Ich stelle mir vor, dass sie sich nicht umdrehten und stattdessen zu vergessen versuchten. Sie hatten Recht. In Zaire war ein neues Zeitalter angebrochen, das nicht Wohlstand und nationales Glück brachte, wie Mobutu, getäuscht vom Sirenengesang der chinesischen Revolution, es sich erträumt hatte, sondern Chaos, allgemeine Korruption und wachsendes Elend.

Die Wirtschaft brach zusammen, weniger wegen des Weggangs der Weißen als wegen der verbreiteten Fahrlässigkeit unter den Schwarzen. Abseits der Regionen, die vom Inga-Staudamm, einem der während Mobutus Herrschaft realisierten Großprojekte, mit Strom versorgt wurden, ging die Stromproduktion dramatisch zurück. Das Straßennetz verfiel, es gab weniger Autos, der Tourismus, zaghaft aufgeblüht, ging ein. Die Nationalparks blieben zwar erhalten, aber mit dem Ende der internationalen Unterstützung im Jahr 1990 verfielen und verwilderten sie. Das Land versank in Armut.

Einige Zeit später zog Mobutu eine negative Bilanz der Situation und vollzog in der Frage der ausländischen Experten eine Kehrtwende. Er beabsichtigte die Rückgabe der Güter an die früheren Besitzer. Aber wovon sprach er? Alles war verlassen oder zerstört. Die Annahme, man könne die Weißen locken, erneut zu investieren und als Experten zu arbeiten, nachdem sie ihrer Früchte beraubt worden waren, war schlicht naiv. Es blieb ein Vorstoß ohne positive Folgen, gekennzeichnet von derselben Blindheit wie viele andere zuvor. Der Niedergang des Landes ging weiter, die Minister wechselten einander ab und Mobutu vergrößerte seine persönliche Macht. Für mich war der Kongo ein anderer geworden. Bei meiner Rückkehr nach Afrika einige Jahre zuvor hatte ich mit dem Land meiner Kindheit zugleich die Hoffnung auf ein freies und glückliches Land wiedergefunden. Und nun verschwand sie erneut vor meinen Augen. Georges und ich waren erschüttert über solch ein Elend. Unser geliebtes Afrika zerfiel in Stücke. Und dies war nicht der einzige Bruch in meinem damaligen Leben.

Ich fühlte mich nicht mehr wohl in meiner Haut. Ich passte nicht mehr in die Rolle der Ehefrau, die ich aus reiner Vernunft mehr und mehr eingenommen hatte. Die Bewunderung, die ich jahrelang für meinen Mann empfunden hatte, war einer Abhängigkeit gewichen: Ich sah alles nur noch mit seinen Augen, ich bewunderte Kunst und Natur nur noch nach seinen Kriterien. Mein Freiheitsdrang gewann wieder die Oberhand. Es zerriss mir das Herz, aber ich beschloss, mich von Georges zu trennen und meiner neuen Liebe zu folgen. Victor war auch ein „Blanc cassé“: sein Vater Italiener, seine Mutter eine Tutsi. Der Spitzname, den seine Freunde ihm gaben, sagt alles über die Lebhaftigkeit seines Geistes und seine Lust an Neuanfängen: der Wind. Er brachte frischen Wind in ein Herz, das sich in sich selbst zurückgezogen hatte, und ich folgte ihm bis ans andere Ende des Landes, nach Kinshasa. Hier wollte er nach dem Nomadenleben seiner Jugend, die er in Nationalparks und im Urwald verbracht hatte, sein Glück als Geschäftsmann versuchen. Wir waren uns beide der unzähligen Schwierigkeiten bewusst, die uns in dieser stürmischen und in viele Richtungen strebenden Stadt erwarteten. Aber die Abenteuerlust gewann wieder die Oberhand.

Nach elf gemeinsamen Jahren verließ ich 1978 meinen Mann, meine Vulkane und meine Sammlung afrikanischer Kunstwerke. Die Trennung war heftig, endgültig und sehr schmerzhaft. Ein Teil von mir blieb dort, und noch heute genügt die Nachricht, dass ich nach Goma reisen muss, um mein Herz schneller schlagen zu lassen. Das Wiedersehen der Vulkane weckt jedes Mal Erinnerungen an glückliche Jahre, Tausende Kilometer von meinem jetzigen Leben entfernt. Lange habe ich sogar daran gedacht, mich dort beerdigen zu lassen. Aber jetzt gibt es keinen Zweifel mehr: Mein Grab wird in Lola sein und nirgendwo anders, in afrikanischer Erde, aber nicht auf irgendeinem Friedhof, wo Plünderer die Grabstätten schänden. „Und dann kannst du, Madame Claudine, auch immer ein Auge auf uns haben“, sagt mir manchmal jemand von unserem Team. Es stimmt – nach all den gemeinsamen Jahren kennen sie mich nur zu gut …

Victor und ich wohnten in Kinshasa in einem Appartement mit Blick auf den Kongofluss, der jetzt auch Zaire hieß. Die Lage war einzigartig. Große Parks mit tropischen Edelhölzern säumten den Fluss. Vor uns breitete sich der Stanley Pool aus, heute Kin-Malebo Pool, eine kilometerlange, seenartige Erweiterung, in dem vereinzelte Inseln liegen. In der Ferne konnte man die Lichter von Brazzaville, der Hauptstadt des ehemals Französisch-Kongo, sehen. Für mich, die nie in einer Stadt gelebt hatte, war diese geografische Lage ein Glücksfall: Die Natur war immer noch präsent, majestätisch und geheimnisvoll, und sie tröstete mich darüber hinweg, dass ich die wunderbaren Landschaften des Kivu verlassen hatte.

Victor hatte schnell Erfolg in seinen Geschäften, und ich übernahm erst eine Luxus-Boutique von meinem Freund Jean-Jacques Benzaken, dann noch eine zweite und damit einen äußerst städtischen Lebensstil. So kam ich von den traditionellen afrikanischen Schmuckstücken zu denen von Cartier, von den Wanderrucksäcken zu den Lederwaren von Lancel und mir gefiel damals das, was mir heute ganz und gar belanglos erscheint. Wir führten ein mondänes Leben, das manch Weißen in Erstaunen versetzte: Wie kann eine Belgierin mit einem Farbigen, dem Sohn einer Tutsi, zusammenleben und sich weigern, ohne ihn auszugehen! Ich musste manchmal anzügliche Bemerkungen über uns als gemischtes Paar einstecken, aber ich war schlagfertig. Einige Türen mussten wir mit sanfter Gewalt öffnen, um uns in eine Gesellschaft einzuführen, die an ihren Vorurteilen festhielt. Victors Intelligenz und Humor erledigten den Rest. Die Jahre gingen vorüber. In unserem Leben gab es viele Höhen und einige Tiefen, Auf- und Ab-Bewegungen, die allein von den unvorhersehbaren Entwicklungen im Land herrührten.

Kinshasa erlebte eine geradezu glückliche Zeit. Etliche mehrstöckige Gebäude wurden entlang der Avenue du 30-Juin, der Hauptader der Stadt, errichtet, die Villen der Kolonialzeit erstrahlten im alten Glanz und auf den Golfplätzen, in den angesagten Clubs und großen Hotel sah man wieder Botschaftsangestellte und Geschäftsleute. Trotz der Misserfolge der Zairisierung schien das Regime entschlossen, nach vorne zu schauen und die reichen Bodenschätze des Landes umsichtig zu nutzen. Die Wirtschaftskrise der Siebzigerjahre rückte in weite Ferne, auch wenn uns nicht entging, dass die Grundbedürfnisse durch die Zuwendungen der internationalen Hilfsorganisationen gestillt wurden. Die Landflucht war noch moderat, die Bewohner von Kinshasa, die „Kinois", fanden Arbeit, und die Zahl der Arbeitslosen sank vielversprechend. Diese Ereignisse gaben Anlass zu einem vorsichtigen Optimismus, der die Depression des vergangenen Jahrzehnts beendete. Niemand zweifelte daran, dass Zaire seine Kinderkrankheiten endgültig überwunden hatte.

Unsere Familie bekam Nachwuchs, Fanny wurde geboren, danach Thomas. Die Geburten kamen genau zum richtigen Zeitpunkt. Ich war es leid, edle Accessoires aus Paris zu verkaufen. Sie bereiteten zwar unseren Kunden Freude und hoben unseren Lebensstandard, aber ich wollte wieder ein ruhiges Leben als Hausfrau und Mutter führen. So verbrachte ich die zweite Hälfte der Achtzigerjahre zu Hause und war glücklich, wieder jemanden nach Herzenslust bemuttern zu können. Doch die Langeweile stellte sich schnell ein. Obwohl mir Kochen und Backen viel Vergnügen bereiteten und wir viele gelungene Abende mit Gästen verbrachten oder zu Festen eingeladen wurden, erschien mir mein Leben allmählich etwas glanzlos. Wieder packte mich der Traum vom Abenteuer und der großen weiten Welt.

Einige Freunde schlugen vor, ich solle wieder mit afrikanischer Kunst handeln, aber das reizte mich überhaupt nicht – zu vernünftig, zu rückwärtsgerichtet.

Mit 15 Jahren, als wir den Kongo verließen, hatte ich das Reiten aufgegeben, fast 20 Jahre später hatte ich meine intensive Beschäftigung mit afrikanischer Kunst abgeschlossen. Ich hatte weder Lust, an das eine noch an das andere anzuknüpfen. Die Weigerung, Vergangenes zu wiederholen, scheint mir mein elementarer Selbstschutz. Höchstens in Gedanken habe ich versucht, die Momente des Glücks wieder zu erleben. Eine schlechte Kopie des Originals ist sinnlos; dann lieber etwas

Neues beginnen. Und außerdem mag ich die Tränen nicht, die manchmal bei Erinnerungen aufsteigen. Ich träumte von anderen, gemeinnützigen Projekten, die sich nicht auf mich selbst beschränkten. Und schon bald sollten sich mir überraschend Türen öffnen.

Aber ist es so einfach, alle Schubladen der Vergangenheit zu schließen? Die der Kindheit bleiben immer halb geöffnet. Ich fühlte mich in der Schuld dieses Landes, dem ich mein Glück längst vergangener Jahre verdankte. Meine leidenschaftliche Liebe zu Afrika stammt aus einer Epoche, die für mich immer noch den süßen Geschmack der Mangos trägt. Bei meiner Taufe wurde das Weihwasser mit einem Palmwedel gesprengt, und ich kümmere mich wenig um meine belgischen Wurzeln. Ich lebe hier und nirgendwo anders, in diesem üppigen, tropischen Land, wo ein Wind weht, der einen manchmal fast trunken macht, und wo ich die Kongolesen mit einer Mischung aus Verärgerung und Zuneigung betrachte: wie ein Ehepaar, das sich zankt, aber das dennoch durch so viele Dinge zusammengehalten wird.

Was machen sie mit den vielen Reichtümern, die die Natur ihnen geschenkt hat ? Wie können sie inmitten des Chaos, das die Regierenden zugelassen, wenn nicht sogar gewollt haben, überleben, wenn nicht durch die Gesänge und Tänze, von denen manche noch naiv glauben, dass sie alles Leid vergessen lassen? Woher nehmen sie diese gesunde Fröhlichkeit und diesen bissigen Humor, der mich nach all den Jahren immer noch begeistert? Ich glaube an die Menschen in Afrika und an den Kongo, aber nicht in ihrer jetzigen Situation. Wir wissen, dass viel Zeit und ein starker politischer Wille nötig sind, um das Land aus dem Elend zu heben und die Schmarotzer vor die Tür zu setzen, die in den wenigsten Fällen europäisch sind, auch wenn man das häufig zu hören bekommt. Zuallererst muss mit einem Wirtschaftsmodell der „Selbstbedienung“ gebrochen werden, bei der man sich wie selbstverständlich bei der Natur und den internationalen Finanzmärkten bedient. Daher stammen viele wirtschaftliche Parallelkreisläufe und persönliche Reichtümer, die in Unwissenheit oder Gleichgültigkeit der Öffentlichkeit angehäuft werden. Die Kongolesen leben in der Tat noch in einem System, in dem das Patriarchat unumschränkt regiert: der Herrscher hat immer recht. Einst waren es die Häuptlinge, dann die Kolonisten, dann der Wohlfahrtsstaat in Form des Einparteiensystems, jetzt die Hilfsorganisationen. „Die internationale Gemeinschaft muss sich bewusst werden, dass sie die zwingende Pflicht hat, uns zu helfen ...“ Diese seit Jahrzehnten in politischen Reden allgegenwärtige Floskel gäbe Anlass zum Schmunzeln, wenn sie nicht so dramatisch wäre. 2006 kommen 57 % des Haushalts der Demokratischen Republik Kongo aus internationaler Hilfe. Reicht das noch nicht? Wann werden die Kongolesen es lernen, selbst ihr Land zu bestellen, anstatt auf Hilfslieferungen zu warten? Traurige Bilanz: Mit der Zeit hat diese Hilfe zu Schmarotzertum geführt. Sobald die Truppen der UNO in Kinshasa ankommen, um die Ordnung wiederherzustellen, steigen die Mieten um das drei- bis fünffache. Man ahnt schon, wer von diesem Segen profitiert. Zur selben Zeit lebt praktisch die gesamte Bevölkerung von der Hand in den Mund und versucht mit allen nur erdenklichen Mitteln ihren Lebensunterhalt zu sichern. Sand von den Straßen an skrupellose Unternehmer zu verkaufen bringt mehr ein als traditioneller Ackerbau. Aus Verzweiflung und Elend greift jeder nach dem sofortigen Gewinn und verhindert so eine dauerhafte Investition. Hin und wieder schwemmt eine Welle von Plünderungen Güter auf den Markt, die ebenso nutzlos wie hinderlich sind, die aber in der Kette der Armut immer weitere Käufer finden und bei jeder Etappe Brosamen zurücklassen, die das Überleben ermöglichen. Nur eine fundierte Bildung könnte diesem Mangel abhelfen, es gibt sie aber nicht. Es ist schwierig, unter den Bedingungen einer jahrzehntelangen Mischung aus Diktatur und Anarchie anders zu bestehen als mit „débrouille“, mit „Durchwursteln, sich irgendwie zurechtfinden“, das hier in Kinshasa meisterlich betrieben wird. In dieser Millionenstadt erinnern sich ihre Einwohner nicht einmal mehr daran, dass ihnen etwas Wunderbares gehört: ihr Land. Um nur ein wenig kongolesisch zu sein, muss ich schon Berge versetzen und Wunder wirken.

„Guten Tag, Weiße, wie geht es?“, fragt mich ein Jugendlicher.

„Guten Tag, Schwarzer, und wie geht’s dir?“

Kurzer Moment des Erstaunens, dann geht der Wortwechsel weiter, denn Kongolesen lieben Diskussionen:

„Was ist deine Nationalität?“, fragt mein Gegenüber.

„Kongolesisch, wie deine.“

„Aber nein! Schau deine Hautfarbe an, wie kannst du so etwas sagen?“

„Glaubst du, Nationalität bedeutet Hautfarbe? In Belgien gibt es vielleicht 100 000 Schwarze, die die Staatsbürgerschaft ihres Gastlandes angenommen haben.“

„Das ist sehr traurig für sie.“

„Sie sind in dieses Land ausgewandert und sie wurden akzeptiert. Jetzt ist es ihr Land. Warum machst du diese Unterschiede?“

„Wenn du Kongolesin bist, dann sag doch etwas auf Lingala.“

„Warum?“

„Weil du damit zeigst, dass du eine Frau von hier bist.“

„Wenn du willst. Aber du, lernst du wenigstens Englisch?“

„Was bringt mir das?“

„Hast du die ganzen Internetcafés gesehen? Du kannst dort Zeitungen lesen, du gibst dich doch als Student aus, und herausfinden, ob die Wahrheit, die man dir hier einbläut, die richtige ist oder ob es noch andere Ansichten gibt. Im Internet nützt dir Französisch oder Englisch viel mehr als Lingala."

Ich gestehe an dieser Stelle, dass ich früher einmal einen ehrgeizigen und verrückten Traum hatte: eine Art kongolesische Jeanne d'Arc zu werden, das Bewusstsein der Frauen in diesem Land für ihre Macht zu wecken, am politischen Leben teilzunehmen, in die männliche Herablassung eine Bresche zu schlagen. Ich hasse diese scheinbar anteilnehmende Überheblichkeit, die so viele afrikanische Frauen nur zu oft erleben. Wenn ein Mann einer Frau zuhört, glaube ich schon seine Schlussfolgerung zu hören: „Was Sie da sagen, Madame, ist interessant, aber reden wir doch jetzt von den ernsten Dingen ..." Diese ach so einfache Einstellung von denen, die den anderen für unterlegen halten, von Männern gegenüber Frauen, beschränkt sich bestimmt nicht auf diesen Kontinent, aber sie hält sich hier vielleicht besser als anderswo. Es gelingt in Afrika nicht oder will nicht gelingen, dem angeblich schwachen Geschlecht seinen rechtmäßigen Platz einzuräumen. Sie sind Ehefrau und Mutter aufgrund der Naturgesetze und der Tradition der Ahnen, und bestenfalls wird akzeptiert, dass sie im sozialen Bereich aktiv sind, möglichst ehrenamtlich. Aber dass sie ja nicht die unsichtbare Grenze überschreiten! Dass sie nicht zu sehr am politischen Leben teilnehmen, sich einmischen und Beziehungen jenseits der etablierten Hierarchien knüpfen, als da sind Macht, Sex, Geld!

Und dennoch: Wie oft habe ich in Afrika diese mutigen Frauen getroffen, die Entwicklungen vorantreiben wollen, auf gleicher Augenhöhe mit ihrem Gegenüber, die Situationen anpacken und umkrempeln. Weil ich ihre Klugheit, ihre Wachheit, ihre Entschiedenheit kenne, glaube ich daran, dass Afrikas Zukunft in den Frauen liegt. In der Kolonialzeit stellten sich die weißen Militärausbilder vor den Einheimischen auf und befahlen ihnen, dem Vorbild, französisch *modèle,* zu folgen. Modell ist in Lingala, der Umgangssprache in der Armee, zu „mundele“ geworden und bis heute die Bezeichnung für einen Weißen. Ich verabscheue diesen Ausdruck, das Ergebnis einer verzerrten Karikatur. Ein Weißer ist genauso wenig Vorbild, das man nachahmen muss, wie ein Feind, den man bekämpfen muss. Wenn mir also ein Kind „mundele“ zuruft, frage ich nach, ob es weiß, was dieses Wort bedeutet und erkläre ihm: „Ich bin nicht dein Vorbild. Ich will es gar nicht sein, ebenso wie du das nicht willst. Ich bin eine Frau mit weißer Haut, du bist ein junger Mensch mit schwarzer Haut, und du musst genauso viel für unser Land leisten wie ich. Für dieses wunderbare Haus Afrika, wo jeder von uns, welcher Herkunft und Hautfarbe auch immer, seinen Platz einnehmen muss.“

Kapitel 2

Schatten über Kinshasa

Seit drei Jahren war ich nun schon wieder voll berufstätig und arbeitete in verschiedenen Branchen, als in Zaire eine lange Zeit der Krisen begann. Sie führte zum wirtschaftlichen Ruin Kinshasas und zur Destabilisierung des Regimes von Mobutu, der nach immer neuen politischen Auswegen suchte. Der Präsident versuchte es zunächst mit einer Öffnung hin zu einem Mehr-Parteien-System, zog aber weiterhin die Fäden. Er ernannte pausenlos Minister, die beim kleinsten Fehler wieder entlassen wurden. Zugleich versprach er dem Volk tiefgreifende Reformen und endlich eine demokratische Regierung. Aber die Krise verschärfte sich und nach einigen Wochen begann die Unzufriedenheit wieder zu gären. Auf lange Sicht musste das Fass überlaufen.

Die Einberufung der Nationalkonferenz, die mit großer Mühe von der Opposition durchgesetzt, eingesetzt und vom Volk sehnlichst erwartet worden war, sollte plötzlich erst am 08.September ihre Arbeit aufnehmen, und die erste Plünderungswelle brach am 22.September 1991 über Kinshasa herein. Soldaten begannen, Geschäfte, Häuser und Firmen zu zerstören und zu plündern. Danach drangen sehr schnell Bewohner der Cité, der ärmeren Wohngegenden vom Stadtrand, ins Zentrum nach und plünderten ebenfalls. Jeder schloss sich in seinen vier Wänden ein und hoffte, dass diese ausufernde Gewalt sein Haus und seine Familie unversehrt lassen würde. Victors Firma wurde innerhalb weniger Stunden völlig auseinandergenommen. Unser Haus blieb glücklicherweise verschont. Aber einige Tage und Nächte haben wir uns verschanzt, eingeschüchtert von den Schüssen, dem Johlen der Plünderer und den Schreien der terrorisierten Bevölkerung. Dann beruhigten sich die Gemüter wieder und auf die Tage des Wahnsinns folgte eine Zeit der allgemeinen Niedergeschlagenheit. Bei den Kinois, den Bewohnern Kinshasas, geriet die Sache in Vergessenheit, denn dieses Volk verfügt ebenso über eine zerstörerische Gewalt wie über die Tugend, sich darüber zu wundern – umso mehr, als ihre Taten ohne Folgen blieben.

Die Ausländer im Land waren unmittelbar nach Beginn der Unruhen von ihren Botschaften in Erwartung einer Evakuierung zusammengerufen worden. Die meisten Familien wurden getrennt – die Männer versuchten, das letzte Hab und Gut zu retten, die Frauen kehrten nach Europa zurück, damit die Kinder weiterhin zur Schule gehen konnten, denn diese waren in Kinshasa auch geplündert worden. Ich fand mich mit Fanny und Thomas auf einem Frachtschiff auf dem Zaire wieder, mit Dutzenden anderer Frauen und Kinder, auf der Fahrt Richtung Brazzaville. In der Ferne konnten wir am Ufer noch unsere Ehemänner erkennen. Sie waren froh, uns in Sicherheit zu wissen, aber niedergeschlagen, orientierungslos, voller Sorgen um die Zukunft. Und ich musste an meine Mutter denken, die dieses Land nach der Unabhängigkeitserklärung Hals über Kopf verlassen musste. Ich war jetzt so alt wie sie damals. Es war, als ob sich die Geschichte wiederholen würde.

Wir reisten nach Belgien, wo die Regierung unsere Aufnahme vorbereitet hatte. Zwei scheinbare endlose Monate vergingen. Victor kam zu Weihnachten und berichtete, dass die Elternvertreter der Schule von Kinshasa eine baldige Wiederaufnahme des Unterrichts planten. Es handelte sich zwar nur um einen kleinen Teil der Schule, aber wir verbanden damit sofort die Hoffnung, die Familie wieder zusammenzuführen. Wir kehrten endlich zurück nach Afrika. Das Leben sollte weitergehen – komme, was da wolle.

Anderthalb Jahre später brach eine zweite Welle von Unruhen über die Hauptstadt und andere große Städte des Landes herein, diesmal noch gewalttätiger. Schon seit einigen Monaten hatte jeder die steigende Spannung gespürt. Die Nationalkonferenz, endlich von Mobutu eingesetzt, sollte eine Zusammenarbeit der rivalisierenden politischen Strömungen ermöglichen. Doch nun löste er sie auf. Die Kommission für unrechtmäßig erworbene Güter und für Verbrechen, die ebenfalls eingesetzt worden war, um die Lage zu beruhigen, erwies sich als handlungsunfähig. 1992, als Folge der tragischen Ereignisse im Zusammenhang mit dem „Marsch der Christen", einem friedlichen Protest von Christen gegen das Regime, der blutig niedergeschlagen wurde, und unter dem Druck der internationalen Gemeinschaft wurde der Oppositionsführer Etienne Tshisekedi Ministerpräsident. Die Erleichterung war spürbar.

Tshisekedi blieb einige Monate im Amt, gerade lange genug, um die neue Währung abzuwerten, mit denen der Wehrsold der Soldaten bezahlt worden war. Die Inflation hatte einen historischen Höhepunkt erreicht und die Schließung der Nationalkonferenz, die die Ermordungen und das Thema der zu Unrecht erworbenen Güter nicht behandelt hatte, steigerte die verbreitete Unzufriedenheit. Wieder drangen marodierende Soldaten in die Stadt ein, gefolgt von einer aufgebrachten Bevölkerung.

Das Szenario der Gewalt wiederholte sich, diesmal noch extremer. Was einige Monate zuvor aufgebaut worden war, wurde wieder zerstört. Fast zwei Wochen lang herrschte in Kinshasa das totale Chaos. Es war nicht mehr nur ein Fieberanfall, sondern eine zerstörerische Epidemie. Nachdem sogar der französische Botschafter in einer Schießerei getötet worden war, gelang es General Mahele, die Unruhen zu beenden, und er war fest entschlossen, die Ordnung um jeden Preis wiederherzustellen. Was unser Haus betrifft, so überstand es diese Zeit dank zweier Soldaten, die wir nach dem Schrecken der ersten Plünderungen eingestellt hatten. Trotzdem schliefen wir mit geladener Waffe in Reichweite. Und da wir an einer Kreuzung wohnten, nahmen dieselben Soldaten, die uns vor den Plünderern schützten, ihnen die Beute ab und brachten sie in unserem Garten in Sicherheit, um später selbst davon zu profitieren. Die politische Situation wurden zunehmend komplizierter. Ein neuer Ministerpräsident wurde ernannt, aber Etienne Tshisekedi, der von der Nationalkonferenz gewählt worden war, beschloss, ebenfalls im Amt zu bleiben. Im Land herrschte somit ein seltsames politisches System, das auf einer Verdoppelung der Institutionen beruhte, was wie erwartet nicht funktionieren konnte. Ich bin also wieder mit meinen Kindern nach Europa ausgereist, um abzuwarten, bis die Lage sich entspannte. Die Schulen waren diesmal aus Sicherheitsgründen gleich zu Beginn der Unruhen geschlossen worden. Dann waren auch sie, wie die meisten öffentlichen Gebäude, Opfer der Plünderer geworden. Es war absehbar, dass es eine Weile dauern würde, bis sie wieder Schüler unter annehmbaren Bedingungen aufnehmen konnten. Victor ließ uns alleine fahren. Er wollte Kinshasa nicht verlassen, aus Angst, das Wenige, das von seiner Firma übrig geblieben war, auch noch zu verlieren.

Während dieser beiden kurzen Aufenthalte versöhnte ich mich endgültig mit meinem Geburtsland. Unsere Mitbürger, betroffen von unseren Problemen und unserem Mut, auf afrikanischer Erde zu leben, nahmen uns mit ehrlicher Großzügigkeit auf. Lange hatte ich gedacht, dass mich außer meinem belgischen Reisepass nichts mehr mit Belgien verband, jetzt wusste ich, dass ich eine zweite Heimat hatte.

In Kinshasa war alles im Chaos untergegangen – Häuser, Verwaltungen, Firmen, Geschäfte. Unternehmer, die nach den ersten Plünderungen wieder in ihr Geschäft investiert hatten, sahen sich erneut ruiniert und wieder entschieden sich viele Ausländer, das Land zu verlassen. Victors Firma, die vor den Unruhen fast hundert Angestellte beschäftigte und über mehrere Fahrzeuge, eine Garage und Büros verfügte, war vollständig verwüstet. Sie bestand jetzt noch aus zwei Bierkisten und einer Tür, die als Schreibtisch diente. Das Schicksal, oder vielleicht das Unglück, wollte es, dass Victor nach dem Ende der Gewalt zwei fast intakte Lastwagen wiederfand und deshalb beschloss, geduldig alles wiederaufzubauen. Er lieh sich Geld und krempelte die Ärmel hoch, die Büroräume wurden instand gesetzt und die Angestellten nahmen nach und nach die Arbeit wieder auf. Bei meiner Rückkehr fand ich Victor zu meiner Beruhigung in bester Verfassung. Er sprudelte vor Energie, aber während etlicher Monate lebten wir mit einem Gefühl von hauchdünner Sicherheit. Wir verbarrikadierten uns in unserem Haus, das wir nur zum Arbeiten, im Begleitschutz von Soldaten, verließen und befürchteten bei der geringsten verdächtigen Bewegung auf der Straße, dass die Plünderungen wieder von vorne losgingen. Der Schock sitzt so tief, dass es nicht selten vorkommt, wenn wir uns unter Rückkehrern treffen, dass einer diese tragische Ereignissen wieder aufleben läßt. Das Leben normalisierte sich und ich half Victor, sein Geschäft wiederaufzubauen. Trotz der Schwierigkeiten, mit denen er zu kämpfen hatte, war niemand entlassen worden, und er gewährleistete die soziale Absicherung der Angestellten. Dies war in einem Land, in dem staatliche Sozialsysteme nach westlichem Vorbild völlig unbekannt sind, traditionell Aufgabe des Firmenleiters. Aber das Land stand erneut vor dem Ruin. Viele der letzten europäischen Unternehmer, aber auch der Mitglieder der internationalen nichtstaatlichen Organisationen und diplomatischen Angestellten hatten das Land verlassen. Eine Abwärtsspirale war in Gang gesetzt worden. Zaire geriet immer tiefer in eine Krise, in der es bis heute steckt.

Eine libanesische Freundin, die Ärztin Dolores Elkoury, eine „Blanc cassé“ wie ich, deren Vater bereits eine Arztpraxis in Kinshasa hatte und die hier aufgewachsen war, fragte mich eines Tages, ob ich in letzter Zeit im Zoo gewesen sei. Die Frage überraschte mich. Ich war seit Jahren nicht mehr im Zoo von Kinshasa gewesen. Für Tiere in Käfigen hatte ich mich nie besonders interessiert. Ich hatte Tiere in freier Wildbahn, in weiten, ursprünglichen Landschaften erlebt und wollte nicht Zeugin des Niedergangs von Tieren werden, die einst der Stolz Äquatorialafrikas waren, aber heute ein trauriges Dasein hinter Gittern fristeten. Dolores ließ nicht locker. „Geh hin, es wird dich interessieren.“ Nun doch neugierig geworden, beschloss ich, den Zoo zu besuchen, der mitten in der Stadt auf einer großen bewaldeten Fläche von mehr als sieben Hektar liegt. Als ich durch das Tor ging, ahnte ich nicht, dass mein Leben eine entscheidende Wendung nehmen würde.

Die Tiere waren ebenso wie die Menschen in einem miserablen Zustand. Die 25 bis 30 verbliebenen Angestellten hatten seit Monaten kein Gehalt mehr bekommen. Sie überlebten, weil sie von den Bewohnern Kinshasas, die eine Abkürzung durch den Zoo zum Krankenhaus nahmen, ein geringes Eintrittsgeld erhielten. Als ich diese Tierpfleger und Wärter sah, sprang mir die ganze Tragödie meines afrikanischen Landes ins Auge: Sie versuchten trotz kaum vorhandener Mittel ihre Arbeit zu verrichten, niedergeschlagen, abwartend und hoffend auf ein wenig wahrscheinliches Wunder, das sie von ihrem Schicksal befreien würde. Ihre verzweifelte Lage schnürte mir die Kehle zu.

Ich lief durch den Zoo und war entsetzt über das, was ich dort sah. Zwei ausgemergelte Bären, die in ihrem Graben ohne Wasser saßen, weil die Zuleitungsrohre während der Plünderungen gestohlen waren, trieben mir Tränen in die Augen. Später, nach Beginn der Regenzeit, habe ich sie ebenso elend wiedergefunden, bis zum Bauch im Wasser stehend. Die Wände des Grabens waren undicht und ließen das Grundwasser aufsteigen. Fünf Schimpansen kamen in ihren teilweise nicht überdachten Käfigen fast um vor Hitze. Sie vegetierten vor sich hin, ohne jede Pflege, ihrem Schicksal überlassen. Auf das große Löwengehege war ein Baum gestürzt und hatte es zerstört. Abgemagert, entkräftet, von Wunden übersät, sah ich die Löwen in ihren Nachtkäfigen, wohin die Wärter sie mangels anderer Möglichkeit gesperrt hatten. Um den restlichen Park kümmerte sich niemand mehr. Viele Tiere waren verhungert, an Krankheiten gestorben oder bei den Plünderungen umgekommen. Was die überlebenden betraf, so musste man blind sein, um nicht zu sehen, dass ihre Tage gezählt waren.

Als ich den Zoo verließ, war ich nicht mehr dieselbe; erschüttert, zutiefst betroffen von dem, was ich gesehen und erlebt hatte. Ich bin in Victors Büro gestürzt, um ihm meinen Schmerz über dieses Leid der Menschen und der Tiere mitzuteilen. Ich wusste, dass es ihn nicht gleichgültig lassen würde. In seiner Jugend hatte er als Führer in den Nationalparks gearbeitet und teilte mit mir die Liebe zur Natur. Zusammen sind wir noch einmal in den Zoo gegangen. Victor war sprachlos. Es musste schnell etwas geschehen, um den Zoo zu retten. In der folgenden Nacht konnte ich unmöglich schlafen und begann, Pläne zu schmieden. Durch unser gesellschaftliches Leben und meine frühere Berufstätigkeit kannte ich sehr viele Leute. Es wurde Zeit, unser Adressbuch hervorzuholen und die Hilfe dieser Leute in Anspruch zu nehmen.

Die ersten zwei bis drei Monate bin ich hin- und hergesprungen. Ich habe weiterhin Victor im Büro geholfen und mich die restliche Zeit des Tages um die Tiere gekümmert. Dann kam unser Schwiegersohn Victor zu Hilfe, und ich konnte meine ganze Energie der Aufgabe widmen, der ich mich nun verschrieben hatte. Warum gerade Tiere? frage ich mich häufig –

und werde ich auch häufig gefragt, mit vorwurfsvollem Unterton. Hätte ich mich denn nicht um verlassene Straßenkinder kümmern können, um Behinderte, um die Tausenden von Menschen, die auf sich selbst gestellt waren in einem Land, das wirtschaftlich ausgeblutet und politisch in einer anarchischen Lage war? Das stimmt. Aber ich habe diese eine Aufgabe nicht gewählt, um eine andere zu vernachlässigen. Es waren die leeren Blicke der Bären, Löwen und Schimpansen, die mich getroffen hatten. Ich habe ihr Elend bis zur Unerträglichkeit gespürt. Als Kind und Jugendliche hatte ich das Glück, eine Natur in Harmonie zu erleben, ein Gleichgewicht zwischen Erde, Menschen und Tieren; hier musste ich erleben, wie meine zutiefst empfundenen Überzeugungen mit Füßen getreten wurden. Der Respekt vor dem Leben lässt sich nicht teilen. In meinem Fall war es der Respekt vor dem Leben der Tiere. Es hätte auch ein anderer Weg sein können, aber es war dieser. Er hat mich in diesem Augenblick an diesen Ort geführt.

Jeden Morgen ging ich in die Küchen der beiden großen Hotels von Kinshasa, dem Intercontinental und dem Memling, um dort Essensreste einzusammeln. Ich schaute sogar in die Abfalleimer. Wenn die Nahrungsmittel noch ausreichend frisch und unverdorben waren, bekamen das Beste davon die Zooangestellten. Es wäre für mich undenkbar gewesen, den Menschen etwas vorzuenthalten, um es den Tieren zu geben. Wir saßen alle im selben Boot, es war gar keine Frage, dass wir die knappen Lebensmittel teilten.

Nach und nach habe ich den Kreis meiner „Lieferanten" erweitert. Freunde, Importeure und Händler gaben mir telefonisch Bescheid, wenn ein Posten nicht mehr ganz frischer Fische in einer Kühlkammer eingelagert war oder es Fleisch und Milchprodukte mit abgelaufenem Haltbarkeitsdatum gab oder Gemüse, das welk wurde. Es passierte dabei auch, dass ich manchem Hygiene-Inspektor zuvorkommen musste, der unter dem

Vorwand der Kontrolle Kartons mit nicht mehr haltbarem Geflügel beschlagnahmte, um sie danach auf dem Schwarzmarkt zu verkaufen oder seine eigenen Schweine zu mästen – ein sehr lukratives Geschäft in diesen mageren Zeiten. Waren die Lebensmittel an die Menschen im Zoo verteilt, kümmerten wir uns um die Tiere, fütterten und pflegten sie, setzten Gehege und Käfige instand. Ich hatte einen belgischen Tierarzt, Pierre Verhaegen, dessen Klinik geplündert worden war, um Hilfe gebeten, und er war ehrenamtlich dazu bereit, einmal in der Woche zu kommen und den Gesundheitszustand der Zootiere zu überprüfen. Victor und ich haben mit Hilfe von Freunden das Löwengehege repariert. Welch eine Freude, als die Tiere wieder dorthin konnten, wo sie mehr Platz hatten. Paradoxerweise drohten sie jetzt, weil sie ausreichend zu Fressen, aber zu wenig Bewegung hatten, übergewichtig zu werden!

In dieser Zeit traf eine Freundin von uns ein schrecklicher Schicksalsschlag. Denise Van Gheluwe erlebte eine persönliche Tragödie, die sie mit außergewöhnlichem Mut meisterte. Ihre älteste Tochter Béryl war in Luanda bei einem grausamen Massaker getötet worden. Mehr als hundert Kongolesen und einige belgische Mitarbeiter der Fluggesellschaft Sabena waren aus einem politisch motivierten Racheakt von Angolanern ermordet worden. Béryls zweieinhalbjähriger Sohn war bei seiner Mutter gewesen, hatte aber überlebt. Denise nahm das Kind zu sich. Aber der Schmerz, ihre Tochter unter so schrecklichen Umständen verloren zu haben, quälte sie Tag und Nacht.

Ich war Denise' Familie und dem Andenken an Béryl noch aus einem anderen Grund verbunden. Bei der Geburt meines jüngsten Sohns Thomas gab es kurz nach seiner Geburt zu lebensbedrohlichen Komplikationen, und er benötigte eine Bluttransfusion. Béryl war sofort bereit, Blut zu spenden, und Thomas überlebte dank dieser Transfusion. Denise' Verzweiflung, unsere Freundschaft und die Tatsache, dass ich ihrer Tochter das Leben meines Sohnes verdankte, drängten mich zu handeln. Meine Freundin war übrigens von Beruf Notfallkrankenschwester, und sie liebte Tiere. Sie nahm sogar häufig welche bei sich auf: Hühner, Enten, sogar fluglahme Adler, Antilopen und andere wilde Tiere. Ich kannte ihre beruflichen Fähigkeiten und ihr Talent, immer einen kühlen Kopf zu bewahren. Denise war in der Lage, in den aussichtslosesten Fällen ohne Zögern einzugreifen und geizte nie mit ihrer Zeit oder Energie. Ganz sicher konnte nichts sie besser von ihrer Traurigkeit ablenken als die Arbeit im Zoo. Ich erzählte ihr von meiner Idee und schilderte alle Details. Sie wollte sofort mitmachen. Bald verbrachte sie wie ich den größten Teil des Tages im Zoo, kümmerte sich um die Tiere, sprach mit den Wärtern, pflegte die Gärten und sprudelte über vor Begeisterung.

Im Dezember erlebte ich dann erstmals, dass ein Bonobo in den Zoo kam. Es war Mikeno, von dem ich schon zu Anfang erzählt habe. Er war in einem jämmerlichen Zustand. Die Tierhändler wollten ihn loswerden, damit sie nicht einen Tierkadaver mit sich herumschleppen mussten. Der Zoodirektor nahm ihn sofort auf. Da Denise befürchtete, dass er in dieser Umgebung nicht überleben würde, handelte sie rasch. Sie hatte bei ihm eine Lungenentzündung festgestellt und beschloss, den Kleinen zu sich nach Hause zu nehmen, um ihn besser pflegen zu können. Um sicherzustellen, dass wir ihn richtig behandelten, telefonierten wir mit dem Zoo in Antwerpen, denn wir wussten, dass dort Bonobos gehalten wurden. Sie gaben uns nützliche Ratschläge und äußerten auch Zweifel, ob ein Bonobobaby ohne Mutter und unter diesen Umständen überleben könnte. Denise ließ sich nicht entmutigen. Sie pflegte Mikeno hingebungsvoll und mit so viel Liebe, dass er bald außer Lebensgefahr war. Mickey, wie sie ihn nannte, fand seinen Platz unter den Tieren, die schon Denise' Garten bevölkerten. Außerdem spielte er mit ihrem Enkel, Antony, und die beiden waren bald unzertrennliche Freunde.

Bonobo. Ich hörte dieses Wort damals zum ersten Mal. Ich hatte von Zwergschimpansen gehört, aber das war auch alles. Die wenigen Auskünfte des Zoodirektors hatten mich neugierig gemacht, und ich wollte mehr darüber erfahren. Meine erste Informationsquelle war der Zoo in Antwerpen, nun las ich in Büchern weiter.

So wie meine Geschichte mit den Bonobos mit einer zufälligen Begegnung begann, so wurde die Beziehung zwischen den Menschen und dieser besonderen Art Menschenaffen von Anfang an von Irrtümern geprägt. Weil sie ihnen auf den ersten Blick ähnlich sind, hat man sie lange den Schimpansen zugerechnet, ohne der Sache auf den Grund zu gehen. Studien über das Verhalten von Menschenaffen in ihrer natürlichen Umgebung werden erst seit den sechziger Jahren durchgeführt. Die Art *Pan paniscus*, Zwergschimpanse, wie man sie damals nannte, kommt nur auf dem heutigen Gebiet der Demokratischen Republik Kongo vor, tief im Urwald in der Region der Provinzen Equateur, Bandundu und Kasai; ein riesiges Areal, das halb so groß ist wie Frankreich und zwischen den Flüssen Kongo und Kasai liegt. Es ist ein schwer zugängliches Gebiet, sumpfig, von kleinen Flüssen durchzogen, die bei Hochwasser weite Strecken überfluten. Bis auf wenige Stellen, wo Nahrungsmittel angebaut werden können, gibt es dort praktisch keine Ansiedlungen. Ungünstige Voraussetzungen erschweren die Erkundung, obwohl der Wald nur knapp 10 Prozent der Oberfläche ausmacht. Man kann diesen tropischen Regenwald also kaum mit den anderen großen Wäldern Afrikas vergleichen.

Bonobos haben sich im Laufe ihrer Entwicklung perfekt an ihren Lebensraum im Kongobecken angepasst. Ein Bonobo verbringt 60 bis 80 Prozent des Tages in den Baumkronen, wo er gewagte Kletterkunststücke vollbringt und seine Nahrung – Früchte und junge Triebe – findet. In sicherer Höhe geschützt vor Überschwemmungen und Raubtieren kann er sich nach Herzenslust austoben. Bonobos jagen nicht. Manche Wissenschaftler geben an, dass sie fischen, was ich aber noch nie bestätigt fand. Sie spielen gern am Ufer und schieben mit der Hand die oberste Wasserschicht zur Seite, was vielleicht wie Fischen aussehen mag. Vielleicht interessieren sie sich auch für ihr Spiegelbild. Die für Bonobos früher benutzte Bezeichnung „Zwergschimpanse“ ist irreführend. 1929 erkannte der deutsche Zoologe Ernst Schwarz anhand des Schädels eines ausgewachsenen Tieres, der im Museum von Tervuren in Brüssel als Schimpansenschädel kategorisiert worden war, dass dieses Tier einen für „normale“ Schimpansen (Artbezeichnung *Pan troglodytes*) außergewöhnlich kleinen Kopf hatte. Er entschied sich, ihn in eine eigene Unterart, *Pan troglodytes paniscus*, einzuordnen, was so viel wie „kleinerer Schimpanse“ bedeutet. So entstand die deutsche Bezeichnung „Zwergschimpanse“, englisch „pigny chimpanzee“, in Anlehnung an den Namen eines kleinwüchsigen Urwaldvolkes, das auch im Kongobecken lebt. Allerdings sind Bonobos gar nicht kleinwüchsiger als „gewöhnliche“ Schimpansen, sie sind nur zierlicher gebaut.

Ein Bonobo behält sein ganzes Leben lang Eigenschaften, die ein Schimpanse in der Kindheit zeigt, aber später verliert: zierlicher Körperbau, weiße Schwanzhaare, hohe Stimme, kaum aggressives Verhalten. Ein Bonobo behält diesen friedlichen Charakter, während der Schimpanse kämpferisch wird. Dazu kommen die zarte Gesundheit und das empfindsame Gefühlsleben der Bonobos, die außerhalb ihres Lebensraums und wenn sie klein sind, ohne die Fürsorge ihrer Mutter oder einer Ersatzperson, die auch ein einfühlsamer menschlicher Pfleger sein kann, nur schwer überleben. Sind diese Bedingungen nicht gegeben, zieht ein verwaistes Bonobokind sich in sich selbst zurück und verliert den Lebenswillen. Der Bonobo, den die Wissenschaft so spät entdeckt hat, scheint so selbst dafür zu sorgen, dass man ihn wieder vergisst. Es ist schwierig, ihn in der Natur zu beobachten, und es ist schwierig, ihn in Zoos zu halten: kein Wunder, dass diese Art später als die anderen drei großen Menschenaffen, Schimpanse, Orang-Utan und Gorilla, identifiziert wurde. Noch vor den Veröffentlichungen von Ernst Schwarz hielt der amerikanische Forscher Robert Yerkes Mitte der Zwanzigerjahre und ohne es zu wissen einen Bonobo namens Prince Chim. Er sah in ihm einen normalen Schimpansen und verglich sein Verhalten mit dem eines weiblichen Schimpansen namens „Panzee". Dabei stellte er signifikante Unterschiede im Körperbau und im Verhalten fest, die ihn dazu bewogen, die Hypothese von zwei unterschiedlichen Arten aufzustellen, was später durch die Arbeit von Schwarz und anderen bestätigt wurde. In der Zeit des Belgisch-Kongos führten mehrere Zoos, darunter der Zoo von Antwerpen, einige Exemplare dieser Art ein, um sie ausführlich zu studieren. Die spezifischen Merkmale des Bonobos standen bald fest: Er hat einen zierlicheren Körperbau als der Schimpanse, seine Haut ist schwarz, die Behaarung auf dem Kopf mit einer Art Mittelscheitel ganz glatt, an den Wangen hat er hübsche Koteletten und seine Ohren liegen eng am Kopf an. Es gab also keinen Zweifel mehr an der Identifizierung der neuen Menschenaffenart. Und würde es noch eines weiteren Beweises bedürfen, so könnte man den Streit unter einigen Wissenschaftlern heranziehen, die alle die Entdeckung für sich beanspruchten!

Abgesehen von den physischen Unterschieden überraschte vor allem das Gruppenverhalten der Bonobos. Sie haben ein ganz anderes Sozialleben als die Schimpansen entwickelt. Bei ihnen haben nicht die erwachsenen Männer, sondern die Frauen das Sagen. Bonobos lösen Konflikte gewaltfrei und lieben sexuelle Betätigungen jeder Art über alles. Deswegen hat man sie in den Siebzigerjahren gerne die „Hippies des Urwalds" genannt. Das Motto *„Make love, not war"* schien perfekt zu ihnen zu passen. Nachdem ich sie jahrelang beobachtet habe, kann ich das nur bestätigen. Jüngste Untersuchungen stimmen darin überein, dass das Erbgut von Bonobos – und das der Schimpansen – mit dem des Menschen zu 98,6 Prozent übereinstimmt. Der häufig aufrechte Gang des Bonobos bringt ihn dem Menschen auch äußerlich näher. Die Ähnlichkeit mit der guten alten Lucy, dem *Australopithecus afarensis*, die vor ca. 3,7 Millionen Jahren lebte, ist frappierend. Steht man einem Bonobo gegenüber und schaut ihm in die Augen, dann weicht er dem Blick nicht aus wie die anderen Menschenaffen, und man bekommt das Gefühl, einem unserer nächsten Vorfahren leibhaftig zu begegnen. Stellt sich die Preisfrage: Welche Menschenaffen stehen dem Menschen im Verhalten am nächsten? Die Bonobos als Anhänger von Friedfertigkeit und Liebe oder die Schimpansen, die oft aggressiv und streitsüchtig sind? Jeder kann darauf gemäß seiner Sicht auf die Menschheit eine Antwort finden. Aber zwangsläufig muss man feststellen, dass das Vorbild der Schimpansen Schule gemacht hat, auch wenn wir wünschten, dass die Menschheit sich vom friedliebenden Modell der Bonobos inspirieren lassen würde.

Der Name Bonobo ist von Geheimnissen umgeben. Man weiß nichts Genaues über den Ursprung dieses Namens und kann nur Vermutungen anstellen. Die häufigste Erklärung basiert auf einer Verformung des Namens „Bolobo", einer Stadt stromaufwärts am Kongofluss, etwa 300 km von Kinshasa entfernt, von wo vor einigen Jahrzehnten die ersten Kisten mit diesen namenlosen Affen kamen. Bolobo, Bonobo, ein Aussprachefehler könnte dazu geführt haben. Diese Erklärung hat mich nie befriedigt; sie erschien mir zu einfach und wenig glaubwürdig. Weil ich mehr darüber wissen wollte, habe ich einen Spezialisten für die Proto-Bantu-Sprachen gefragt, den

Pater Bontick vom belgischen Orden der Scheutvelder-Missionare. Er hat fast fünfzig Jahre an der Universität in Kinshasa gearbeitet und seine Privatbibliothek, die er der Universität vermachte, umfasst mehr als 10 000 Bücher. Über die geographische Erklärung des Wortes „Bonobo“ musste er lachen. Seiner Meinung nach stammt das Wort aus einem Wortstamm der Proto-Bantu-Sprache, die heute nicht mehr existiert, und ist eine Bezeichnung für „riverain“, im Deutschen „Anrainer“ – derjenige, der sich am anderen Ufer des „rivière“, des Flusses, befindet. Diese Ableitung führt uns zum Weltbild der Bantu: In deren Mythologie kommt man, wie bei vielen anderen Völkern, vom Reich der Lebenden zum Reich der Toten, indem man einen Fluss überquert. Der Bonobo wäre also der Vorfahr unserer eigenen Vorfahren, also ein Tier, das auf derselben Seite des Flusses steht wie unsere Vorfahren, aber in einer viel früheren Zeit. Heute geht die Wissenschaft aufgrund von Daten aus der Molekularbiologie davon aus, dass Menschen und Menschenaffen gemeinsame Vorfahren haben und dass die Entwicklungslinie zum Menschen sich erst vor 5–6 Millionen Jahren von der zum Schimpansen und Bonobo getrennt hat, später als von der zum heutigen Orang-Utan und zum Gorilla.

Zurück zu Denise und Mikeno, Mickey, wie Denise ihn nannte: Einige Wochen nach seiner Ankunft hat sie, ermutigt durch den ersten Erfolg, einen weiteren Bonobo bei sich aufgenommen. Das junge Weibchen, dem sie den Namen Maya gab, hatte sie auf einem Boot, das den Zairefluss bis Kinshasa hinaufgefahren war und hier anlegte, gefunden. Sie kaufte es, brachte es zu sich nach Hause und pflegte es mit der Hingabe, die schon Mickey gerettet hatte. Maya war schätzungsweise nur zwei bis drei Jahre alt und sehr verängstigt. Sie klammerte sich an Mickey wie an einen Rettungsring, und vor unseren Augen entstand eine innige Freundschaft, die bis heute andauert. Im

Vergleich zu anderen Bonobos ist die Beziehung zwischen Mickey und Maya das, was wir als geschwisterlich bezeichnen würden; sie haben praktisch keine sexuellen Kontakte. Maya hat nie das bei Bonoboweibchen übliche dominante Verhalten entwickelt, sondern immer ihren ängstlichen Charakter behalten. Sie ist eher eine fürsorgliche Wächterin für die ganze Gruppe geworden. Auch bei ihrer ersten Menstruation hat sie mit solcher Panik auf dieses unbekannte Phänomen reagiert, dass sie sich in einer Nacht alle Kopfhaare ausriss. Da sie innerhalb unserer Bonobogruppe kein Vorbild hatte, wusste sie überhaupt nicht, was da mit ihr geschah. Ich musste an die Last der Angst denken, die jedes „Weibchen", ob Mensch oder Tier, in solchen Momenten durchlebt, vor allem wenn das Vorbild der Mutter fehlt. Und Mayas fragender Blick, mit dem sie mir in die Augen schaute, drückte nur zu gut aus, dass sie von mir Trost erhoffte. Noch heute haben wir eine enge Beziehung. Wenn ich zu ihr gehe, schenkt sie mir als Beweis ihrer besonderen Zuneigung ein breites Lächeln. Und sie zeigt mir ihr Interesse auf eine recht ausgefallene Art: Wenn ich von einer Reise zurückkomme, untersucht sie mich von Kopf bis Fuß, auf der Suche nach welcher überraschenden Neuigkeit auch immer und natürlich sehr zum Vergnügen aller Mitarbeiter.

Nach unserer Arbeit im Zoo begleitete ich Denise oft nach Hause. Ich sah den beiden Kleinen zu, Mickey, dem Bonobo und Antony, Denise' Enkel, die zusammen im Garten spielten. Eine knappe Bemerkung meines Freundes Garry Richardson brachte auf den Punkt, was ich unausgesprochen seit einiger Zeit empfand: Würde die Anwesenheit der beiden Bonobos, vor allem von Mickey, der Denise' besondere Aufmerksamkeit erhielt, nicht Antonys emotionaler Entwicklung schaden? Beide hatten offensichtlich eine enge emotionale Bindung an diese wunderbare Großmutter. Das ging so weit, dass Antony sich eines Tages nackt auszog und wie ein Bonobo schrie, um die Aufmerksamkeit seiner Großmutter zu erlangen. „Merkst du, was da vor sich geht?“, murmelte Garry irritiert.

Schon bevor ich Garry Richardson kannte, zu Beginn meiner Arbeit im Zoo, hatte ich den Direktor einige Male seinen Namen mit größtem Respekt nennen hören. Eine große Lieferung von Medikamenten der World Society for the Protection of Animals (WSPA) hatten wir ihm zu verdanken. Garry war der für Afrika zuständige Leiter dieser bekannten britischen Tierschutz-Organisation. Ich glaube, dass Zoodirektor Musubao insgeheim auf Garrys Hilfe hoffte und dass dieser – warum auch nicht – die nötigen Geldmittel freigab, um den Zoo wieder eröffnen zu können.

Bei seinem nächsten Besuch im Zoo war Garry wirklich positiv überrascht, denn die Arbeit von Denise, mir und einigen anderen hatte erste Früchte getragen. Die Tiere bekamen ausreichend zu fressen, und ihre Gesundheit hatte sich sichtbar verbessert.

Garry kam einige Monate später wieder vorbei. Die Zooanlagen hatten sich nochmals verändert: In den Beeten blühten Blumen, die Bäume hatten einen Schutzanstrich erhalten und dank der Unterstützung einer örtlichen Brauerei konnten wir einen kleinen Getränkestand eröffnen. So kamen allmählich wieder Besucher in den Zoo. Die Finanzen erholten sich, und dieser Ort, der vor kurzem noch völlig vernachlässigt war, sah wieder einladend aus. Garry geizte nicht mit Komplimenten, was mir von Herzen guttat. Wir haben uns lange unterhalten. Ich erklärte ihm, dass die Rettung des Zoos angesichts der vielen Schicksalsschläge, die wir erlebten, eine Art Dämonenaustreibung war, eine gemeinsame Aktion, die unsere Energien bündelte. Dahinter stand der verrückte Traum, die Vision, was aus dieser Stadt und aus diesem Land werden könnte. Garry hörte zu, gab Ratschläge, ermutigte und reiste mit dem Versprechen ab, bald wiederzukommen. Mit jedem seiner Besuche verstärkte sich zwischen uns ein vertrauensvolles Band der Freundschaft. Garry wirkte mit seinem goldblonden Haar und seinem großen Humor wie ein typischer Brite. Er war aber ebenso ein Abenteurer, der oft Safari-Kleidung trug und diesen Teil Afrikas, in dem er seit langem lebte und den er in alle Richtungen erkundete, wie seine Westentasche kannte. Er liebte Tiere, verstand schnell, um welche Probleme es im Naturschutz ging und fand die passenden Antworten. So hat er in den Neunzigerjahren zusammen mit einem anderen bekannten Aktivisten, Karl Ammann, von dem später noch die Rede sein wird, für die WSPA eine große Kampagne gegen den Handel mit Wildtierfleisch gestartet. Diese Kampagne sorgte weltweit für Aufsehen und trug dazu bei, viele Menschen für die Gefahren dieses leider blühenden Handels zu sensibilisieren. Außerdem begeisterte Garry sich für afrikanische Kunst und war darin fast ein Experte geworden. Bei so vielen Gemeinsamkeiten konnten wir uns nur gut verstehen!

Als er von Mickeys und Mayas Rettung erfuhr, wollte er mehr über Bonobos erfahren. Er wusste von dieser endemischen Art, die es auf der ganzen Welt nur in diesem Gebiet gibt, hatte aber noch nie einen Bonobo gesehen. Ich brachte ihn zu Denise, wo er mit dem ihm eigenen Enthusiasmus vorschlug, das zu filmen, was schon wie der Beginn eines Abenteuers aussah. An diesem Tag gebrauchte Garry zum ersten Mal den Begriff „Schutzstation“, in Anlehnung an jene von Chimfunshi, die von Sheila und David Siddle in Sambia eingerichtet wurde. Hier nehmen sie seit den Achtzigerjahren Schimpansen auf, die wegen des Wildfleischhandels ihre Familie verloren haben. Ich befragte ihn dazu und wollte vor allem wissen, ob den Siddles ebenso wie mir der Aufklärungs- und Bildungsaspekt wichtig war, denn ich hatte festgestellt, wie sehr die „bana-Zoo“, die Straßenkinder, die jetzt auch auf dem Gelände des

Zoos lebten, sich für die Tiere interessierten. Einige Sätze genügten, schon war ihre Neugier geweckt, aber wer könnte ihren Fragen antworten?

Dann kam der Tag, an dem der kleine Antony sich auszog und schrie, um die Aufmerksamkeit seiner Großmutter zu erregen. Als Garry das sah, drückte er seine Beunruhigung offen aus. „Es muss etwas geschehen, sonst nimmt das Kind seelischen Schaden." Es war auch für mich ganz offensichtlich. Für Denise, die einen schweren Schicksalsschlag erlitten hatte, mochte wohl Platz sein für zwei arme kleine Wesen. Aber ihre Umgebung sah dies nicht so und ich teilte Garrys Besorgnis. Bald kontaktierten mich auch ihre beste Freundin, die Ärztin Chantal Lelo, und ihr Ehemann. Ihre ernstzunehmende Diagnose duldete keinen Aufschub: Die Bonobos mussten dieses Haus unbedingt sofort verlassen.

Um Denise nicht vor den Kopf zu stoßen, suchte ich nach Vorwänden, die sie aber nicht gelten ließ.

„Schau doch", sagte ich, „dein Garten ist klein und die Bonobos machen dir alles kaputt. Es wäre besser, sie an einen Ort zu bringen, wo sie mehr Platz haben."

„Aber nein, sie haben es hier sehr gut!"

Denise blieb taub für meine Appelle. Daraufhin habe ich Pierre Verhaege, den befreundeten Tierarzt, der uns schon im Zoo geholfen hatte, um Hilfe gebeten. Er sah auch eine Gefahr für Antony und seine Großmutter. Weil die Sache so drängte, fand er auch schnell eine Lösung: Wir könnten die beiden Bonobos in den Garten seiner Tierklinik bringen. Dort würde es ihnen gut gehen, und weil er durch die politischen Unruhen nur wenige Patienten habe, bestünde keine Gefahr, dass sie seine Arbeit stören würden. Mit schwerem Herzen, aber für das Wohl der Menschen, die ich liebte, haben Pierre und ich gehandelt.

Denise hat mir diese Aktion, die sie nicht verstehen konnte, nie verziehen und glaubte sogar, ich wolle für mich beanspruchen, diese Tiere gerettet zu haben. Sie kam nie wieder zu Besuch, zumal bald ein neuer Streit zwischen ihr und Pierre dazukam. Sie hatte einen dritten Bonobo, Elsa, angenommen und Pierre zur Pflege anvertraut. Dieses winzige, zweijährige Weibchen hat nicht überlebt, Denise war tieftraurig und überzeugt, dass nur sie es hätte retten können.

Zwei Jahre später ging Denise mit Antony zurück nach Belgien. Ich habe erfahren, dass sie vor der Abreise noch einmal kam, um sich von den Bonobos zu verabschieden, die zu diesem Zeitpunkt schon zu einer richtigen Gruppe zusammengewachsen waren. Sie hatte es so eingerichtet, dass sie mir nicht begegnete. Ihr Weggang war ein schmerzhafter Verlust; wir hatten nie wieder die Gelegenheit, uns als Freundinnen, die fast wie Schwestern waren, auszusprechen. Ich habe lange daran gedacht, ihr zu schreiben. Aber die Jahre sind darüber vergangen, und ich hoffe, dass dieses Buch ihr mein Handeln erklären kann. Ich hoffe, sie wird dann auch verstehen, wie leid mir das alles getan hat und wie innig unsere Freundschaft mit meiner Bonobo-Geschichte verbunden bleibt.

In Lola gibt es heute eine Tafel mit Danksagungen, die jeder Besucher gleich am Eingang der Schutzstation sehen kann. Darauf stehen alle, die auf die eine oder andere Weise an unserem Projekt beteiligt waren. Ganz oben, als erster Name, steht Denise Van Gheluwe – auf der Tafel ebenso wie in meinem Herzen.

Kapitel 3

Die erste Schutzstation

So begann also mein Abenteuer mit den Bonobos: im Park der Tierklinik von Pierre, mitten im ruhigen Viertel „Ma Campagne“, nicht weit von unserem Haus entfernt. Wir sind fast drei Jahre dort geblieben, bis Juli 1998. Diese Jahre gehören zu den intensivsten meines Lebens. Neben der Pflege der Bonobos ging ich weiterhin zum Zoo, sammelte morgens Lebensmittel ein, verteilte sie, kurz, ich ersetzte Denise. Und natürlich gab es auch noch meine Familie, die zwei Kinder, die noch zu Hause wohnten und Victor, der mit Geduld und Ausdauer arbeitete, um seine Firma zu erhalten.

Während ich in Urlaub war, hatte Pierre zwei weitere Waisen neu aufgenommen, Boende und Bukavu. Sie kamen zu Maya und Mikeno in die Klinik. Bukavu, ganz der lockere, ein bisschen rebellische Teenie, hat vom Team bald den Spitznamen „Belmondo“ erhalten, der gut zu seinem etwas schaukelnden Gang und seinem Charakter als Witzbold passte. Im Gegensatz dazu hing Boende ständig an mir, weigerte sich sogar, von meinen Armen herunterzukommen, um mit den anderen zu spielen, als habe er ein zwingendes Bedürfnis, sich an jemanden zu klammern. Ich wurde also die Ersatzmutter von Boende, der sehr zart und liebebedürftig war.

Eines Tages wurde er krank. Pierre war mit seinem Latein am Ende und die Behandlung zeigte keinerlei Erfolge. Da mir nichts anderes übrig blieb, als auf diesen kranken Bonobo ständig aufzupassen, entdeckte ich, wie wichtig die Rolle der Ersatzmutter ist. Boende blieb Wochen, Monate bei mir, aber weil ich immer noch in den Zoo gehen und meinen anderen Verpflichtungen nachkommen musste, wurde er praktisch unser drittes Kind. Ich hatte keine andere Wahl, als ihn überall hin mitzunehmen, zum Markt, in die Geschäfte, sogar zum Ministerium – wo manche Beamte mich lange später noch nach ihm fragten. Ich fühlte, dass er in meinen Augen das Versprechen las, dass ich ihn nicht verlassen würde. Nach und nach begann er wieder zu essen, erholte sich und fand in der Klinik seinen Platz unter den anderen, ohne sich jedoch ganz von mir zu lösen. Dieses Erlebnis öffnete mir die Augen dafür, wie fundamental wichtig diese emotionale Zuwendung ist, die ihm das Leben gerettet hatte. Ich hatte den Schlüssel zu den Bonobos gefunden. Danach wusste ich: Egal in welchem Zustand ein Waisenjunges zu uns kam, es würde in dieser Zuwendung die Kraft finden, die ihm die Lust am Leben zurückgab.

Während dieser Zeit brach eine Rebellion aus. Von Osten drangen Truppen in den Kongo ein. Laurent-Désiré Kabila befand sich an der Spitze dieser Armee aus jungen „Kadogos", Kindersoldaten, flankiert von ruandischen und ugandischen Militärs. Nach sechs Monaten erreichten sie im Triumphzug Kinshasa. Aber die ständige Militärpräsenz der bewaffneten Soldaten in den Wäldern der Gegend führte zu einer neuen Welle von verwaisten Bonobos, die bei uns landeten. Unter ihnen waren Tshikapa und Maringa, zwei Weibchen, denen es so schlecht ging, dass wir erst zögerten, ihnen Namen zu geben, und dazu noch Manono, Tatango, Mbandaka und Malebo. Innerhalb weniger Wochen war die Aufzuchtstation voll und sah aus wie ein Feldlazarett. Mangels geeigneter Ausrüstung dienten Reifen, die mit frischem Stroh gefüllt waren, als Schlafnest für all diese kleinen Patienten. Wir waren überfüllt. In diesem Moment kam mir eine Freundin zu Hilfe, die unsere Mitarbeiterin wurde.

Emy Vernhet war vor einiger Zeit nach Kinshasa gekommen, wo ihr Ehemann zum Finanzdirektor des Intercontinental Hotels ernannt worden war. Beide waren schon viel in der Welt herumgereist und hatten solide Anpassungsfähigkeiten entwickelt. Die kleine Gemeinschaft der Weißen hatte bald nur noch Augen für die junge hübsche Eurasierin, die der Women's Club für sich zu gewinnen suchte. Aber Emy fühlte sich von Bridge und Tennis nur wenig angezogen und fand keinen besonderen Gefallen an *tea parties*. Da erfuhr ich, dass sie in Kongo-Brazzaville, ihrem vorherigen Aufenthaltsort, zwei verwaiste Schimpansen aufgezogen hatte.

Es war im Jahr 1996, als ich sie dann besuchte. Wir waren einander schnell sympathisch. Ich schlug ihr vor, uns in der Klinik zu helfen, weil wir gut Verstärkung brauchen konnten. Emy lehnte diesen Vorschlag zunächst ab. „Die Erfahrung mit den Schimpansen war zu schmerzhaft", erklärte sie. „Als wir Brazzaville verließen, musste ich sie Aliette Jamart in der Schutzstation Pointe-Noire anvertrauen, und diese Trennung hat mir das Herz gebrochen. Ich will so etwas nicht wieder erleben." Ich drängte sie nicht weiter.

Einige Wochen später kam Emy aus Sympathie und Neugier zur Klinik, und es blieb nicht bei diesem Besuch. Ich fühlte, dass ihr die Bonobos ans Herz wuchsen, so wie früher die Schimpansen. Als sie die unerwarteten Schwierigkeiten sah, mit denen wir seit der plötzlichen Ankunft von all den kleinen Pflegebedürftigen konfrontiert waren, schlug sie vor, einen der Bonobos, Malebo, bei sich aufzunehmen. Wir nahmen ihr Angebot dankbar an. Und Emy stürzte sich mit dem gleichen Enthusiasmus in das Abenteuer mit den Bonobos wie früher mit den Schimpansen. Sie kam jeden Tag, um uns zu helfen. Auch ihr Mann Bruno, dem das Schicksal der bedrohten Tierarten ebenso am Herzen lag, schloss sich schnell unserem Projekt an. Es gelang ihm, das Hotel Intercontinental für eine finanzielle Unterstützung zu gewinnen. Das sicherte uns das Futter für die wachsende Zahl von Bonobos und befreite uns von der täglichen Sorge, woher wir das Geld und ausreichend Futtermittel bekommen sollten. Ich schätzte sehr Emys Verbundenheit mit den Affen, die meine eigene verstärkte.

Von nun an arbeiteten wir bei allen Projekten gemeinsam. Wir trafen uns oft in einem als Büro umgebauten Zimmer des Hotel Intercontinental. Dort stieß noch eine Amerikanerin, Kate Fransworth, die für die Botschaft arbeitete, zu uns. Gemeinsam machten wir Zukunftspläne für die Bonobos. In diesem Zimmer 118 träumten wir alle drei mit offenen Augen von der nächsten Etappe in unserem Kampf. Denn wir wussten, dass es nach der Ankunft von so vielen neuen Waisen keinen Weg zurück mehr gab: Eines Tages mussten wir den nächsten Schritt tun, die Errichtung einer Schutzstation. Dies Ziel vor Augen schmiedete Emy Pläne, die sie umgehend in den Computer eingab, während Kate Projekte skizzierte, die uns die nötigen Gelder einbringen sollten. So hofften wir zumindest. Beflügelt von einem Unternehmergeist, der seinen amerikanischen Vorbildern in keiner Weise nachstand, prophezeite Kate mir lachend: „Eines Tages wirst du ein dreistöckiges Bürogebäude haben, um alle Bonobos der Demokratischen Republik Kongo zu verwalten, und ich werde mit dir arbeiten!"

Jeden Morgen trafen wir uns mit Pierre in einer Ecke des Parks. Wir schauten dem Leben der Bonobos zu, verfolgten ihre Genesung, lernten sie immer besser kennen und entdeckten, wie sehr jeder von ihnen seinen eigenen Charakter hatte. Zum Beispiel Boende, der, was immer auch passierte, nie von meinen Armen herunterkam. Wir genossen diese privilegierten Momente, in denen wir uns von nichts stören ließen. Manchmal entfloh Kate im Businesskostüm ihrem Büro, eine Tasche mit Wechselkleidung an der Hand, um eine Stunde mit uns zu verbringen. Wenn ihr Handy klingelte, entgegnete sie ihrem Gesprächspartner unerschütterlich: „Entschuldigen Sie mich bitte, ich bin in einer Besprechung." Wir erstickten fast vor Lachen, wie sie dastand, behängt mit klatschnassen Bonobos (sie lieben das Baden), manchmal bis ins Gesicht mit Matsch bespritzt. Interessante Besprechung! „Ich brauche diese Momente so sehr, um aufzutanken“, sagte Kate wie zur Entschuldigung. Als Komplizinnen dieses Glücks konnten Emy und ich sie nur zu gut verstehen – auch wenn ich manchmal mit ihren Kollegen fühlte, die im Büro auf sie warteten.

Wertvolle Unterstützung erhielt ich auch von einem neu angeheuerten Mitarbeiter, Crispin Mahamba, dem besten Pfleger der Welt, der heute unser Projektkoordinator ist. Ich hatte diesen jungen Studenten im Zoo getroffen, als er gerade dabei war, sein Diplom in Biologie abzuschließen. Er hatte eine Ausbildung zum Tierpfleger absolviert und machte ein Praktikum, um mit der Thematik des Artenschutzes vertraut zu werden. Mir fiel auf, dass er anders war als die übrigen Tierpfleger, aufmerksamer, mehr darum bemüht, zu den Tieren eine Vertrauensbeziehung aufzubauen. Als er sein Praktikum beendet hatte, schlug ich ihm vor, für drei Monate in die Tierklinik zu kommen. Er ist bis heute geblieben. Tüchtig, sehr gewissenhaft, war er sogar bereit, die Rolle der Ersatzmutter für ein besonders gefährdetes Baby, Inongo, zu übernehmen. Später hat Crispin eine dritte Ausbildung in Umweltmanagement und Naturschutz gemacht, aber er arbeitete auch weiterhin für uns. Nach der Klinik hat er mich auf meinen vielen Reisen begleitet. Er ist ein Mann, der Wort hält, kompetent und zuverlässig ist. Ihm haben wir es zu verdanken, dass die Schutzstation heute das ist, was sie ist.

Die Zahl der Tiere stieg schnell auf sieben, dann auf zehn und schließlich auf elf, trotz einiger krankheitsbedingter Verluste, die wir leider hinnehmen mussten. Es hatte sich nämlich schnell herumgesprochen, dass zwei Weiße, eine Frau und ein Tierarzt, Bonobobabys bei sich aufnahmen. Mehrere Leute brachten uns Tiere, die sie aus Mitleid zu sich genommen hatten. So kam Manono zu uns. Sein Besitzer, Frédérique, hatte ihn spontan auf der Straße gekauft. Er sollte ein Spielgefährte für seine Tochter werden, aber der Alltag mit ihm wurde bald zum Albtraum. Manono nahm überall Dinge weg und schlich sich in die Küche, wo er ein heilloses Durcheinander anrichtete. Das Familienleben litt, weil sich alles nur noch um den kleinen Bonobo drehte – ein Phänomen, dem ich noch häufiger begegnen sollte. Eines Tages ist Frédérique also gekommen und bat uns, Manono aufzunehmen, was wir natürlich gemacht haben. Manono ist heute einer unserer lebhaftesten erwachsenen Bonobo-Männer und in Lola eine Art Touristenführer. Er zeigt ein solches Interesse an den Touristen, dass er sie allein dadurch fast auf einen Rundgang durch die Schutzstation zieht. Nur durch das Beobachten unserer Gespräche hat er einige unserer Angewohnheiten übernommen. Ich glaube, er ist überzeugt, die menschliche Sprache zu beherrschen, allein indem er kopfwackelnd unsere Mimik nachahmt!

Andere Leute aus Kinshasa informierten uns über die Ankunft eines Schiffes, das einen Bonobowaisen an Bord hatte, der bei einem Massaker im Busch übrig geblieben war. Die Händler wollten das Tier so schnell wie möglich loswerden, weil es mehr Gewinn brachte, einen lebenden Bonobo an einen Ausländer zu verkaufen als seine kleine Leiche zu räuchern und das Fleisch zu verkaufen. Da die Kämpfe im Innern des Landes wieder aufgeflammt waren, stieg der Handel mit Wildtierfleisch dramatisch an.

Pierre hatte in der Klinik die medizinische Versorgung der Bonobos auch übernommen, weil er großes Interesse für Menschenaffen hatte. Aber trotz seiner ausgezeichneten Fähigkeiten als Tierarzt hatte ich manchmal das Gefühl, dass ein „menschlicherer" Therapieansatz den Bedürfnissen der Bonobos besser entsprechen würde, also eine Vorgehensweise, bei der die sehr menschenähnlichen Verhaltensweisen dieser zarten Geschöpfe berücksichtigt würden. Doch wer war ich, dass ich solche Argumente vorbringen konnte? Ich hatte nicht das Fachwissen – Pierre war der Tierarzt, und mir kam mehr die Rolle der beschützenden Mutter zu, die umhegt, tröstet und am Krankenbett der kleinen Patienten wacht.

Ich hatte begriffen, dass ein Bonobo extrem anfällig ist. Man muss bei einer körperlichen oder seelischen Störung so schnell wie möglich reagieren, um einer rasch einsetzenden Verschlechterung vorzubeugen. Der emotionale und der körperliche Zustand sind meiner Meinung nach enger miteinander verbunden, als die Tiermedizin zugibt. Ein Besuch im Zoo von Antwerpen hatte mich davon überzeugt, dass es wichtig ist, Bonobos eher nach den Ansätzen der Human- als nach denen der Tiermedizin zu behandeln. Ich stellte mir eine kombinierte Behandlung vor, aber Pierre wollte davon nichts wissen. Ohne dass er es aussprach, dachte er wohl, ich hätte mich von dem menschenähnlichen Aussehen der Patienten fehlleiten lassen und ich würde Mensch und Tier verwechseln. Ich fühlte, dass er mich einschätzte wie viele Ärzte die Mütter, die um die Gesundheit ihrer Kinder besorgt sind: Opfer einer übertriebenen Ängstlichkeit. Er irrte sich: Ich war wachsam, nicht ängstlich. Ich wusste, dass die Umgebung feindlich und die Bonobos anfällig waren, mehr nicht. Aber auch nicht weniger.

Unter den vielen Neuankömmlingen hatten wir bald vier sehr kranke Bonobos. Mir gelang es, Pierre davon zu überzeugen, den Rat eines Kinderarztes, Dr. Bona Nyakabasa, dem ich das Leben meines Sohnes Thomas verdankte, einzuholen. Wegen der Anfälligkeit der Bonobos müssen Gesundheitsprobleme vorbeugend behandelt werden, und in meinen Augen war dafür niemand besser qualifiziert als ein kongolesischer Kinderarzt, der jeden Tag mit komplexen und verschleppten Krankheiten konfrontiert war. Aus Geldmangel brachten die Mütter ihre Kinder erst zu ihm, wenn die Lage praktisch aussichtslos war. Außerdem versuchte er, Säuglinge zu verstehen, die selbst nichts sagen konnten, so wie ich versuchte, meine kleinen Bonobowaisen zu verstehen. Aber trotz seiner wertvollen Ratschläge kamen wir aus dieser Krise nicht ohne Verluste heraus. Wir verloren gleich drei von ihnen: Maringa, Mbandaka und Malebo.

Auf der Rückkehr von einer Reise nach Costa Rica, wo meine älteste Tochter Géraldine lebte, machte ich in den USA, in Atlanta, einen Zwischenhalt. Die Professorin Sue Savage-Rumbaugh führt dort beeindruckende Experimente mit Bonobos durch, die inzwischen zu internationalen Stars erhoben wurden. Es ist ihr gelungen, die Bonobos Kanzi und Panbanisha mit Lexigrammen arbeiten zu lassen, einer Art elektronischer Tafel, ähnlich wie sie auch für autistische Kinder verwendet wird. Auf der Tafel sind Tasten mit Symbolen, aus denen man durch einfaches Drücken Sätze bilden kann. Auf die Fragen der Professorin antworten Kanzi und Panbanisha mit Leichtigkeit: Wollen sie lieber spielen, fernsehen oder essen? Und was wollen sie essen? In der Presse werden sie schon längst „die sprechenden Affen von Atlanta“ genannt. Ich konnte mich bei meinem Besuch selbst davon überzeugen, dass beide ohne Probleme kommunizieren und Anweisungen mit bis zu drei oder vier aufeinanderfolgenden Beschreibungen ausführen. Sue schloss daraus, dass Bonobos über die Intelligenz eines menschlichen Kleinkindes verfügen. Diese Entdeckungen faszinierten mich. Hatten die Arbeiten von Jane Goodall gezeigt, dass Schimpansen in der Lage sind, aus Zweigen Werkzeug herzustellen, das sie brauchen, so erbrachte die Arbeit von Sue Savage-Rumbaugh den Beweis, dass Bonobos über eine ähnliche Art von Intelligenz verfügen. Der „vergessene Affe“ steht seinen großen Brüdern aus dem Wald also in nichts nach.

Sue Savage-Rumbaugh interessierte sich auch für meine Arbeit. Ich erklärte ihr, dass wir verwaiste Bonobokinder aufnahmen und sie vor allem durch emotionale Zuwendung und Bindung retteten. Sie war überrascht. Bis auf einige Zoos in Europa und Amerika hatte noch niemand eine erfolgreiche Haltung von Bonobos in Menschenobhut praktiziert. Sie ermutigte mich, mein Projekt weiterzuführen. In den nächsten Monaten schickte sie sogar amerikanische Wissenschaftler und Studenten auf der Durchreise nach Kinshasa vorbei. Sie waren bei Pierre und mir herzlich willkommen. Unsere bescheidenen Verhältnisse überraschten sie, aber sie hatten echtes Interesse an unserer Arbeit und unterließen es nie, uns zu ermutigen.

Bei meiner Rückkehr nach Kinshasa fand ich zu meinem Schrecken die Klinik in Aufruhr. Emy, Kate, Betsy und die anderen Frauen, die bei der Pflege der Bonobos halfen, waren sehr aufgebracht und versuchten, mir die Situation zu erklären. Die Sache war einfach. Ein kleiner Bonobo, Kikongo, der vor etwa drei Wochen angekommen war, noch elender als die Bonobos vor ihm, war auf Pierres Wunsch hin von den anderen getrennt worden. Das Bonobobaby war so gestresst, dass er glaubte, nichts mehr tun zu können als zu warten, bis sich das Tier allmählich von allein erholte. So viel Fatalismus hatte alle erzürnt. Kikongo starb am nächsten Tag.

Dieser Todesfall, der zu früheren hinzukam, beendete das gute Miteinander. Die Frauen waren wütend, und ich begriff an diesem Tag, dass wir bald die Klinik verlassen mussten, mit oder ohne Einverständnis von Pierre. Ich hatte mich in dieses Abenteuer gestürzt mit dem Ziel, die Tiere zu retten und die Opfer der Wilderer und Tierhändler zu Botschaftern für den Frieden und die Natur zu machen. Nichts würde mich von nun an mehr aufhalten. Der Weg würde wahrscheinlich noch schwieriger werden, aber das Verlassen der Klinik würde eine neue Etappe markieren.

Während dieser Zeit waren die Truppen von Laurent-Désiré Kabila vor den Toren Kinshasas angelangt. Von der Ostgrenze aus hatten sie nach und nach das ganze Land erobert. Bald würde der Fall der Hauptstadt ihren Triumph besiegeln. In der Stadt, die wortwörtlich in der Klemme steckte, erreichte die Nervosität ihren Höhepunkt. Die Verteidiger des Regimes versprachen einen gewaltigen Gegenschlag, und die offizielle Propaganda betonte ihre militärische Stärke, die Entschlossenheit der Truppen, den unerschütterlichen Willen des Präsidenten Mobuto, die Rebellen bis zu ihrer vollständigen Niederlage zu bekämpfen. Stand uns ein Blutbad bevor? Die Präsenz der ausländischen Truppen, die zur Verstärkung gerufen worden und in Brazzaville stationiert waren, beruhigte uns zunächst. Aus Angst vor dem, was passieren könnte, lud ich jeden Abend die elf Bonobos in meinen Landrover und brachte sie in meiner Garage, die zum Nachtkäfig umgebaut worden war, in Sicherheit. Morgens nahm ich sie wieder mit zu Pierre. Für die Bewohner von Kinshasa war ich zu einer Attraktion geworden: die Weiße, die als junge Frau Luxusartikel von Cartier und Lancel verkauft hatte, transportierte jetzt in ihrem Auto Bonobos.

Glücklicherweise fanden die so sehr befürchteten Kämpfe nicht statt. Die zairische Armee war genausowenig in der Lage, funktionstüchtige Panzer auffahren zu lassen, wie widerstrebende Truppen zu bewegen, den Vormarsch von Kabila zu stoppen. Nach sechs Monaten Belagerung war die Bevölkerung ausgehungert und die Regierung Mobutu geflohen. Pierre und ich waren in der Stadt geblieben, um unsere Mission fortzusetzen und unsere Bonobos nicht alleinzulassen.

Nach langen Verhandlungen marschierten am 17. Mai 1997 die Truppen Kabilas in die Stadt ein, ohne auf Widerstand zu stoßen. Als erste Folge dieses „Befreiungskriegs" schöpften alle, die von einem neuen Regime die Wiederherstellung der Ordnung und ein Wiederankurbeln der Wirtschaft erwarteten, neue Hoffnung. Endlich war die absurde Periode der sogenannten Übergangszeit beendet, die das Land von einer von Mobutu gewollten Diktatur hin zu einer mit internationalem Druck geforderten Demokratie führen sollte. Im Kielwasser der panafrikanischen Bewegung, die den ganzen Kontinent eroberte, würde bald ein neues Land geboren werden. Zaire nannte sich von nun an Demokratische Republik Kongo, Begriffe mit starkem Symbolcharakter – auch wenn die Zukunft zeigen sollte, dass dieser Traum noch weit von der Wirklichkeit entfernt war.

Die unter dem nicht immer leichten, manchmal Peitsche schwingenden, aber gebilligten Joch der Ruander stehenden Kongolesen gingen erhobenen Hauptes und akzeptierten die neue Ordnung. Selbst die Wahlausländer, abgebrüht von Jahrzehnten schmerzhafter Erfahrungen, fingen an, an eine bessere Zukunft zu glauben.

„Schluss mit den Tresor-Generälen!“, hörte man es überall rufen, von den Randgebieten der Stadt bis zum Vorzimmer der neuen Regierung, wo die Beratungen gut vorankamen. Es wurde von ehrgeizigen Projekten gesprochen, die eines nach dem anderen ins Leben gerufen würden, in einer euphorischen Stimmung, die reich an Versprechungen war. Wie viele andere fühlte auch ich mich von dieser Hoffnung auf Erneuerung beflügelt. Ich hatte mich immer von ganzem Herzen als Kongolesin gesehen, jetzt entdeckte ich in mir eine feurige Nationalistin. Für mich hatten diese jungen Politiker etwas Rührendes an sich. Sie schlotterten in ihren Anzügen, die ihnen zu groß waren, weil die Macht ihnen noch nicht die Korpulenz beschert hatte, die in Afrika für jede Form von sozialem Erfolg steht und dieser Bezeichnung würdig ist. Im Lauf der Monate musste ich leider feststellen, dass sich diese Personen nicht nur ihren neuen Aufgaben anpassten, sondern auch ihrer Kleidung. Die Macht ließ sie Speck ansetzen. Langsam, aber sicher griffen alte Gewohnheiten wieder um sich.

Fünf Monate später hatte die beschwingte Stimmung noch nicht nachgelassen, auch wenn die ersten von Kabila versprochenen Ergebnisse auf sich warten ließen. Durch seine zahlreichen Besuche in Ländern wie Libyen, China, Nordkorea und Kuba überraschte der Präsident die westliche Welt. Er schien sein Land in die Sechzigerjahre, in die längst vergangene Zeit des kalten Krieges zurückführen zu wollen.

Eines Tages im Oktober, als ich am Präsidentenpark vorbeiging, der am Ufer des Kongo-Flusses liegt, blieb mir das Herz stehen: Sie waren dabei, den Park abzubrennen, um ihn von Gestrüpp zu säubern! Mich packte der Zorn auf die jungen Soldaten, von denen manche nicht älter als vierzehn oder fünfzehn waren, und die, ohne es zu wissen, unsere botanischen Schätze vernichteten. Im Park befand sich außerdem das Museum für afrikanische Kunst. Wenn die Soldaten nicht aufpassten, würde es auch Opfer der Flammen werden. Trotz der Vorbehalte von Sadico, meinem Fahrer, ging ich in den Park, wo meine Anwesenheit nicht unbemerkt blieb. Ohne mich im Geringsten beeindrucken zu lassen, bat ich die ersten Soldaten, die mir entgegenkamen, mich zum Befehlshaber zu bringen. An Bauschutt vorbei führten sie mich also zu dessen nahegelegenem Quartier. Ich spürte das Erstaunen um mich herum, das ich als Weiße inmitten dieses Militärcamps auszulösen schien. Ich hatte doppelt Glück: Ich hatte keine Angst und ich konnte mich in ihrer Sprache ausdrücken, in Swahili, das im Osten gesprochen wird. Ein Glücksfall auch für die Männer, die weder Französisch noch das Lingala des Westens sprachen.

Wir erreichten den dritten Stock. Ich wurde in ein Büro gebeten, in dem mich ein etwas verdutzter Kommandant empfing. Ich ging sofort zum Angriff über.

„Kommandant, wissen Sie, dass Ihre Männer dabei sind, den Park zu verbrennen?"

„Sie haben den Befehl erhalten, ihn zu säubern."

„Aber diese Vorgehensweise ist falsch! In diesem Park wachsen seltene Pflanzen! Und außerdem ist dort auch das Museum für afrikanische Kunst."

„Mobutu ist weg und seine Fetische, unter uns gesagt ..."

„Es handelt sich nicht um seine Privatsammlung. In diesem Museum befindet sich das künstlerische Erbe des Kongos."

Ein dumpfes Geräusch unterbrach unser Gespräch. In der Ferne war im Fluss zwischen Brazzaville und Kinshasa ein Geschoss explodiert. Sofortiges Chaos. Alles rannte, schrie, wollte sich die Sache ansehen. Wir erfuhren später, dass dies der Versuch der Volksrepublik Kongo war, Feindseligkeiten zu eröffnen. Sie schienen durch Truppen vom Osten, die so nah an ihre Grenze herangerückt waren, beunruhigt. Ich behielt einen klaren Kopf . Kaum war wieder Ruhe eingekehrt, hakte ich nach:

„Und der Park?"

Der Offizier drehte sich um, sichtlich genervt.

„Ich habe Wichtigeres zu tun als Okapis zu retten, Madame."

„Aber es gibt hier kein einziges Okapi mehr! Was die Bäume im Park betrifft, geben Sie mir freie Hand, ich werde mich darum kümmern."

Der Offizier winkte verdrossen ab. Es war unschwer zu erraten, was er dachte: Wie kann ich diese Frau so schnell wie möglich loswerden? Er setzte wieder an, überfordert von den Ereignissen:

„Sie sehen doch die Situation! Wir werden beschossen, unsere Nachbarn erklären den Krieg."

„Aber nein", sagte ich beruhigend.

Daraufhin explodierte ein zweites Geschoss, diesmal etwas näher. Der Offizier, immer mehr beunruhigt, hatte nur noch eins im Kopf: dass ich endlich abhauen und ihn seinen Krieg führen lassen sollte. Er ergriff die Gelegenheit, die ich ihm geboten hatte.

„Was wollen Sie? Zwanzig Männer und einen Kommandanten, wäre Ihnen das recht?“

„Sehr gut. Es reicht aus, wenn ich mit den Leuten vom Zoo, die sich mit seltenen Pflanzen auskennen, die Bäume markiere.“

Er gab einige schnelle Befehle und ich ging. Sadico, der im Auto auf mich wartete und hoffte, übersehen zu werden, traute seinen Augen nicht: Ich kam zurück inmitten einer Eskorte von Soldaten! Später, auf der Straße, fing ich an zu lachen: Ich war mir der Absurdität der Situation bewusst, aber auf die Gefahr hin, dass ich für eine Spinnerin oder wenigstens für ein Original gehalten wurde, hatte ich beschlossen, dass der Zweck die Mittel heiligt.

Schon am nächsten Morgen leitete ich die Arbeiten. Mit Hilfe von zwei oder drei Pflegern, die ich vom Zoo geholt hatte, markierten wir die Bäume, die gerettet werden sollten, mit weißer Farbe und entfernten weiter Gestrüpp, diesmal selektiv und vernünftig. Dabei lernte ich einen Belgier kennen, zu dem schnell ein guter Kontakt entstand. Sein Haus, das an den Präsidentenpark grenzte, war von Mobutu annektiert worden, da aber das Grundbuch nie geändert worden war, versuchte er, seinen Besitz wiederzubekommen, was ihm nie gelang. Mit ihm und anderen Einwohnern des Viertels bildeten wir bald eine Gruppe, die entschlossen war, den Park als Stolz der Stadt nicht zerstören zu lassen und ihn sogar – warum nicht – wieder zum Leben zu erwecken.

Ich dachte dabei natürlich an meine Bonobos, die bald ein größeres Terrain brauchten als den Garten von Pierres Klinik. Dieser hoffte nämlich, mit der Rückkehr zum Frieden seinen Praxisbetrieb wieder aufnehmen zu können. Elf Menschenaffen, die im Garten herumspringen, können aber durchaus abschreckend auf die Kundschaft wirken! Und da ihre Zahl ständig stieg, würde außerdem der Platz bald eng werden.

Die Idee von einem Park, der für die Öffentlichkeit zugänglich war, fand bald Anhänger. Da der Kongo wiederaufgebaut wurde, wollten wir unseren Teil zum nationalen Unternehmen beitragen. Wir begeisterten uns. Es wurde ein Verein gegründet, dessen Vorsitz ich übernahm: der Verein der Freunde des Berg Ngaliema Parks. Benannt nach dem Häuptling Teke Ngaliema, mit dem Henry Morton Stanley 1881 über das Aufschlagen seines Camps am Ufer des großen Kongo Stroms verhandelt hatte. Der war schiffbar vom Kin Malebo Pool bis nach Kisangani, ehemals Stanleyville. Nun überragte dieser Park den Pool und bot vom Berg Ngaliema die schönste Aussicht von Kinshasa auf Brazzaville und auf die Stromschnellen, die die beiden Ufer teilten. Lange thronte eine riesige Statue von Stanley auf dem Aussichtspunkt oben auf dem Berg. Als das Regime beschloss, alle Symbole aus der Kolonialzeit zu entfernen, wurde sie durch das genauso majestätische Kunstwerk *Bouclier de la révolution* („Krieger der Revolution") des Künstlers Liyolo ersetzt.

Während die Arbeiten im Park fortgeführt wurden, planten wir verschiedene Bereiche: Im seinem fast 200 Hektar großen Herzen würde der Wald bestehen bleiben; 25 Hektar, die einen großartigen Blick auf den Fluss boten, würden einen Bereich für den Umweltschutz bilden. Ich träumte davon, dort die Schutzstation für die Bonobos einzurichten. Die Besucher würden außerdem einen Garten mit afrikanischen Arzneipflanzen finden und – warum nicht –, einen geschichtlichen Rundgang an den Standbildern der Kolonialzeit vorbei, die im Moment beim Straßenbauamt lagerten. Wir träumten auch von einem Haus der Jugend mit einem Veranstaltungssaal und einer Bibliothek – dafür mussten nur die ehemaligen, jetzt leer stehenden Büroräume von Mobutu renoviert werden. Wir würden den

Freunden des Nationalmuseums helfen, den würdigen Ort wieder einzurichten. Schließlich würden wir das Freilichttheater mit den wunderbaren Sitzreihen aus Marmor am Hang des Berges wieder in Betrieb nehmen, wo vor zwanzig Jahren Konzerte gegeben wurden. So würden Kultur und Nationaltheater wieder zu neuem Leben erwachen. Diese Pläne schienen uns stimmig zu sein. Da Mensch und Kultur seit Jahren vergessen und vernachlässigt worden waren, würden sie die ersten sein, die von dem Park profitierten.

Dieses Projekt fand bei den verschiedenen örtlichen Unternehmern ein positives Echo. Jetzt mussten wir noch herausfinden, wem der Park gehörte! Der Gouverneur informierte uns, dass er nicht seinem Ressort unterstand. Aufseiten der neuen Regierung bestand völliges Desinteresse für unsere Pläne. Wir versuchten, die Sache voranzubringen, indem wir so viele Kinois wie möglich aktivierten. Wir planten, eine kleine Bahn zu mieten, in die auf dem Weg durch die Stadt Ehrenbürger, Botschaftsangestellte, Unternehmer und ausländische Journalisten einsteigen könnten und die sie bis zum Park bringen würde, wo sie ein Picknick erwartete. Pierre hatte für mich eine schöne Rede geschrieben. Ich würde den Besuchern unsere Projekte vorstellen, in der Hoffnung, so viel Unterstützung wie möglich zu erhalten.

Unser Picknick fand am 9. Dezember statt. Es war rundum ein Erfolg: Fast 200 Personen waren gekommen, darunter Amtspersonen, der Gouverneur der Provinz Kinshasa selbst, der Botschafter, Militärs ... Unsere Begeisterung war ansteckend. Viele versprachen finanzielle oder politische Unterstützung und praktische Hilfe. Ich hatte den Eindruck, dass vor unseren Augen in diesem Land, das unter den Ereignissen der Vergangenheit so sehr gelitten hatte, eine Art friedlicher Staatsstreich im Kleinen stattfand.

Am nächsten Morgen hielt ein Jeep der Armee vor unserem Haus. Ein Soldat überreichte mir eine Vorladung des Umweltministers, der neu in seinem Amt war, Monsieur Eddy Angulu. Ich hatte ihn noch nie getroffen.

Der Minister empfing mich mit einer Kälte, von der ich mich aber nicht aus der Fassung bringen ließ. Die Erlebnisse am Vortag hatten mich auf eine Wolke gehoben und ich war nicht bereit, davon herunterzukommen.

„Sie haben gestern ein Fest bei uns veranstaltet."

„Wollen Sie damit sagen, dass der Park dem Umweltministerium gehört?"

„So ist es", antwortete der Minister, dessen kalter und trockener Tonfall mich wohl daran erinnern sollte, welchen Respekt das Verwaltungsrecht forderte. Weit davon entfernt, mich in blumigen Entschuldigungen zu ergehen, entschied ich mich für das Gegenteil.

„Das ist wunderbar! Ich freue mich sehr, das zu erfahren. Und da dies so ist, erlauben Sie mir, Exzellenz, Ihnen unser Projekt vorzustellen."

Ich stürzte mich hinein. Der Minister war ein wenig überrascht, hörte aber aufmerksam zu. Ich erklärte ihm, dass unser Verein sich um die Anlage und Pflege des Geländes kümmern würde, in Absprache mit den verschiedenen betroffenen Ministerien, Kultur, Umwelt etc. Der Minister zeigte sich ungerührt. Er bat mich jedoch, ihm unsere Unterlagen dazulassen. Das tat ich, bedankte mich für die Aufmerksamkeit, die er mir gewährt hatte, und verließ sein Büro.

Zwei Tage später stand wieder der Jeep vor unserer Haustür, ich war erneut zum Minister vorgeladen.

„Ich habe mit dem Chef, mit Monsieur Laurent-Désiré Kabila gesprochen, und er findet Ihr Projekt interessant. Aber er will keinen Verein. Er wünscht, dass Sie, Madame André, das Amt einer Parkschützerin übernehmen."

Das klang für mich wie eine maskierte Absage, eine elegante Art und Weise, unsere Träume in die Wüste zu schicken, aber ich schluckte und gab mich noch nicht geschlagen.

„Exzellenz, diese Wahl von Herrn Kabila ehrt mich, aber meinen Freunden und mir ist der Verein wichtig. Wir wollen alle gemeinsam für die Erneuerung dieser Stadt und dieses Landes arbeiten."

Jetzt waren die Fronten vertauscht. Der Minister schwieg, während ich eine flammende patriotische Rede anstimmte. Aber keines meiner Argumente brachte ihn dazu, sein Schweigen zu brechen. Ich begriff nicht, dass Präsident Laurent-Désiré Kabila den Verein aus Gründen ablehnte, die mit den Problemen des Parks gar nichts zu tun hatten. Später verstand ich, dass das neue Bürgerbündnis ihm Angst machte.

Der Chef hingegen wollte gerne diese weiße Frau, die ihre Fähigkeiten schon im Zoo unter Beweis gestellt hatte, an der Spitze des ehemaligen Präsidentenparks sehen. Es war die Zeit, in der den Befreiern, die in der eroberten Hauptstadt niemanden kannten, von allen Seiten, von Politikern, Geschäftsleuten und Intriganten jeder Schattierung der Hof gemacht wurde. Im Hotel Intercontinental, wo die neue Regierung ihren Sitz bezogen hatte, defilierten täglich Dutzende von Besuchern, die ihre Dienste anboten.

Der Parkplatz war voller Fahrzeuge von jenen, die sich bei der neuen Regierung ein Stück vom Kuchen sichern wollten; diese wiederum versuchte mühsam, echte Freunde von skrupellosen Opportunisten zu unterscheiden. Außerdem interessierten sie sich verständlicherweise für Personen, die bereits in ihren Augen erfolgreiche Projekte durchgeführt hatten. Ich gehörte zu dieser Gruppe. Nach und nach nahm die Unterhaltung daher eine fast freundschaftliche Wendung.

„Was Sie für das Land tun, ist großartig", sagte der Minister und kam aus seiner Reserve heraus.

Aber ich bestand auf meiner Absage: Ja zum gemeinsamen Verein, Nein zur persönlichen Beförderung. Er insistierte nicht, drückte gleichzeitig Respekt und Bedauern vor meiner Entscheidung aus.

„Überlegen Sie es sich trotzdem", schloss er am Ende unseres langen Gesprächs.

Aus dieser zweiten Audienz ging ich mit stolzgeschwellter Brust heraus. Diese Leute sind wunderbar, sagte ich mir. Ich war überzeugt, dass sie zu jenen modernen Panafrikanern gehören werden, zu diesen Robin Hoods, die als Einzige in der Lage sind, das Land zu retten.

Victor konnte mich schnell davon überzeugen, dass es falsch war, ein solches Angebot abzulehnen. Brauchten die Bonobos mehr Platz, ja oder nein? So schwerwiegend die Konsequenzen des Minister-Vorschlags auch waren, so könnte doch wenigstens das Projekt einer Schutzstation endlich realisiert werden. Ich ging also wieder zum Minister und erklärte ihm mein Einverständnis. Die offizielle Nominierung folgte einige Tage später. Aufgrund meines Engagements für die Umwelt, hieß es in dem Dekret, wurde ich zur „Wächterin" des Präsidentenparks ernannt.

Damit begann eine Zeit großer Begeisterung. Zusammen mit einigen Freunden entwarfen wir Pläne für die zukünftige Schutzstation, waren häufig vor Ort, um alle möglichen Lösungen auszuloten und den Park in einen Ort der Erholung, der Begegnung und kulturellen Aktivitäten umzugestalten. Aus dieser Zeit stammen meine Freundschaften mit denen, die ich vertraulich „Zugpferde des Kongos" nenne; einige von ihnen waren dynamische Aktivistinnen in lokalen Nichtregierungsorganisationen, eine andere wurde später Beraterin im Umweltministerium, wieder eine andere war Museumsbeauftragte. Wir alle vereinten unsere Energien.

Ich weiß nicht, welches Bild sich die Leute von mir machten. Mich von den Küchen der großen Hotels zum Zoo laufen zu sehen, dann zum Präsidentenpark, schließlich zu Pierres Klinik, um mich um die Bonobos zu kümmern – viele dachten sicher, dass mir dies genauso viel Spaß machte wie früher der Verkauf von Luxusartikeln und dass ich bald eine neue Schrulle entwickeln würde ... Wer so dachte, kannte mich nicht. Ich hatte begriffen, wie notwendig der Umweltschutz war und wie er an die starken Eindrücke meiner Kindheit angeknüpft. Ich wusste, dass mich diese Leidenschaft nicht wieder loslassen würde. Wenn ich meine Hilfe verspreche, dann gebe ich sie voll und ganz, ohne Rückversicherung, auch wenn dies mein Leben durcheinanderbringt. Mein Engagement – oder meine Verrücktheiten – stelle ich nie in Frage. Ich begeistere mich mit allen Fasern meines Herzens.

Aber wir hatten uns in denen, die wir für zuverlässige Verbündete hielten, getäuscht. Wir mussten feststellen, dass der Sicherheitswahn unserer Befreier bis zur Besessenheit ging. Diese Helden, die wir für so mutig gehalten hatten, waren doch nur Kriegsmänner auf der Lauer, die sich ständig von allem bedroht fühlten. Ich wurde von Soldaten wegen eines Ja oder Nein zu Offizieren geführt, die mich höflich, aber bestimmt warnten: „Madame, das können Sie nicht machen, das ist zu riskant." Der neue Präsident hatte den Hauptsitz der Organisation für Afrikanische Einheit (OUA Organisation de l'Unité Africaine) renovieren lassen, der in der Nähe des Parks gelegen war, um ihn als Regierungssitz zu beziehen. Die Militärs hatten daher nur eine Sorge: dass die zukünftigen Besucher des Parks eine Bedrohung für die Sicherheit des Präsidenten sein könnten. Unser Projekt war nicht mehr willkommen.

Während eines Besuchs im Park mit Eddy Angulu, dem Umweltminister, trafen wir auf einen jungen Soldaten, der dabei war, die elektrische Installation einer Straßenlaterne abzumontieren. Der Minister, ebenso überrascht wie ich, hier im Park einen Soldaten zu treffen, fragte ihn:

„Was machen Sie denn da?

„Wir nehmen die elektrischen Leitungen weg."

„Sind Sie sich im Klaren, dass Sie hier Diebstahl begehen?"

„Die Laternen funktionieren nicht mehr. Und außerdem haben wir keine Elektrizität."

„Das ist kein Grund, die Leitungen zu entfernen! Eines Tages müssen sie repariert werden, das wissen Sie ganz genau."

„Na und?"

„Wissen Sie, dass diese Republik arm ist?", fuhr der Minister fort und ich fühlte, wie der Zorn in ihm hochstieg.

„ Aber nein, schauen Sie das Gebäude der OUA an, alles wurde repariert, und jetzt ist der Chef in den Büros."

Eddy Angulu warf mir einen Blick zu, der eine Mischung aus Empörung und Hilflosigkeit ausdrückte. Dann drehte er sich auf dem Absatz um, müde von einem Kampf, der von vornherein verloren war. In den folgenden Wochen nahmen die Sachbeschädigungen der Militärs nicht ab, sondern zu. Die Treppenstufen waren mit einer Eisenstange zerschlagen worden, die Wasserhähne ausgerissen, die Lampen über kilometerlange Strecken zerstört und nach und nach die 25 Hektar Wald praktisch abgeholzt. Die Wiederholung solcher Szenen hinterließ bei mir einen bitteren Nachgeschmack. Während so viele den besten Willen hatten, das Land wiederaufzubauen, waren die Soldaten damit beschäftigt, es noch weiter zu zerstören. Zur Hilflosigkeit verdammt, beschloss „Madame, die Wächterin des Parks" ihren Rücktritt einzureichen. Er wurde abgelehnt. Das hielt mich nicht davon ab, dieser unerträglichen Baustelle den Rücken zu kehren. Auch wenn er sich nie dazu geäußert hat, bin ich sicher, dass der Umweltminister mich verstand und meine Entscheidung billigte. Unser gegenseitiges Vertrauen hat nicht gelitten, und wir haben seitdem eine gute Beziehung. Heute bekleidet Herr Angulu das Amt des Botschafters der Demokratischen Republik Kongo in Frankreich, und wenn ich die seltene Möglichkeit habe, besuche ich ihn aus Höflichkeit und Freundschaft.

Somit ging eine Episode zu Ende, in die viele von uns ihre Hoffnungen gesetzt hatten: den Präsidentenpark zu neuem Leben zu erwecken. Wieder eine Schublade, die ich schweren Herzens schließen musste. Aber zum Glück war mir das Wesentliche geblieben: meine Bonobos. Sie waren es, die von nun an alle meine Zeit und Energie in Anspruch nehmen würden.

Kapitel 4

Affen in der Schule

Zu Beginn der Trockenzeit im Mai 1998 sah die Zukunft nicht rosig aus. Ich wusste, dass wir die Klinik verlassen mussten, aber wohin sollten wir gehen? Das Projekt mit dem Präsidentenpark befand sich in ernsthaften Schwierigkeiten. Alle Besprechungen, die wir mit Elisabeth Simpson, der amerikanischen Botschafterin, organisiert hatten, waren ergebnislos geblieben. Sie erwiesen sich jedoch in einer anderen Beziehung als nützlich. Mithilfe ihres Ehemanns, Dan Simpson, konnten wir den Direktor der amerikanischen Schule dazu überreden, auf dem Schulgelände eine kleine Schutz- und Aufzuchtstation zu genehmigen. Die Ferien kamen näher, und ich ergriff die Gelegenheit beim Schopfe. Die amerikanische Schule befand sich auf einem großen Campus, mehrere Dutzend Hektar groß, gegenüber vom Präsidentenpark, in einem ruhigen Viertel, das ich gut kannte. Der Umzug aus der Klinik von Pierre zur Schule stellte also kein wesentliches Problem dar. Wir mussten Garry Richardson und die Tierschutzgesellschaft WSPA (World Society for the Protection of Animals) um Hilfe bitten. Die Aussicht, von dieser Organisation, deren Leitung er für ganz Afrika innehatte, unterstützt zu werden, machte mir Mut, auch wenn der Begriff Schutzstation mir angesichts des jetzigen Zustands meiner Projekte übertrieben erschien. Aufzuchtstation allein wäre angemessen gewesen. Ich fühlte mich richtig erleichtert. Die Bonobos verwüsteten den Garten der Klinik, und die Patienten, die zunächst amüsiert gewesen waren, fühlten sich jetzt doch von den Affen belästigt, die den ganzen Platz einnahmen. Bald würden diese Probleme der Vergangenheit angehören. Die amerikanische Schule stellte uns einen halben Hektar zur Verfügung, was uns schon wie ein richtiger Wald vorkam, einen Klassenraum, in dem wir unser Büro einrichten konnten, und die Umkleideräume der Kinder, die wir zu Nachtgehegen umbauten. Mit einem befreundeten Unternehmer, Claude Duvignaud, und dessen Sohn Richard installierten wir in einem Monat den Elektrozaun, den Garry und die WSPA uns gestiftet hatten. Schließlich transportierten wir Unterlagen und Akten, Notfall-Medikamente und anderes für unsere Pfleglinge lebenswichtiges Material in die Schule. Ich spürte, dass wir eine entscheidende Etappe erreichten und von einem Provisorium zu etwas Beständigerem gelangten. Neben der Anlage, die den Bonobos mehr Freiheit bot, konnten wir das pädagogische Programm starten, von dem ich seit meiner Erfahrung mit dem Zoo träumte und wofür die amerikanische Schule uns bald einen zweiten Klassenraum zur Verfügung stellen würde.

Am 17. und 18. Juli 1998 wurden also elf Bonobos in ihr neues Zuhause gebracht. Pierre war unglücklich, wollte es aber nicht zeigen. Er kannte die Probleme nur zu gut, mit denen wir konfrontiert waren. Nach einigen Wochen Abstand nahmen wir unsere gute Beziehung von früher wieder auf, und er war immer gern bereit, zur amerikanischen Schule zu kommen, wenn ich ihn darum bat. Jahre sind seitdem vergangen und unsere Beziehung ist genauso freundschaftlich geblieben. Pierre gehört zu denen, die sich für etwas begeistern können, und er ist immer noch von diesem Projekt begeistert, an dem er regelmäßig Anteil nimmt. Ich hatte mir vorgestellt, dass wir die amerikanische Schule nach den Sommerferien wieder verlassen würden, aber schließlich sind wir doch fast vier Jahre geblieben. Unerwartete Ereignisse brachten die Karten des politischen Systems im Kongo, das wir für stabil gehalten hatten, wieder durcheinander.

Weniger als zwei Wochen nach unserem Umzug, am 2. August, brach in der Provinz Bas-Congo der Krieg aus. Ruandische Truppen waren eingeflogen worden und hatten ein Camp eingenommen, in dem ehemalige Soldaten von Mobutu einer Gehirnwäsche unterzogen wurden, bevor sie wieder in die Armee der jungen Demokratischen Republik Kongo eingegliedert werden sollten. Aber die Umstände ließen ihnen dazu keine Zeit. Die ruandischen Soldaten überredeten Tausende von Männern, sie in ihrem Marsch auf Kinshasa zu unterstützen. Ihr Ziel: der Sturz von Laurent-Désiré Kabila, des unangefochtenen Führers von gestern, heute in ihren Augen schuldig, seine afrikanischen Verbündeten betrogen zu haben, sogar in den Augen derer, die bald wieder in seine Armee eingegliedert werden sollten ... Den verschlungenen Pfaden der politisch-militärischen Situation im tropischen Afrika ist nicht immer leicht zu folgen!

Die Nachricht breitete sich sofort in ganz Kinshasa aus, während die offiziellen Sender gegen die Angreifer hetzten, so wie sie es vor weniger als einem Jahr unter dem Mobutu-Regime getan hatten. Diesmal aber mit mehr Erfolg. In einem beeindruckenden nationalistischen Ruck erhob sich die Bevölkerung, verteidigte ihre Stadt, verjagte die Rebellen, die ihr Vorhaben bald aufgaben, und rettete Laurent-Désiré Kabila, dessen Schicksal einige Stunden lang an einem seidenen Faden hing. Man kann sich die Folgen vorstellen: Viele Ausländer, die nach einer Phase der relativen Ruhe gehofft hatten, dass die Wirtschaft wieder aufleben und die Politik sich stabilisieren würde, reisten überstürzt ab, weil sie befürchteten, dass die Unruhen erneut beginnen würden. Umso mehr als sich in Kinshasa ein Gerücht ausbreitete: Die Tutsi-Soldaten der ruandischen Truppen – die Tutsi, die von den Ruandern und Kabila bei ihrer Machtübernahme in viele Schlüsselpositionen eingesetzt und von den Kinois immer mit Misstrauen betrachtet worden waren – hätten sich in der Hoffnung auf Vergeltung in großer

Zahl in die Stadt eingeschlichen. Diese unkontrollierbaren Gerüchte verbreiteten sich und schlugen ein wie eine Bombe. Sie passten zu einer schmutzigen Propaganda, die seit Wochen über die Sender verbreitet wurde. Sie zielte auf die „Sympathisanten des Auslands“ und rief zur „Vernichtung des Ungeziefers“ auf. Unfähig, die eigenen Widersprüche aufzuarbeiten, hatten die Machthaber also den einfachsten Weg gewählt: die Denunzierung der angeblichen Feinde im Innern, von denen die Masse überzeugt war, dass sie mit dem Ausland „kollaboriert“. Man kennt diese Reden nur zu gut, um zu wissen, dass sie in einer Totenklage enden.

Trotz dieser Unruhen und Gefahren kümmerte ich mich weiterhin um die Bonobos. Eines Morgens stieg die Spannung ins Unermessliche. Ich versorgte zusammen mit Dominique und Kate die Bonobos, weil das Team wegen Straßensperren in der Stadt festhing. Plötzlich ertönten ganz in der Nähe Schüsse von automatischen Gewehren.

„Das ist gegenüber!“, sagte Dominique. „Im Militärcamp Tshashi, ganz nah beim Berg Ngaliema Park!“

Einen Moment waren wir erstarrt. Dann hörten die Schüsse auf. Wir setzten unsere Arbeit fort, als ob nichts gewesen wäre.

Seitdem kann mich nichts mehr von den Bonobos abhalten. Bei ihnen ist mein Leben. Jedes Mal, wenn wir ein neues Waisenjunges bei uns aufnehmen, erschüttert mich die Verzweiflung, die wir in seinen Augen lesen, und dann das Vertrauen, das sie uns nach ein paar Tagen entgegenbringen. Sie aus dem Gemetzel zu retten, für sie eine Ersatzmutter und Geschwister zu finden, ihnen ein Stück Natur, die Liebe und den Respekt der Menschen zurückzugeben, kurz, sie wieder in das Leben zurückzuführen, das ist meine Aufgabe. Die Bonobos sind meine zweite Familie geworden. Und nur die Angst um meine erste Familie könnte mich von ihnen fernhalten.

An einem Samstagmorgen, als ich mit Emy zur amerikanischen Schule fuhr, sahen wir entsetzliche Szenen auf den Straßen von Kinshasa. Männer wurden gezwungen, in Lastwagen einzusteigen, andere aus ihren Häusern und Büros gezerrt und auf den Gehwegen misshandelt. Was ging hier vor, wer waren diese Männer, die abtransportiert und geschlagen wurden? Ich versuchte, es herauszufinden, mehr zu erfahren. Victors Buchhalter teilte mir telefonisch mit, dass die Jagd auf die Tutsi in der Stadt begonnen hatte.

Ich war sprachlos, wie gelähmt, mir blieb das Herz stehen. Die Kinder waren zum Glück während der Ferien in Europa. Aber Victor ist von seiner Mutter her Tutsi. Samstags ging er normalerweise etwas später in sein Büro. War er noch zu Hause? Er schaltete sein Handy morgens nie ein und lief, vielleicht ohne es zu wissen, geradewegs in den Rachen des Löwen. Emy und ich drehten sofort um und eilten nach Hause. Auf den Kreuzungen wurden an manchen Stellen alte Autoreifen um Menschen gelegt, mit Benzin überschüttet und angezündet – die Opfer verbrannten bei lebendigem Leib. Kinshasa war zur Bühne einer Apokalypse geworden, die mehrere Tage andauerte und zahlreiche Tote hinterlies.

Als wir endlich zu Hause ankamen, sah alles aus wie immer. Victor, dem ich nicht die Zeit lies, seinen Tee auszutrinken und seine Zigarre zu rauchen, verstand nicht, warum ich ihn auf dem Rücksitz des Landrovers manövrierte. Wir umgingen die bereits errichteten Straßensperren und fuhren zur italienischen Botschaft. Victor hat die italienische Staatsbürgerschaft. Noch nie kam uns ein Weg so lang vor. Wie man sich vorstellen kann, waren wir sehr erleichtert, als wir endlich durch die gesicherte Ummauerung auf das italienische Botschaftsgelände fuhren. Der Botschafter empfing uns und telefonierte sofort mit dem Innenminister, um mehr über die Lage in der Stadt und die geplanten Maßnahmen der Regierung zu erfahren. Der

Minister riet uns, möglichst in Sicherheit zu bleiben. Eine weise Entscheidung, die Victor nur widerwillig akzeptierte, aus Sorge um seine Firma und seine Mitarbeiter.

Ich ging wieder, solange ich dazu noch die Kraft hatte. Jede Tragödie, die über dieses Land hereinbricht, ist ein Tod für sich. Die Soldaten hatten noch mehr Straßensperren aufgestellt. Alle mussten ihre Papiere vorzeigen, Auskunft geben, woher sie kamen, wohin sie gingen, die Soldaten überzeugen, dass sie einen durchließen. Es gelang mir durchzukommen. Mein Drama war belanglos angesichts der menschlichen Tragödien. Ich rettete, was ich konnte, nahm ein paar Sachen mit, schaute bei den Bonobos vorbei. Aber bald tobte der Kampf vor den Toren der Stadt zwischen den Angreifern und Kabilas Truppen, die um Hilfe aus dem Nachbarland Angola gebeten hatten. Die Ausländer wurden sofort evakuiert. Victor konnte das Land nicht verlassen, ohne eine Festnahme zu riskieren und mein Platz war an seiner Seite. Wir blieben, wir wollten den Kongo nicht verlassen, das stand fest. Bald wurde die Wasser- und Stromversorgung der Stadt abgestellt, ohne dass wir wussten, wer dafür verantwortlich war. Den Kampf ums Überleben noch schwieriger zu machen ist eine wirksame Maßnahme, um die Meute zur Ruhe zu bringen, ein neuer Gewaltakt, der dem Volk angetan wird, um die aufgebrachten Massen, die von den Machthabern selbst manipuliert werden, zum Stillstand zu bringen. Nach und nach wich die Gewalt der Verzweiflung. In den Straßen bildeten sich endlos lange Schlangen von Menschen, die alle versuchten, zum Fluss zu gelangen, um dort Wasser zu holen.

Hinter den Mauern der italienischen Botschaft, wo wir zwei Monate auf den wenigen Quadratmetern, die man uns zugeteilt hatte, bleiben sollten, wohnten wir alle zusammen. Jeder richtete sich so gut wie möglich ein. Victor reparierte, was nicht funktionierte, sorgte sich um die Wasserreserven, bot den einen oder anderen Espresso und Gin Tonic an, beschäftigte sich, um seine Angst im Zaum zu halten. Unsere „Wohnung" wurde bald zum „Hauptquartier", wo jeder vorbeischaute, auch unser Freund, der Botschafter, denn die Atmosphäre war gesellig. Ich meinerseits fuhr jeden Tag eine sorgfältig geplante Runde, die Angst im Nacken: kurz bei unserem Haus vorbeischauen, dann in die amerikanische Schule, um die Bonobos zu versorgen, Suche nach Nahrungsmitteln, um ihr Überleben in der Zeit der Lebensmittelknappheit in Kinshasa zu sichern. Dann besuchte ich Freunde, um ihnen, so weit es mir möglich war, Trost zu spenden, und schließlich ging es wieder zur Botschaft zurück.

Es wurde September. In Kinshasa herrschte noch immer Anarchie, und die amerikanische Schule wurde nicht wieder geöffnet. Zum ersten Mal in der Geschichte des Kongos wurden sogar die Mitarbeiter der amerikanischen Botschaft evakuiert. Ich war sehr traurig, dass schließlich auch meine Freundinnen Emy und Kate keine andere Wahl mehr hatten, als ihren Landsleuten zu folgen.

Als Ende Oktober die Fluggesellschaften endlich ihren Betrieb wiederaufnahmen, beschlossen wir, das Land zu verlassen. Unser Schwiegersohn Sébastien sollte sich allein um die Firma kümmern, denn Victor brauchte unbedingt etwas Abstand von dieser absurden Situation. Wir würden spät am Abend abfliegen, nach einer ausgeklügelten Logistik, die uns bis an die Gangway des Flugzeugs bringen sollte. Ich übertrug die Verwaltung der Schutzstation meinem Team. Nach einem Tag der Organisation und Ratschläge an Crispin blieb ich noch einen Moment bei den Bonobos. Innerlich zerriss mich der Gedanke, dass ich sie verlassen musste, aber ich war entschlossen, es zu tun. Jeden Abend, wenn ich durch die zu Nachtgehegen umgebauten Umkleideräume ging, legten die Bonobos ihre Hand mit leichtem Druck auf die meine. Aber an diesem Tag hatte ich den Eindruck, dass sie meine Hand stärker drückten.

Zur Besorgnis, was uns bei unserer Abfahrt alles zustoßen könnte, zu unserem Gefühl der Hilflosigkeit angesichts dieser Ereignisse, kommt die Traurigkeit, diese Familie zurücklassen zu müssen. Und, wer weiß? Vielleicht bedeutete ihre Geste in ihrer Sprache auch, dass sie mitfühlten, als sie mich weinen sahen. Dann machten wir uns mit Begleitschutz auf den Weg zum Flughafen, in der Hoffnung, dass alles gut gehen würde. Erst als sich die Tür des Flugzeugs hinter uns schloss, konnten wir aufatmen.

Wir sind einige Zeit in Costa Rica bei unserer Tochter Géraldine geblieben. Victor war orientierungslos: Wie könnten wir in ein Land zurückkehren, das seine eigenen Bürger verstößt? Er fühlte sich von dem ethnischen Problem, das nur mit seinem Geburtsort in Verbindung stand, als Person nicht betroffen. Er war doch schließlich im Herzen Kongolese, Politik war ihm eher fremd, er war Geschäftsmann und zornig über die Ungerechtigkeit, die er erlebte.

Diese Lähmung hielt zwei Monate an. Victor trat auf der Stelle. Er wollte zurückgehen und sein Schicksal wieder in die Hand nehmen, sobald die Situation geklärt war. Seine Entscheidung klang wie ein Peitschenschlag: „Wir gehen zurück." Im Grunde hatte ich nichts anderes erwartet: wieder zu dem Leben zurückkehren, das immer das unsere gewesen war, zurück in unser Land, zu unseren Freunden in Kinshasa, zum Zoo und zu meinen Bonobos.

Vorsichtshalber reiste ich voraus, um die Lage zu erkunden. Mit klopfendem Herzen fragte ich mich: Was ist aus unserem Land geworden? Mit Erleichterung stellte ich vor Ort fest, dass wieder eine gewisse Ordnung eingekehrt war. Eine Woche später kam Victor ungeduldig nachgereist. Wie viele andere musste er in den kommenden Tagen anstrengende Verhöre über sich ergehen lassen. Aber da er nie für die Machthaber weder des einen noch des anderen Regimes gearbeitet hatte, ließ man ihn in Ruhe. Und wir begannen langsam, die Firma und unser Leben hier wiederaufzubauen – zum dritten Mal.

Als ich meine Bonobos wiedersah, war meine Freude unbeschreiblich. Sie hatten die Unruhen ohne größere Probleme überlebt. Da die amerikanische Schule den Unterricht noch nicht wieder aufnahm – das würde erst anderthalb Jahre später der Fall sein – standen wir nicht unter Druck, von dort weggehen zu müssen. Darf ich sagen, dass das Unglück des einen das Glück des anderen ist? Trotz der relativen Ruhe in Kinshasa und einem kleinen Teil des Landes gingen die Kämpfe in den östlichen Regionen und im Landesinneren weiter. Sie dauerten auch nach der mysteriösen Ermordung von Kabila im Januar 2001 und der Machtübernahme durch seinen Sohn Joseph an. Erst im Jahr 2002 verließen die ausländischen Truppen nach einem schwierigen Friedensprozess das Land. Die Verträge von Lusaka setzten eine Übergangsregierung ein, deren Ziel unter anderem die Durchführung von freien Wahlen war, die ersten in der Geschichte des Kongo. Sie sollten ursprünglich am 30. Juni 2005 stattfinden, wurden aber auf 2006 verschoben.

Ein Glücksfall war, dass ich in der amerikanischen Schule eine Frau kennenlernte, deren Bekanntschaft mich über den Weggang von Emy und Kate hinwegtröstete. Unsere Begegnung war von großer Bedeutung. Sie wohnte mit ihrem Ehemann Kevin, einem Amerikaner, in einer der Villen auf dem Campus und kam jeden Samstag, um mit den Bonobos zu spielen. Ich spürte ihr Interesse, und wir unterhielten uns angeregt. Dominique besaß die doppelte Staatsbürgerschaft, die schweizerische und die französische, und war eine zierliche Person mit entschlossenem Charakter. Als Projektleiterin für eine amerikanische Nichtregierungsorganisation sprach sie fließend Englisch und Französisch. Ich entdeckte außerdem, dass sie nicht nur durch die effiziente Schule des amerikanischen Organisationsmanagements gegangen war, sondern auch die tausend Spitzfindigkeiten zwischen den Zeilen erkannte, mit denen ein Text die Hürden der Administration nimmt, die ebenso komplex wie pedantisch ist. Viele Jahre lang haben ihre Disziplin, ihre Genauigkeit, ihr Engagement mir bei der Ausarbeitung neuer Projekte wunderbar geholfen. Sie beherrschte problemlos den Sprachjargon der nichtstaatlichen Organisationen, eine effiziente und gesetzte Sprache, jonglierte wie keine andere mit Begriffen wie Zweckbestimmung, Zielsetzung, Mittelbeschaffung, und sie war in der Lage, in drei Schritten eine schlüssige Argumentation aufzubauen und dabei zahllose Klippen zu umschiffen, von denen mir manchmal einige entgingen.

Dominique scheute nie vor einer Arbeit oder schwierigen Mission zurück – sie war an allen Krisenherden der Welt gewesen und hatte mehrere Jahre in Flüchtlingslagern gearbeitet. Ich wollte sie nicht mit zusätzlicher Arbeit vor den Kopf stoßen und ließ ihr Zeit, um in unser Projekt einzusteigen. Sie kam immer häufiger zur Schule, bis wir schließlich eng zusammenarbeiteten. Ich hatte eine Verbündete gefunden mit der ich meine Träume teilen konnte und die sie außerdem zu Papier brachte. Wie viele Nächte haben wir daran gesessen! Bei wie vielen Präsentationen und Übersetzungen hat sie mir geholfen! Mehr als alle anderen hat sie dazu beigetragen, dass unser Verein erreicht hat, worauf wir heute blicken: die große Schutzstation Lola ya Bonobo. Als Vizepräsidentin gehört Dominique zu der kleinen Personengruppe, die bei allen meinen Kämpfen dabei war, bis sie im Jahr 2004 mit ihrer Organisation nach Indien ging, mitten in das vom Tsunami verwüstete Gebiet. Trotz der Entfernung ermöglicht uns heute die Wunderwelt des Internets, weiter gemeinsam für die Bonobos zu kämpfen. Dominique kümmert sich immer noch genauso intensiv um Hintergrundrecherchen, und wenn ich ihre Hilfe für einen

Projektantrag brauche, scheut sie keine Mühe. Vom anderen Ende der Welt schickt sie mir einen hieb- und stichfesten Text, über dessen Wirksamkeit ich jedes Mal von Neuem staune.

Wie man sich vorstellen kann, blühte der Handel mit Wildtierfleisch in dieser langen konfliktreichen Zeit beträchtlich auf. Die Frontlinie durchquerte diagonal den Lebensraum der Bonobos. Auch wenn die Kämpfe dort nie sehr heftig waren, genügten doch die Plünderungen und der wirtschaftliche Niedergang, um die Region in ein Chaos zu stürzen. Die Folgen lassen sich an auch hieran ablesen: Ein Jahr nach unserer Ankunft in der Schule war die Zahl der Bonobos von elf auf zwanzig gestiegen. Es war ein kleines Unternehmen geworden, und wir fragten uns, wie wir weiter dafür sorgen könnten, dass es reibungslos lief und die Bonobos ausreichend ernährt würden. Bis jetzt hatten meine eigenen Mittel und die Unterstützung durch das Intercontinental Hotel ausgereicht. Aber Letzteres steuerte aufgrund der Staatsschulden, die in die Millionen Dollar gingen, auf einen Bankrott zu. Mangels verfügbarer Räumlichkeiten hatte die Regierung ihr Hauptquartier im Intercontinental bezogen, das sie damit komplett belegte. Dies führte zum Ruin des Hotels, sodass die Subventionen für die Bonobos auf einen Schlag ausblieben.

Ich habe wieder meine Freunde in Kinshasa abgeklappert, Garry Richardson und WSPA um Hilfe gebeten sowie unsere neuen Freunde im Ausland, die ich dank des Internets kennengelernt hatte. Unter ihnen Sue Savage-Rumbaugh, die Pflegemutter von Kanzi und Panbanisha, die ich in den USA besucht hatte, Sally Coxe von der neugegründeten Bonobo Conservation Initiative (BCI), den Zoo in Milwaukee und viele andere. Dank ihrer großzügigen Hilfe konnte ich diese schwierige Phase überwinden. Das einzig Positive in dieser Zeit: Die öffentliche Sicherheit wurde wiederhergestellt. Die neuen Truppen der kongolesischen Armee erpressten weniger als ihre Vorgänger, die Soldaten schossen nicht mehr willkürlich in den Straßen um sich. Die ruhige Lage erlaubte mir, ernsthaft zu arbeiten. Unser pädagogisches Programm erlebte bald einen unerwarteten Zulauf, umso mehr, als in Kinshasa gar nichts mehr geboten wurde und jeden Abend ab 18 Uhr Ausgangsverbot herrschte. Die ohnehin wenigen für Besucher attraktiven Lokalitäten waren verschwunden. Straßensperren des Militärs verboten sogar Spaziergänge am Fluss. Nachdem ich mein Amt als „Wächterin" des Präsidentenparks niedergelegt hatte, verwilderten die Bereiche, die noch nicht zerstört worden waren. Das Museum für afrikanische Kunst überlebte nur wegen des Engagements des Personals.

Wenigstens hatte ich in meinem kurzen euphorischen Einsatz für den Präsidentenpark gute Beziehungen geknüpft. Neben den verschiedenen Botschaftsangestellten hatte ich viele Aktivistinnen in kongolesischen Nichtregierungsorganisationen kennengelernt, die sich um Straßenkinder kümmerten oder sich gegen die Abholzung oder für die Bildung der Landbevölkerung engagierten. In einem Staat, der in die totale Anarchie gestürzt war, waren aus der Selbstorganisation der Zivilbevölkerung die unterschiedlichsten Initiativen entstanden. Einst glaubten wir alle gemeinsam, dass ein neuer Kongo entstehen würde, in dem sich Weiße und Schwarze gemeinsam für ihr Land einsetzten. Es war, als ob meine Kindheit wiederkehrte, als ob der Traum weiterginge. Wir hatten großartige und verrückte Projekte entworfen. Sie waren alle gescheitert, aber unsere Energie blieb. Ich wollte diese Energie für meine Not leidenden Bonobos nutzen.

Während der ganzen Zeit war ich weiterhin für den Zoo aktiv. Auf den ersten Blick war die Arbeit dort einfacher. Dank des Ministers Angulu hatte der Direktor der Zoologischen und Botanischen Gärten des Kongo dem Zoo einen Jeep zur Verfügung gestellt, mit dem wir die Lebensmittelspenden einsammelten. Die Einnahmen aus den Eintrittsgeldern des Zoos reichten noch nicht aus, um ausreichend Lebensmittel einzukaufen. Dank der Hilfe der Brauerei Balima konnten wir einen Getränkestand eröffnen, der uns jeden Monat einen großen Teil der Einnahmen brachte. Wir hatten eine effektive Verwaltung aufgebaut. Diese wurde von einem Komitee geleitet, in dem die Pfleger, die Verwaltungsangestellten und der von mir gegründete Verein, die Tierfreunde des Kongo (Les Amis des animaux du Congo, AAC), vertreten waren. Am Ende jeden Monats zogen wir Bilanz und zahlten die Rechnungen für die Getränke. Dann teilten die Zooangestellten den Rest untereinander auf. Schon lange hatten sie nicht mehr so viel Lohn erhalten! „Mama aye, nzala esili", sagten sie mir immer wieder auf Lingala: „Mama" – in ihrer Sprache die respektvolle Anrede für eine Frau – „ist gekommen, der Hunger hat ein Ende." Der Hunger der Menschen, sicher, nicht aber das Elend der Tiere.

Jedes Mal, wenn ich aus den Ferien zurückkam, entdeckte ich neue Probleme. Die Löwen starben zuerst. Warum? Mir fiel es schwer zu glauben, dass der Grund Unterernährung sein sollte, die durch nichts zu erklären war. Erst nach einiger Zeit entdeckte ich, dass einige Mitarbeiter die täglichen Lebensmittellieferungen umleiteten. Trotz der Vereinbarung, dass wir alles teilten, scheuten sie nicht davor zurück, sich bei den Rationen für die Tiere zu bedienen, um ihre eigenen Bedürfnisse zu stillen oder um etwas auf den Schwarzmarkt zu bringen. Ich versuchte, die Kontrollen zu verstärken und die Angestellten zu sensibilisieren, aber jeder wies die Vorwürfe empört zurück. Ich blieb hartnäckig. Nach und nach wurde die Ordnung wiederhergestellt. Aber bald tauchten andere Probleme auf. Die Verwaltungsangestellten wollten auch den Getränkestand übernehmen. Der Verein brachte seine Bedenken zum Ausdruck, aber wie konnten wir eine solche Bitte ablehnen? Wir hatten nicht den Auftrag, die Einnahmen des Zoos zu verwalten. Im Laufe der Monate gingen die Einnahmen immer weiter zurück, genauso wie der Inhalt der Gemeinschaftskasse, bis sie schließlich ganz leer war.

Nach den nächsten Ferien waren es die Bären, die das Schicksal der Löwen teilten. Schließlich wurde mir im Jahr 1999 mitgeteilt, dass ein Leopardenweibchen, Felou, gestorben war, das mir richtig ans Herz gewachsen war. Sie schien mir, ebenso wie meine Bonobowaisen, schutzbedürftiger als die anderen. Vor etwa zehn Jahren hatte Jean-Paul Lecrique, Victors Geschäftspartner, zwei Leoparden, darunter Felou, aufgenommen, und da sich seine Frau Anne ehrenamtlich um die Pflege der Tiere im N'Sele Park kümmerte, hatten sie die Tiere in dem kleinen Zoo des Parks untergebracht. Später hat nur Felou die schreckliche Zeit der Plünderungen überlebt und kam in den Zoo von Kinshasa, zusammen mit Sanza und Moï (Mond und Sonne), zwei anderen Leoparden, die ich aufgenommen hatte. Felou war sanft und freundlich. Sie liebte es, ihre Tatzen durch das Gitter zu strecken, meinen Kopf zu sich zu ziehen und an meinen Haaren zu schnuppern, Momente der Zärtlichkeit, die wahrscheinlich aus ihrer glücklichen Kindheit bei Jean-Paul und Anne stammten. Für mich war ihr Tod der endgültige Bruch mit dem Zoo. Ich erkannte, dass jedes Mal in meiner Abwesenheit die Tiere vernachlässigt wurden.

Meine Traurigkeit wich dem Zorn. „Schaut mich gut an", sagte ich zu den Angestellten, die den Blick verlegen gesenkt hatten, „ab heute legt das Huhn keine goldenen Eier mehr!" Und ich bin gegangen. Mein Herz war schwer. So wie das Leid der Tiere für mich einst das Schicksal des ganzen Landes symbolisiert hatte, schienen mir jetzt die Machenschaften der Beamten vielsagend, ebenso wie die der Soldaten, die den Präsidentenpark verwüsteten. Ich war außer mir vor Zorn über einen solchen Egoismus. Jeder nimmt sich, was da ist, danach wird man weitersehen. Aber wie kann man nachträglich eine Bildung aufholen, die diese Menschen in ihrem Leben nicht erhalten haben? Das kongolesische Wunder, das ich im Zoo zu verwirklichen gehofft hatte, ging in Rauch auf.

Diese zweifache Erfahrung, die im Zoo und die im Präsidentenpark, hatte meine Hoffnungen zunichtegemacht. Ich konnte kaum noch an einen neuen Kongo glauben. Aber mir blieben meine Bonobos. Ich hatte mir versprochen, für sie alles zu geben, mit meiner eigenen Kraft und der Hilfe meiner Freunde, denen ich vertraute.

Zu meinen Freunden gehören auch die kongolesischen Kinder. Sie haben einen ganz wesentlichen Platz in meinem Leben und in meinen Plänen. Im Zoo hatte eine Beobachtung mich berührt: die Nähe zwischen den ärmsten Kindern und den Tieren. Weil sie kein Zuhause hatten, suchten die Straßenkinder Zuflucht im Zoo und schliefen dort. Trotz ihrer Armut zögerten manche nicht, ein Stück Brot oder Keks mit den Schimpansen und den kleinen Affen zu teilen. Wie lebten diese Kinder? Welche Träume mochten sie haben? In der Begegnung zwischen Menschenkindern und Tierkindern sah ich die Chance, dass sie einander lieb gewönnen und lernten, sich gegenseitig zu beschützen.

In der Klinik von Pierre und noch mehr in der amerikanischen Schule habe ich deshalb alles unternommen, damit die Schulkinder durch unsere Arbeit zum Nachdenken angeregt würden. Ich wollte, dass unsere Bonobowaisen für die Kinder zu Botschaftern der anderen Bonobos werden, die noch das Glück haben in Freiheit in den Wäldern zu leben, und zugleich Botschafter für alle anderen bedrohten Arten. Ich verband somit Umweltschutz und Bildung und hielt die Türen unserer Schutz- und Aufzuchtstation weit geöffnet. Die Schulen ließen nicht auf sich warten. Mit Hilfe eines Kongolesen hatte ich den

Transport und das Besuchsprogramm gut organisiert. In manchen Wochen kamen mehrere Hundert Kinder. Die Schule stellte uns bald einen weiteren Klassenraum zur Verfügung, in dem ich eines meiner besten Fernsehgeräte aufstellte, um ein richtiges pädagogisches Programm zu bestreiten. Wir zeigten den Kindern einen Film über bedrohte Arten, bevor sie die Bonobos besuchen durften und schließlich an einer Diskussion teilnahmen, die Crispin und ich anleiteten. Für sie war der halbe Tag bei uns eine Offenbarung: Sie hatten nicht geahnt, von welchen Gefahren die Menschenaffen bedroht sind. Diese Aktion, die wir schon mit den Jüngsten durchführten, wurde bald zum Erfolg. Manchmal konnten wir gar nicht allen Anfragen nachkommen. Ich war überwältigt. Auf die Schultafel, die mir als Schreibtisch dient, habe ich groß diesen Spruch geschrieben: *Umweltschutz beginnt mit Bildung*. Das blieb immer unsere Devise.

Ich bin schon ein wenig stolz darauf, dass ich im pädagogischen Bereich zu den Pionieren zähle. Aus unterschiedlichen Gründen haben manche Schutzstationen noch vor zehn Jahren einen solchen Ansatz nicht unterstützt. Manche wehrten sich sogar dagegen, dass man „ihre" Schimpansen zu sehen bekommt. Das war nie meine Einstellung. In meinen Augen bleibt die Rettung von Tieren unvollständig, wenn nicht eine Arbeit dazukommt, die sich an die Bevölkerung, insbesondere an die Jugendlichen, die Entscheidungsträger von morgen, richtet. Ihnen den Respekt vor der Natur und der Umwelt einzuschärfen, wie wir es tun, halte ich für eine grundlegende und wichtige Aufgabe. Kinder, die darunter leiden, dass sie in einer so ausufernden Stadt wie Kinshasa aufwachsen, wo ringsherum alle Wälder abgeholzt wurden, wo der Krieg die Verbindung zur Natur abgebrochen hat, sind glücklich, wenn sie in eine abgeschirmte Schutzstation kommen, wo Tiere mit Respekt behandelt werden.

Ich bin davon überzeugt, dass im Kampf für den Umweltschutz die Unwissenheit der Menschen das größte Problem darstellt. Niemand schien sich der Wichtigkeit ihrer Bildung bewusst zu sein, obwohl es zwingend notwendig wäre, an dem Entstehen eines starken, gut informierten nationalen Bewusstseins zu arbeiten. Internationale Bemühungen zeigen wenig Wirkung, wenn nicht das Land und seine Bewohner sich entschließen, selbst zu handeln und ihre eigenen Ressourcen einzusetzen. Auch wenn diese Devise oft mit erhobenem Zeigefinger verbreitet wird, entspricht sie doch zutiefst meiner Überzeugung.

Während der Zeit in der amerikanischen Schule haben wir unser Projekt gestartet. Dominique und ich arbeiteten gut gelaunt und mit einer Begeisterung, die auf die Menschen unserer Umgebung ansteckend wirkte. Eine Freundin, Valérie Dhanani, die ich seit meiner Rückkehr aus Ruanda im Jahr 1967 kannte, und die das Leben ebenso wie mich bis nach Kinshasa verschlagen hatte, schloss sich unserem Team an. Weil sie, wie keine andere, ein Verwaltungstalent war, schlug ich ihr vor, die Buchhaltung zu übernehmen, und sie war einverstanden. Seitdem jongliert sie mit den Finanzen und dreht jeden Cent zweimal um – unseren Tresor, den wir gerne etwas voller sehen würden, immer im Blick.

In dieser Zeit mussten wir fünf- bis sechshundert Dollar pro Monat aufbringen. Wir schafften das nur mit akrobatischen Kunststücken und dank glücklicher Zufälle. Theoretisch hätten wir nie überleben können. Wir haben trotzdem überlebt. Wie? Schwer zu sagen. Heute kann ich die einzelnen Puzzleteile der turbulenten Ereignisse nur schwer rekonstruieren. Ab und an warnte Valérie mich: „Es ist kein Geld mehr in der Kasse." Ich startete dann sofort eine Kampagne, bat Freunde, Firmen und Umweltschutzaktivisten um Hilfe – und es gelang mir, das Geld zum Überleben zusammenzukratzen.

Glücklicherweise konnten wir uns auf ein paar regelmäßig eintreffende Einkünfte verlassen. Der Zoo in Antwerpen, den ich auf einer früheren Europareise besucht hatte und der unsere Arbeit schätzte – wir betrieben die einzige Schutzstation für Bonobos in ihrem Heimatland – hatte unserem Verein das Geld für die monatlichen Lebensmittelausgaben zugesichert. Durch eine wunderbare Fügung hatte diese Unterstützung die Lebensmittelspenden des Intercontinental Hotels ersetzt. Der treue Garry war auch nie weit weg. Und dann Victor, der so oft er konnte bei den heiklen Zahlungsverpflichtungen einsprang. Ich hatte das Gefühl, mich jedes Mal nur knapp aus der Schlinge zu ziehen, aber auf wundersame Weise ist es uns immer gelungen.

Manchmal kam uns der Zufall zu Hilfe. Eines Tages, im Januar 1999, überwies jemand die für uns gigantische Summe von tausend Dollar. Dominique, Valérie und ich sprangen in die Luft vor Freude. Auf einen Schlag die Grenze von tausend Dollar überschreiten, zwei oder drei Monate lang keine finanziellen Sorgen mehr zu haben, so ein Wunder war noch nie geschehen! Das Abenteuer konnte weitergehen. Ein guter Stern wachte über unsere Bonobos. Valérie konnte es nicht fassen. „Ich weiß nicht, wie du zurechtkommst, aber du schaffst es immer", sagte sie mir jedes Mal, wenn die Lage brenzlig wurde. Und jedes Mal fragte ich mich: „Nur, wie lange noch?"

Bei einem Essen bei Valérie machte ich eines Abends die Bekanntschaft des französischen Botschafters in Kinshasa, Gildas Le Lidec. Zufällig saßen wir nebeneinander und waren bald in ein angeregtes Gespräch vertieft. Ich erzählte ihm von meinen verschiedenen Kämpfen – für den Zoo, den Park, die Klinik und jetzt die Schule. Ich konnte gar nicht mehr aufhören, so begeistert war ich von dem Auftrag, den ich mir selbst gegeben hatte – und davon, jemandem von meinem Traum erzählen zu können.

„Seit meiner Ankunft in Kinshasa sind Sie eine der wenigen positiven Personen, die ich getroffen habe", bekannte mein Gesprächspartner. „Ich treffe auf viel Nostalgie und Bitterkeit. Sie sind anders, aus Ihren Reden klingen Mut und Hoffnung. Es tut gut, das zu hören." Ich fühlte mich geschmeichelt, war aber auch ein bisschen überrascht; wie kann man in einem Land bleiben, an das man nicht mehr glaubt?

Wir sind Freunde geworden. Ich verdanke ihm wertvolle Hilfe, als wir einige Zeit später wieder einmal in finanzielle Schwierigkeiten gerieten. Dank seiner Intervention gab die französische Regierung einen Hilfsfond frei. Ich konnte damit altes Unterrichtsmaterial, das von anno dazumal stammte, Fernseher und Videogerät ersetzen und eine Kamera anschaffen, mit der ich unsere Geschichte für immer festhalten wollte. Wir begannen auch, alles ordentlich zu dokumentieren. Dies sollte sich über die Arbeit mit den Kindern hinaus als nützlich erweisen. Die Beamten der Umweltbehörde, mit denen ich zusammenarbeitete, hatten das Problem noch nicht vollständig erfasst. Vom Aussterben bedrohte Arten, der Handel mit Wildtierfleisch, das Washingtoner Artenschutzabkommen, von all dem hatten sie nur nebulöse Vorstellungen. Eines Tages erfuhr ich bei der Beschlagnahmung eines Bonobos, dass manche Beamten sich nicht scheuten, gegen ein Bestechungsgeld Dokumente für Gorillas und Bonobos auszustellen, mit denen die Händler völlig straffrei die Kontrollen passieren konnten – mit einer tierärztlichen Bescheinigung, die sie berechtigte, das Fleisch von Menschenaffen zu transportieren. Ich war völlig vor den Kopf gestoßen. Wenn die Verfasser des Artenschutzabkommens oder die Umweltschützer von diesem Handel erführen, würden sie ihren Ohren nicht trauen: Bedingt durch Inkompetenz und Korruption fanden sich die Wildtierfleischhändler auf der Seite des Gesetzes und ihre Handlungen traten dieses Gesetz mit Füßen.

Ich beschloss, das Problem frontal anzugehen. Das vermehrte Eintreffen von Bonobos – in den letzten sechs Monaten waren acht Bonobobabys aufgegriffen worden und meist waren derartige Dokumente mit im Spiel – brachten Dominique und mich auf die Idee, einen Aktionstag zu veranstalten. Das Thema sollte lauten: „Auswirkungen des Krieges auf endemische Arten, insbesondere auf Bonobos." Wir wollten damit erreichen, dass Leute, die bisher nicht zusammenarbeiteten, sich kennenlernten, Informationen austauschten und weitergaben und das nationale Bewusstsein für die Probleme geschärft würde. Die Bonobos waren eine endemische Spezies, eine Art Statussymbol des Landes, es war fundamental wichtig, dass sich unsere Beamten um deren Schutz kümmerten.

Datum und Ort des Aktionstages wurden auch sofort festgelegt: am 3. Juni 2000 in unseren Räumen in der amerikanischen Schule. Ich lud die unterschiedlichsten Personen ein: die tierärztliche Abteilung des Umwelt- und Landwirtschaftsministeriums, die Presse und natürlich die Vertreter der kongolesischen Armee. Daher führte mich der Weg wieder zum Hauptquartier. Mein Fahrer Sadico fürchtete sich wie jedes Mal vor der Begegnung mit den Militärs: „Madame Claudine, eines Tages werden sie uns da nicht mehr rauslassen!", wiederholte er. Ich beruhigte ihn umso leichter, als ich überhaupt keine Angst verspürte. Die Armee kann sich als sehr effizienter Partner erweisen.

„Warum sollten wir an dieser Veranstaltung teilnehmen?" wollte ein Offizier von mir wissen.

„Zu Ihrer Information. Ihre Teilnahme ist unbedingt notwendig, damit die Soldaten das ganze Ausmaß des Naturschutzproblems begreifen, damit sie die endemischen Arten kennenlernen und uns somit wirksam helfen können."

So überraschend wie es erscheinen mag, meine Anfrage wurde von meinem Gesprächspartner positiv beantwortet. Fünf

Kommandanten nahmen am Aktionstag teil. Ich war davon überzeugt, dass wir nie zu einer dauerhaften Lösung gelangen konnten, ohne die Soldaten einzubeziehen, die in diesem Land allgegenwärtig waren. Es lag mir fern, sie aus einer einseitigen Sichtweise heraus mit den Beamten zu konfrontieren – die Herren des Friedens gegen die Herren des Krieges – , sondern ich wollte sie im Gegenteil für unseren Kampf gewinnen. Tatsächlich überraschte mich bei jeder Begegnung ihr Bemühen, das Gesetz peinlich genau einhalten zu wollen und ihr Interesse an Umweltschutzfragen. Da die Regierung keine Wildhüter finanzieren konnte, waren nur die Soldaten in der Lage, das nationale Gebiet zu durchkämmen und Wilderer zu stellen. Mir schwebte sogar ein System vor, in dem in Friedenszeiten die entwaffneten Soldaten selbst zu Wildhütern ausgebildet würden.

Der Tag war ein Erfolg. Alle waren der Einladung gefolgt. Diese Leute vor Ort kannten das Umfeld, in dem sie arbeiteten, die Tabus und die Gepflogenheiten der Bevölkerung. Wir erinnerten an die Konvention über den Internationalen Handel mit bedrohten Tierarten (CITES, Convention on the International Trade in Endangered Species of Wild Fauna and Flora), das sogenannte Washingtoner Artenschutzübereinkommen, das 1975 in Kraft getreten ist und sehr bald, in den Achtzigerjahren, von Zaire, das in diesem Bereich eine Vorreiterrolle hatte, ratifiziert wurde. Ebenso wie ihre Vettern, die Schimpansen, die Orang-Utans und die Gorillas, aber auch die Leoparden, Okapis, Elefanten und einige andere Tierarten, werden die Bonobos im Anhang A dieses Abkommens aufgeführt. Das heißt, der grenzüberschreitende Handel mit ihnen unterliegt den stärksten Einschränkungen und für diese Arten sind keine Ausfuhrquoten erlaubt. Das bedeutet im Fall der Bonobos, dass überhaupt kein Handel mit ihnen betrieben werden darf. Im Anhang B sind die Arten aufgeführt, für die eine jährliche Ausfuhrquote zugelassen ist, zum Beispiel für den Graupapagei in Gabun. Für die Einhaltung dieses Abkommens und für den Schutz der bedrohten Arten sind die Umweltminister der jeweiligen Länder verantwortlich. In allen afrikanischen Ländern sind Menschenaffen per Gesetz geschützt.

Wir hielten es für hilfreich, diese Punkte den Beamten und Militärs ins Gedächtnis zu rufen. Bei der Diskussion ging es manchmal hoch her, vor allem bei der Frage, welche Mittel zur Umsetzung des Abkommens eingesetzt werden sollten. Manche Teilnehmer betonten, dass die traditionelle Jagd in den Wäldern respektiert werden sollte. Sie mussten wir davon überzeugen, dass – Traditionen hin oder her – das Abkommen Gesetz war. Dominique moderierte die Diskussionen mit dem nötigen Fingerspitzengefühl und organisierte Arbeitsgruppen. Sie hatte sich für einen positiven Ansatz entschieden, der eher die erzielten Erfolge betonte als die Probleme, damit die Meinungsverschiedenheiten der Teilnehmer nicht die Atmosphäre vergifteten. Ich war für das Protokoll der Sitzung und die abschließenden Empfehlungen zuständig sowie für den Kontakt zur Presse in Rundfunk und Fernsehen. Ein gemeinsames Essen festigte unser gutes Miteinander. Die Mitglieder der kongolesischen Armee bedankten sich herzlich, was uns sehr berührte. Für sie war es eine neue Erfahrung, an solch einer Veranstaltung teilzunehmen. Sie planten die Ausbildung von paramilitärischen Umweltschutzeinheiten, die den guten Ruf der früheren Parkwächter wiederherstellen sollten und die eine doppelte Ausbildung – in Umweltschutz und Sicherheit – sowie zusätzlich, warum nicht, in Tourismus erhalten sollten. Wir hatten unser Ziel erreicht.

Direkt im Anschluss an diesen Aktionstag wurde eine Umweltschutzeinheit der kongolesischen Armee gegründet, und einige nennen mich freundlicherweise Patin dieser Einheit. In unseren späteren Besprechungen versäumten wir es nie, Vertreter dieser Einheit zu Konferenzen über den Umweltschutz einzuladen, und bezogen sie, wie wir es uns gewünscht hatten, so in unseren Kampf ein. Zufall oder direkte Folge des geschärften Bewusstseins? In den auf diesen Aktionstag folgenden Monaten, in denen Joseph Kabila noch Generalstabschef der Armee war, mussten wir keinen einzigen Bonobo mehr in Kinshasa beschlagnahmen. Ich glaube, dass die Armee das Problem ernst genommen hat, wachsam war und konsequent eingriff.

Der Aktionstag war ein entscheidender Wendepunkt. Die Umrisse meiner Arbeit wurden deutlicher, die Behörden zunehmend einbezogen, und mit Dominiques Hilfe schickten wir dem Umweltminister regelmäßig Berichte zu. Das Ministerium entsprach sogar unserer Bitte und gab uns einen Vertrag über die Pflege der aufgenommenen Bonobos für einen Zeitraum von 25 Jahren. Mit diesem Dokument wurde unsere Rolle offiziell und klärte eine administrative Situation, die bis dahin offen geblieben war. Ich hatte mich bisher zwar mit dem stillschweigenden Einverständnis der Behörden um Bonobos gekümmert, aber meine Arbeit war durch kein offizielles Mandat geregelt – eine umso heiklere Situation, als ich auf unserem Aktionstag die strikte Einhaltung von Gesetzen so sehr betont hatte. Jetzt musste ich keine Kursänderung der Behörden mehr befürchten, die immer möglich gewesen wäre, und auch keine Intrigen, deren Opfer wir hätten werden können.

In den Neunzigerjahren waren Vereine wie Pilze aus dem Boden geschossen, die auf die geringste Subvention lauerten. Die politischen Wirren und der Krieg hatten die internationale Zusammenarbeit beendet, und skrupellose Einzelpersonen nutzten die Situation aus. Sie hatten erkannt, dass viel Geld zu holen war – Laurent-Désiré Kabila hatte sich also nicht getäuscht, als er in diesen Zusammenschlüssen potentielle Blutsauger des Staates sah. Mitten in diesem trüben Spiel waren die Bonobowaisen einer der wenigen, sofort überzeugenden Gründe für amerikanische Geldgeber und internationale Instanzen des Umweltschutzes. Immer mehr Signale aus verschiedenen Richtungen hatten mich wachsam werden lassen. Es kursierten Gerüchte über schwindelerregende Summen, die wir angeblich für die Pflege der Bonobos erhielten, obwohl Dominique, Valérie und ich ehrenamtlich arbeiteten. Diese behördliche Klarstellung kam also zum richtigen Zeitpunkt, um unsere Rolle gegenüber Neidern deutlich zu machen.

Manchen missfiel unser Erfolg. Die unterschiedlichsten Menschen – ausländische Studenten, Journalisten, Umweltschützer, Neugierige – kamen uns besuchen. Sogar das französische Fernsehen interessierte sich für unsere Arbeit: eine Sendung der bekannten Reihe „Trente million d'amis" wurde uns gewidmet. Ich wurde so etwas wie ein Soso pembe, wie die Afrikaner es nennen, ein „weißes Huhn". Man weiß nicht, woher es kommt, aber da man ihm in jedem Dorf begegnet, verkörpert es eine Form von Gemeinsamkeit. Ich war bekannt, ich ging überall hin, ich intervenierte bei den Behörden, um eine Beschlagnahmung zu veranlassen, wenn ich von einem Bonobobaby bei einer Privatperson oder von der Ankunft eines Schiffes aus der Provinz Equateur oder Kasai erfahren hatte. Ein weiterer Sieg war, dass wir das Vertrauen des für uns wichtigsten Ministers, des Umweltministers, erworben hatten.

Ich durchlebte jedoch nicht weniger Ängste. Bei jeder neuen Beschlagnahmung befürchtete ich, dass wegen irgendeines Missverständnisses die Sache einen schlechten Verlauf nehmen könnte. Ich wusste aus Erfahrung, dass dann alles außer Kontrolle geraten und die Fahrt zum Kommissariat, also ins Gefängnis, folgen konnte, ehe man den Mund aufmachte. Nach einer undurchsichtigen Geschichte in Victors Firma, einer Meinungsverschiedenheit zwischen ihm und seinen Geschäftspartnern, war ich vor langer Zeit einmal in einer dunklen Zelle gelandet, in der seit mehreren Tagen einige Gefangene kauerten, die man anscheinend vergessen hatte. Glücklicherweise dauerte meine missliche Lage nur einige Stunden. Ich wurde schließlich ohne weiteres Verhör wieder freigelassen, als ob das Ganze nur ein Spiel der Bosheit und der Brutalität gewesen wäre, um mich kleinzukriegen. Ich selbst war ganz ruhig geblieben, schließlich hatte ich mir ja auch nichts vorzuwerfen, und alles ging wieder zu der chaotischen afrikanischen Tagesordnung über, bei der es keine Grenzen zwischen Drama und Nebensächlichkeiten gibt. Aber ich hatte diese Geschichte nicht vergessen: In jeder heiklen Situation erinnere ich mich wieder an dieses Erlebnis, an diese Extraportion Willkür, die ich erfahren hatte.

In dieser Zeit begann auch mein Interesse für Verhaltensforschung. Mich beschäftigten solche Fragen: Wie würden sich Waisenjunge ohne elterliches Vorbild entwickeln? Konnten Bonobos außerhalb ihrer natürlichen Umgebung gehalten werden, unter einem starken menschlichen Einfluss? Ein bis zwei Stunden am Tag widmete ich mich der Beobachtung unserer Pfleglinge. Ich fotografierte, filmte, füllte Notizbücher mit Aufzeichnungen. Seit 1998 hatten wir einen Internet-Anschluss. Wir standen mit Menschen aus aller Welt in Kontakt, die sich für unsere Arbeit interessierten und uns unterstützten. Bald konnten wir viermal im Jahr einen digitalen Newsletter veröffentlichen, in dem wir unser Abenteuer mit unseren vielen Freunden teilten. Ich hatte versprochen, die erste Ausgabe im neuen Jahrtausend herauszubringen. Dieses Versprechen wurde gehalten. Außerdem begann ich, Kontakte zu Wissenschaftlern zu knüpfen, die nach und nach ihre Forschungsarbeiten im Herzen des Waldes wiederaufgenommen hatten. Einer von ihnen, Jef Dupain, wurde bald ein enger Freund.

Jef kam wie ich ursprünglich aus Belgien, aber das war nicht unsere einzige Gemeinsamkeit. Seit Jahren studierte Jef die Bonobos in ihrem natürlichen Lebensraum. Er hatte sich als Biologe auf Verhaltensforschung spezialisiert und beim Bonobo-Projekt in Plankendael, einem dem Zoo von Antwerpen angegliederten Tierpark, mitgearbeitet. Dann war er vor etwa zehn Jahren in die Provinz Equateur gekommen, um die Bonobos in ihrer natürlichen Umgebung zu beobachten, und zwar genau in den Wald von Lomako, in dem die Professoren Kano und Nishida, international renommierte japanische Primatologen, in den Siebzigerjahren die ersten Forschungsarbeiten über wild lebende Bonobos begonnen hatten. Professor Kano hatte eine interessante These: Seiner Meinung nach entwickelte unser Vorfahr, der Australopithecus, seine Fertigkeiten für die Jagd und den Gebrauch von Werkzeugen, um in der Trockensavanne zu überleben. Der Lebensraum der Bonobos dagegen sind die sumpfigen Wälder in einem von den Flüssen Kongo und Kasai begrenzten Gebiet. Sie entwickelten sich folglich nicht mehr weiter, da sie in perfekter Anpassung an ihr Feuchtbiotop lebten. Ein Hinweis darauf ist auch das schwimmhautartige Gewebe, das manche Bonobos zwischen dem zweiten und dritten Finger der Hände und manchmal auch zwischen dem vierten und fünften Zeh des Fußes haben. Diese Theorie ist immer wieder von Wissenschaftlern in Frage gestellt worden. Jef konnte als echter Naturbursche ohne Probleme zehn Monate im Urwald leben. Als die Region wegen der Unruhen zu gefährlich geworden war, ging er nach Kamerun, um dort seine Studien über Gorillas fortzuführen. Sobald es möglich war, kam er zurück und entschied sich, weiter für den Wald von Lomako, einen wichtigen Teil des Bonobo-Lebensraums, der leider durch kein Gesetz geschützt war, zu kämpfen. Nur den Japanern war es gelungen, das Forschungsgebiet Luo à Wamba einzurichten, um es vor der Abholzung zu bewahren.

Seit unserem ersten Treffen in der Tierklinik hatte Jef mich unablässig darauf hingewiesen, dass diese kleine Bonobogruppe sich vermehren würde. Die Frage, wie es weitergehen würde, wurde immer dringlicher. Jef hatte in Antwerpen Bonobos beobachtet, die ihm sehr nervös schienen. Es war für mich undenkbar, unsere Bonobos in einem Zoo unterzubringen, denn ich war überzeugt, dass die Gefangenschaft der Grund für ihre Aggressionen war. Jef fand mein Urteil vielleicht zu voreilig, aber er sagte nichts.

In dieser Zeit begann Garry Richardson mir von bereits existierenden Schutzstationen zu erzählen. Das schien mir die Lösung für unser schwieriges Problem der Bonobo-Aufzucht. Ich besprach diese Möglichkeit mit Jef, der dies für eine gute Idee hielt. Welche andere befriedigende Alternative hätten wir auch gehabt? Ich war mir der pädagogischen Aufgabe der Zoos und ihrer historischen Rolle, Besucher zu informieren und zu sensibilisieren, bewusst, aber ich wollte ihnen meine Bonobos nicht anvertrauen, schon gar nicht dem Zoo in Kinshasa. Und sie wieder in die Natur entlassen? Ich kannte die Folgen der Wilderei und die prekäre Lage in den nicht geschützten Waldgebieten nur zu gut, um an einen Erfolg zu glauben. Als Licht am Horizont der kommenden Jahre konnte ich mir nur vorstellen, mit unserer Aufzuchtstation in ein größeres Gebiet umzuziehen – und so unsere eigene Schutzstation zu gründen.

Im Lauf unserer Begegnungen wurde Jef meine Quelle für wissenschaftliche Informationen. Ihn fragte ich um Rat, wenn mich das Verhalten unserer Bonobos beunruhigte oder wenn ich über den einen oder anderen Aspekt ihres Soziallebens mehr wissen wollte. Ich meinerseits weihte ihn in die Geheimnisse der kongolesischen Politik und Verwaltung ein und öffnete ihm die Türen zum Umweltministerium, da er bisher mehr mit dem Wissenschaftsministerium gearbeitet hatte. Kongresse über Menschenaffen fanden fast überall auf der Welt statt. Jef und ich träumten davon, dass eines Tages ein solcher Kongress in Kinshasa stattfinden könne; das wäre die Gelegenheit für eine groß angelegte Bildungskampagne, auch wenn es nur innerhalb des Ministeriums wäre. Das würde unserem Kampf viele Möglichkeiten eröffnen.

An dieser Stelle muss ich jemanden erwähnen, der sich nie scheute, das Wort „Kampf" zu verwenden – Karl Ammann. In tiefster Seele ein Rebell, lebte dieser Schweizer, der von seiner Ausbildung Volkswirt war, seit vielen Jahren in Kenia, wo er sich schnell in das Leben in der Wildnis verliebt hatte. Als Tierfotograf und Buchautor verkehrte er unter Naturschützern, denen sein Talent und Kampfgeist bald auffielen. Dann geschah in seinem Leben etwas Entscheidendes. Er war auf Durchreise im Kongo flussabwärts, um den äquatorialen Regenwald zu erkunden, als er einen Bushmeat-Schimpansenwaisen fand und beschloss, ihn zu retten und zu sich nach Kenia zu nehmen. Das Washingtoner Artenschutzübereinkommen war damals noch nicht ratifiziert. In Nanyuki, am Fuß des Mont Kenya, wo er mit seiner Frau Catherine lebt, gehörte der Schimpanse mit dem Namen M'Zee bald zum Leben des Paares dazu.

Damit begann eine zweite Karriere für Karl, als ob der Schimpanse ein Katalysator für eine unbändige Kraft gewesen wäre, die er bereits in sich trug. Er interessierte sich immer mehr für die vom Aussterben bedrohten Tierarten und wurde schließlich ihr entschiedener Anwalt. Mit seinem Kampf gegen den Handel mit Wildtierfleisch, der Bushmeat Kampagne, wurde er an der Seite von Garry Richardson und WSPA schnell weltweit bekannt. Akribisch genau und hartnäckig, weiß Karl den Finger auf den Kern eines Problems zu legen. Er scheut sich nicht, Bushmeathändler, aber auch die Holzkonzerne und die sie unterstützenden Staaten anzuprangern. Er traut sich überall hin, stöbert kompromittierende Dokumente auf, überprüft und verfasst Texte, filmt, rüttelt die internationale Öffentlichkeit auf. Für ihn eröffnet sich immer eine neues Feld der Auseinandersetzung. Wenn die geschätzten Zahlen für den Handel mit Wildtierfleisch veröffentlicht werden – eine Million Tonnen pro Jahr allein im Kongobecken – geht sofort ein Foto von Karl Ammann um die Welt: der abgeschnittene Kopf eines Gorillas neben ein paar Bananen. Wenn er naht, bekommen alle, die Grund für ein schlechtes Gewissen haben, es mit der Angst zu tun. Aber er scheint die Gefahren außer Acht zu lassen, denen er sich aussetzt, wenn er sich so oft ungebeten Zutritt verschafft. Ich habe ihm freundschaftlich den Spitznamen „buffle de la conservation, Artenschutzbüffel" gegeben, weil er immer mit dem Kopf durch die Wand will. Man kann sich vorstellen, dass er in Afrika nicht nur Freunde hat. In den Ländern, wo der Umweltschutz nur auf dem Papier existiert, werden gefährliche Störenfriede wie er auf die Schwarze Liste gesetzt. Allein bei seinem Namen beginnen manche Holzunternehmer zu zittern. Er ereifert sich, argumentiert, enthüllt: So viel Geld wird angeblich für Umweltschutz vergeudet, warum sollten diese Summen nicht für bessere und konkretere Aktionen eingesetzt werden? So prangert er nicht nur den illegalen Holzeinschlag an, sondern auch die Tatenlosigkeit der Staaten und der internationalen Gemeinschaft, die die Verwendung ihrer für den Umweltschutz bestimmten Gelder nicht überprüft.

Man muss Karl Ammann gehört haben, wie er von Symposien berichtet, die wie Messen zelebriert werden, und wenn er aufzählt, wie dabei das Geld für Flugtickets und Fünf-Sterne-Hotelspesen verschwendet wird, wie er den Westen anprangert, der die Nichtregierungsorganisationen vorschiebt, die er im Übrigen für verschwenderisch und selbstzufrieden hält, weil sie das gute Gewissen zur Schau stellen. Auch Wissenschaftler finden keine Gnade vor seinen Augen, er hält ihnen vor, dass sie den Kampf vor Ort scheuen und ihre Arbeit wenig positive Auswirkungen hat. Karl ist ein Störenfried, weil er die Notwendigkeiten, die Korruption und die Zerstörungen aufdeckt. Ich hatte Angst um ihn, denn in Afrika ist ein Mann, der stört, ein Mann, der aus dem Weg geschafft werden muss. Auch wenn er manchmal über das Ziel hinausschießt, hat er mir geholfen, das Ausmaß des Bushmeat-Problems zu verstehen, das offensichtlich durch nichts, weder durch das Washingtoner Artenschutzübereinkommen noch durch Gesetze des Staates noch durch Einzelaktionen eingedämmt werden kann. Jahrelang haben wir über das Internet Informationen ausgetauscht und versucht, unsere Kräfte zu bündeln. Karl nennt die Dinge immer beim Namen, er gibt nie auf, bevor er nicht eine Sache zu Ende gebracht hat, das ist das Mindeste, was man über ihn sagen kann. Einer seiner Lieblingssprüche ist: Man muss Zuckerbrot und Peitsche bereithalten – zeigen, was man anzubieten hat, aber auch welche Konsequenzen drohen.

Auch wenn er nicht der Typ ist, der Schutzstationen einrichtet, sondern lieber in die Schlacht zieht, respektiert er unsere Arbeit, wobei er einen gewissen Pessimismus nicht zurückhält, weil er keine Anzeichen für eine Änderung der gängigen Praktiken sieht. Im Gegenteil. Seiner Meinung nach sind wir dabei, den Kampf zu verlieren. Ich bin nicht weit davon entfernt, seine Ansicht zu teilen. Wir halten den Damm mit unseren Händen, aber er wird brüchig. Wenn wir nicht schnell Lösungen finden, wird er brechen und die Brutalität der Menschen wird alles überfluten. So führt Karl, der auch die Bushmeat Kampagne des Europäischen Zooverbands mitinitiiert hat, die über den Weg einer Petition zur Bushmeat-Resolution des Europaparlaments führte, seine aufsehenerregenden Aktionen fort. Dazu gehörte auch seine Reise nach Straßburg, wo er jedem europäischen Parlamentarier eine Ausgabe seines anklagenden Buches La Nature consommée überreichte. Ich bewundere sein Engagement und seine Kraft. Wir kämpfen nicht mit denselben Waffen. Meine sind eindeutig weniger kriegerisch, aber ich hoffe, genauso schlagkräftig. Dieser außergewöhnliche Mann ist für mich wie ein Kristall, er hat dieselbe Transparenz und Härte und gleicht den Vulkanen aus meinen jungen Jahren: Er liebt nichts mehr, als den Kopf in den Wolken zu haben und ewiges Feuer zu speien.

Als Ende der Neunziger Jef und die anderen Wissenschaftler das Land verließen, da die Lage aufgrund der Unruhen zu brenzlig wurde, fühlte ich mich verpflichtet, über den Wald von Lomako zu wachen. Ich habe mich mit Herrn Ipalaka getroffen, dem Direktor der SPIAF (Service Permanent d'Inventaire et d'Amenagement Forestier), derjenigen Organisation des Umweltministeriums, die für die Überwachung der Wälder zuständig ist. Er hatte während der Zeit der internationalen Kooperation mit Kanadiern zusammengearbeitet und war ebenso wie ich besorgt um den bedrohten Zustand des Regenwalds. Mir war bewusst, dass man wachsam bleiben musste, zum einen aus Hochachtung vor Jefs Arbeit, zum anderen aber um vor allem den Wald der Bonobos zu erhalten.

Im Jahr 1990 hatte bereits der Holzkonzern Siforco, der dort eine Konzession zum Holzfällen hatte, ein riesiges Waldgebiet an den WWF (Wold Wildlife Fund) übergeben, aber der Krieg und die Plünderungen hatten dieses Gebiet leider nicht verschont. Die Camps der Wissenschaftler waren völlig zerstört und nicht wiederaufgebaut worden. In Verbindung mit Herrn Ipalaka behielt ich diese Region im Auge, denn ich befürchtete, dass dieses Gebiet erneut an einen Holzkonzern, diesmal aus Fernost, gegeben werden könnte, der dann aber vielleicht nicht dieselben Vorstellungen von Umweltschutz wie die Siforco haben würde. Ich hielt außerdem den Kontakt zu den beteiligten Wissenschaftlern, darunter Jef Dupain, Jo Thomson und Gay Reinartz, der sich um die Bonobos im Zoo von Milwaukee kümmert und die ich bei meiner Reise in die USA kennengelernt hatte, und auch zu Garry Richardson.

Später kamen Jef und andere seiner Kollegen wieder in den Kongo zurück. Jo Thomson hat sich für die Sache des Umweltschutzes eingesetzt und Geld für Wildhüter-Uniformen im Salonga Park erhalten, während Jef an Kolloquien über die vom Aussterben bedrohten Tierarten teilnahm. Ich hatte den Eindruck, mein Ziel erreicht zu haben: Wissenschaftler und Umweltministerium fruchtbar miteinander in Kontakt zu bringen.

Langsam kam der Kongo aus der Krise heraus. Nach und nach wurden Projekte begonnen. Zum ersten Mal in ihrer Geschichte gelang der Unesco über ihre Aktion für die Welterbe-Stätten eine aktive Zusammenarbeit dreier Länder, der Demokratischen Republik Kongo, Ruanda und Uganda, obwohl diese im Krieg miteinander standen. Die Aktion diente der Rettung der Berggorillas, deren Verbreitungsgebiet in allen drei Ländern lag. Andere Nichtregierungsorganisationen suchten nach Alternativen für die Bevölkerung, die in den Lebensräumen der Menschenaffen von verbotener Jagd und dem Handel mit Wildtierfleisch lebten. Biologen und Umweltschützer betonten somit die soziale Dimension des Problems, und suchten über ihre Mitarbeit beim ICCN (Institut congolais pour la conservation de la nature, das Kongolesische Institut für Naturschutz) nach dauerhaften Lösungen. Diese Versuche waren nicht immer von Erfolg gekrönt. Manche Bevölkerungsgruppen betrieben weiter die verbotene Jagd, obwohl sie Unterstützung erhielten. Aber wie konnte dieser Wildfleischhandel allein durch Gesetze gestoppt werden, ohne dass der Bevölkerung geholfen wurde?

Das Leben in der amerikanischen Schule ging weiter. Wir waren voll belegt und unsere Tage dort gezählt, die 18 Bonobos beschäftigten uns den ganzen Tag lang. Dank der Unterstützung des Ministeriums konnten die jüngsten Beschlagnahmungen erfolgen, ohne dass Militär einschreiten musste. Ich erinnere mich noch an einen Soldaten, den ich auf der Straße traf und der mit einem kleinen Bonobo auf dem Arm herumlief. Ich klärte ihn sofort über die Probleme dieser endemischen Art seines Landes auf. Er war ernsthaft überrascht: „Aber, Maman, du wirst ihn mir doch nicht wegnehmen? Er ist mein Freund! Schau, ich kümmere mich gut um ihn …" Daraufhin nahm ich ihn mit zur Schule, um ihm die Bonobos zu zeigen und ihm unsere Arbeit zu erklären. Er hörte aufmerksam zu. Schließlich hatten wir ihn überzeugt, und er vertraute uns das kleine Waisenjunge an. Dabei entschuldigte er sich fast, dass er es aufgenommen hatte. An diesem Tag hatte ich den Eindruck, dass wir in unserem Kampf Fortschritte machten, dass vielleicht eines Tages ein Umdenken in den Köpfen stattfinden würde. Es war also höchste Zeit, ein breiteres Bildungsprogramm auf die Beine zu stellen.

Auf diesem Gebiet hatten sich unsere Aktivitäten vervielfältigt. Garrys Frau Gill, verantwortlich bei WSPA für das Regionalbüro Bildung im Bereich Tierschutz in Afrika, stellte uns im August 2000 ihr Projekt der „Clubs de la Bonté" (englisch: „Kindness Clubs") vor. In diesen Clubs der Freundlichkeit und guten Taten sollten Kinder den Respekt und die Liebe zu Tieren lernen. Feierlich wurden die neuen Mitglieder in den Club aufgenommen: Die Kinder erhielten einen Mitgliedsausweis, wählten einen Totemnamen aus und legten einen Eid ab, Tiere zu respektieren.

Crispin schlug vor, dass unser Verein als Knotenpunkt die Schulen in Kinshasa, die an diesem Programm teilnahmen, koordinieren sollte. Wir würden dabei helfen, Zeitschriften, Poster und Informationsbroschüren der Clubs zu verteilen, umso mehr als Gill uns versprach, für die französische Übersetzung zu sorgen. Es wurde alles in die Wege geleitet, damit wir zu Beginn des nächsten Schuljahres in das Projekt einsteigen konnten. Ich stellte einen neuen Mitarbeiter ein, Pierrot Mbonzo, um Crispin zu entlasten, der zu viel Arbeit hatte. Ich hatte

Pierrot gleichzeitig mit Crispin kennengelernt. Die zwei hatten sich tatsächlich seit ihrer Kindheit nie aus den Augen verloren: Sie stammten aus derselben Region, hatten dasselbe studiert und mit demselben Diplom abgeschlossen. Kurz, zwei Geistesbrüder, aber doch sehr entgegengesetzt: Crispin lag mehr die praktische Pflege der Bonobos am Herzen, während Pierrot sich lieber um die Verwaltung und die Bildung kümmerte. Ich hatte schon seit langem gehofft, ihn einzustellen, aber er wartete auf ein Stipendium, um in Europa studieren zu können und konnte daher mein Angebot nicht annehmen. Die Kriegsjahre hatten dann jedoch seine Hoffnungen zunichtegemacht, er konnte das Land nicht mehr verlassen und schloss sich zu meiner großen Zufriedenheit unserem Team an. Zusammen mit Benoît, unserem Besucherführer, bildete er ein sehr erfolgreiches Duo.

Im Oktober 2000 begleitete Gill ihren Mann bei seinem traditionellen Besuch im Kongo, um die kongolesischen „Clubs de la Bonté“ zu gründen. Dieses Unternehmen wurde rasch von Erfolg gekrönt. Im Rahmen unseres fächerübergreifenden Umweltbildungsprogramms besuchte Pierrot jede Woche drei bis vier Schulen in Kinshasa. Die Kinder hatten Spaß an den Spielen und Geschichten, die wir für sie zusammengestellt hatten und arbeiteten gern mit. Laetitia, eine freiwillige Helferin aus Kinshasa, war die erste, die ein Gedicht schrieb, das dem kleinen Bonoboweibchen Luputa gewidmet war, die mit Hilfe von Garry, Gill und Beamten des Umweltministeriums aufgegriffen worden war. Andere Texte folgten, genauso schön und bewegend. Heute gibt es in Kinshasa nicht weniger als 34 „Clubs de la Bonté“, vor allem in den weiterführenden Schulen, von insgesamt 700 in ganz Afrika.

Im Sommer 2001 hatte unser Bildungsprogramm besonders großen Zulauf. Es kamen sehr viele Schüler aus Ferienlagern, aber auch Kirchenangehörige, Touristen, Journalisten,

Mitarbeiter der Sabena Fluggesellschaft, Hunderte von Familien und nicht zu vergessen die Beobachter der UN-Mission, die berühmten „Blauhelme", die in die Demokratische Republik Kongo gesandt worden waren, um den Frieden zu sichern und sich als sehr interessiertes Publikum erwiesen. Alle gingen nach den wenigen Stunden, die sie in der amerikanischen Schule verbracht hatten, glücklich nach Hause, sogar die Gläubigen, mit denen wir lange philosophische Diskussionen über Darwins Theorien führten; vor allem wenn es sich um Mitglieder der sogenannten „Erweckungskirchen" handelte, die bekannt für ihr kreationistisches Dogma sind. Sogar mit Besuchern, die kategorisch die Evolutionstheorie ablehnten, konnten wir ins Gespräch kommen und ein Klima des Vertrauens schaffen. Eine Frage ergab die nächste, offen und interessiert, ohne brüske Ablehnung unserer Antworten. Nie ist jemand aufgestanden und weggegangen. Das Team verstand es einfach, Diskussionen zu moderieren. Wenn wir solchen Besuchern gegenüberstanden, betonten wir gleich zu Beginn, dass wir weder provozieren noch indoktrinieren wollten. Pierrots Rolle beschränkte sich darauf, Fragen zu beantworten und den wissenschaftlichen Standpunkt darzustellen. Die Reaktion einiger Besucher auf die freizügige Sexualität der Bonobos amüsierte uns hingegen sehr. Ich erinnere mich noch gut an die Blicke von 24 ganz in Weiß gekleideten Nonnen, angesichts von Bonobos, die sich völlig unbekümmert ihren Liebesspielen hingaben.

Leider gab es nicht nur freudige Ereignisse. In diesem Jahr hatten wir auch Fälle von Magen-Darm-Infekten mit blutigem Durchfall. Wir kannten diese Krankheit nur zu gut. Ich liebe Mangofrüchte, aber ich hasse ihre Erntesaison, weil sie uns eine Invasion von Fliegen bringt und damit jede Menge Sorgen um die Verdauung unserer Bonobos. Dieses Mal erkrankte nach

Mikeno die arme Semendwa, ein kleines vierjähriges Bonoboweibchen. Innerhalb weniger Stunden, an einem Sonntagnachmittag, mussten wir zusehen, wie sich ihr Zustand dramatisch verschlechterte. Sie wurde immer schwächer, Medikamente, die wir ihr gaben, würgte sie wieder heraus und wollte nur eins: sich in meine Arme kuscheln. Ich hatte Angst, große Angst. Pierre stand mir zur Seite und riet mir, ihr Primperan zu spritzen, um den Brechreiz zu stoppen. Und das Wunder geschah. Das Erbrechen hörte auf, sie erholte sich und fand nach und nach ihre Unabhängigkeit und Abenteuerlust wieder. Ich wusste ja bereits, dass Bonobos innerhalb weniger Stunden zugrunde gehen können, aber wenn das richtige Mittel gefunden wird, erholen sie sich genauso schnell.

In den folgenden Tagen befiel die Epidemie die ganz Kleinen. Wir behandelten sie alle mit der wunderbaren Dreifach-Therapie Baytril-Ercefuryl-Flagyl, das bedauerlicherweise innerhalb weniger Tage in Kinshasa nicht mehr aufzutreiben war. Denn die schwere Ölkrise, die das Land erfasst hatte, führte nicht nur zu Lieferschwierigkeiten von Obst und Gemüse. Sie führte zum Preisanstieg aller Waren, dazu kamen noch die Zinsen für die Wechselkurse, was die erhältlichen Medikamente um das Doppelte oder Dreifache teurer machte. Schreckliche Momente, in denen alles zusammenkommt, um die Lage besonders kompliziert zu machen. Mit Energie und Kampfgeist haben wir trotzdem diese Situationen überstanden, da wir uns glücklicherweise angewöhnt hatten, angesichts von Schwierigkeiten unsere Anstrengungen zu verzehnfachen.

Auch wenn wir häufig mit Krankheiten zu tun hatten, mussten wir die immer teureren Medikamente vor Ort kaufen: Unsere finanziellen Mittel erlaubten es uns nicht, sie direkt zu importieren. GenerikaFreie sind in Afrika nicht so zuverlässig wie in Europa. Aus Geldmangel kaufen die Kinois ihre Tabletten gewöhnlich stückweise. Es ist nicht erstaunlich, dass Malaria sich unter diesen Umständen dramatisch ausbreitet und immer mehr resistente Erregerstämme entstehen. Bonobos scheinen weniger anfällig für Malaria zu sein, vielleicht schützt ihr Fell sie vor den Stechmücken. Und sie verspeisen ebenso wie ihre Brüder, die Schimpansen, instinktiv Heilpflanzen, die ihre natürlichen Abwehrkräfte stärken. Besonders anfällig sind sie, ebenso wie menschliche Kinder, für Erkrankungen des Verdauungsapparats und der Atemwege. Es kommt bei ihnen nicht selten vor, dass ein unzureichend behandelter Schnupfen schwere Komplikationen der Lunge zur Folge hat, oder dass eine Dehydration nach einem Durchfall zum Tod führt.

Zahlreiche Besucher, die Leitung eines Teams, tägliche Geld- und Gesundheitssorgen ... in jener Zeit war mein Leben turbulenter als jemals zuvor. Ich musste meine vielfältigen Aufgaben mit meinem Familienleben in Einklang bringen. Wenn ich aufbrach, um Fanny und Thomas von der Schule abzuholen, achtete ich immer darauf, meine Arbeitskleidung auszuziehen und mich wie eine achtbare Familienmutter anzuziehen, damit meine Kinder sich nicht wegen des Anblicks einer Wilden genieren mussten. Das Ergebnis war, dass ich mich viermal am Tag umzog. Die Angestellten scherzten: „Madame Claudine, erkennst du dich in deinen vielen Kleidern noch wieder?“

Aber natürlich erkannte ich mich wieder! Welche andere Wahl blieb mir außerdem? Ich wollte von niemandem einen Vorwurf hören, weder von meinen Kindern noch von meinem Mann. Eine Frau, die arbeitet, um ihren Lebensunterhalt zu verdienen, hat das Recht, müde zu sein. Aber diejenige, die sich einer Passion widmet, vielleicht nicht. Um nichts in der Welt wollte ich hören: „Wenn du müde bist oder überfordert, dann hör doch auf damit.“ Selbst wenn die Schutzstation sich eines Tages 150 Kilometer von Kinshasa entfernt befinden würde, ich würde eine Lösung finden. Ich hatte nicht das Recht, einen

Teil meines Lebens zugunsten eines anderen Teils zu opfern. Mein Kampf durfte mich nicht von den Menschen entfernen, die mir am liebsten waren. So habe ich selbst in den wildromantischsten Zeiten, wenn meine Fantasie zu Höhenflügen ansetzte, doch immer die Füße auf der Erde behalten. Ein bisschen wie Karl Ammann – und wie Jef Dupain.

Kapitel 5

Auf der Suche nach dem Paradies

In der amerikanischen Schule waren insgesamt 90 Schüler, und jeder von ihnen besaß ein Bonobo Book, in das er regelmäßig seine Beobachtungen eintrug. Es war fast wie ein zusätzliches Unterrichtsfach. Mikeno, mein erster Bonobo, war zum Maskottchen der Schule geworden. Samstag morgens, wenn die Kinder Basketball spielten, entwischte er aus dem Gehege, um mitzuspielen! Es war herzergreifend und besorgniserregend zugleich, denn wenn tatsächlich einmal ein Kind von einem Bonobo gebissen werden würde, bekämen wir ernsthafte Probleme. Ich wusste also, dass unsere Tage dort gezählt waren. Außerdem war der Teil des Gartens, den die Schule uns großzügig zur Verfügung gestellt hatte, ziemlich heruntergekommen. Die drei Mangobäume, die dort standen, waren kurz davor einzugehen, denn Bonobos fressen die jungen Triebe für ihr Leben gern. Sie spendeten auch keinen Schatten mehr für die Bonobos, die die pralle Sonne schlecht vertragen.

Doch es kamen immer weitere Bonobowaisen zu uns, manchmal unter schwierigen Umständen. Gay Reinartz, auf Durchreise in Kinshasa, teilte uns eines Morgens telefonisch mit, dass ein kleiner Bonobo auf dem Antiquitätenmarkt angeboten wurde. Diesen Markt in der Nähe des Bahnhofs hatten die Kinois mit ihrem typischen Humor von „Marché des Valeurs“ – Markt der Werte, in „Marché des Voleurs“ – Markt der Diebe, umgetauft. Ich eilte sofort zum Umweltministerium, und innerhalb einer Stunde konnten wir, dank der engagierten Mitarbeit aller Beteiligten, eine perfekte Beschlagnahme durchführen. Die Polizisten des Viertels kamen dem Umweltinspektor zu Hilfe und brachten den Händler mit seinem Bonobobaby zum Ministerium, um dort die Dokumente der Beschlagnahmung fertigzustellen. Alle, die dabei waren, erhielten eine Lektion über Naturschutz und das geltende Gesetz des Washingtoner Artenschutzübereinkommens, was sich als sehr wirksam erwies. Wir kehrten mit einem kleinen, etwa dreijährigen Weibchen in die Schule zurück und nannten sie Kisantu. Das ist der Name des wunderbaren botanischen Gartens, der letztes Jahrhundert von einem Jesuiten, Bruder Gillet, gegründet worden war und jetzt Eigentum des Ministeriums ist.

Seit der Zeit in Pierres Klinik pflegten wir den Brauch, jedem Neuankömmling den Namen eines kongolesischen Ortes zu geben. In der Zeit des Bürgerkriegs war uns das ein Herzenswunsch, um unsere Liebe zu diesem Land und unsere Hoffnung auf die Wiederherstellung seiner Einheit auszudrücken. Inzwischen wählen wir die Namen nach ihrem schönen Klang oder ihrer symbolischen Bedeutung. Ich habe schon früh darauf bestanden, dass das ganze Team an der Namensgebung beteiligt ist, nicht nur die Ersatzmütter, die am liebsten selbst einen Namen für ihre Bonobos auswählen, als ob es ihre eigenen Kinder wären. Jeder bringt seine Vorschläge mit, die wir diskutieren, bevor wir gemeinsam entscheiden. Ich passe auf, dass Ortsnamen geografisch gut verteilt sind, da das eine oder andere Teammitglied einen neuen Bonobowaisen gern mit seiner persönlichen Geschichte oder seiner Heimatregion verbinden möchte.

Die frisch getaufte Kisantu wurde mit Freude und Behutsamkeit aufgenommen. Sie war nämlich schrecklich traumatisiert von den vielen Verstümmelungen, die sie erleiden musste: Wie vielen konfiszierten Bonobobabys hatte man der Armen mehrere Finger und sogar Teile des Ohrs abgeschnitten. Wir schlossen daraus, dass in Nioki oder Kutu, im Süden des Bonobogebiets, Richtung Kinshasa, ein Zauberer sein Unwesen trieb, der für irgendwelche Zaubertränke nach diesen „kleinen Gorillas“ jagte. Bonobos werden in den Dokumenten, die sich die Händler ausstellen lassen, um die Tiere über die Sperren bis nach Kinshasa zu bringen, oft unter der Bezeichnung „Gorilla“ eingetragen. Wir waren alle empört, dass es immer noch Leute gibt, die wie in früheren Zeiten an die aphrodisierende oder magische Wirkung von Körperteilen der Menschenaffen glauben. Im Osten des Landes schrecken manche sogenannte Heiler sogar nicht davor zurück, sich die abgeschlagenen Hände von Gorillas zu verschaffen. Wir hofften, dass der offizielle Brief, den ich an den Umweltminister schrieb, die Behörden auf solche Hintergründe der Verstümmelungen aufmerksam machen würde.

Die arme Kisantu war also in einer schlechten Verfassung. Die Verkrustungen auf ihren Wunden waren noch frisch, sie schienen nur sehr langsam zu heilen. Einen ihrer kleinen Arme hielt sie immer angewinkelt, sie konnte ihn wegen Muskelschwund kaum bewegen. Wir befürchteten, dass sie die Fähigkeit der Bonobos, sich im Kronendach des Urwalds behende zu bewegen, für immer verloren hatte, da sie an ihrer rechten Hand nur noch den Daumen und den vierten und fünften Finger hatte. Bei Kisantu ist wirklich das ganze Elend zusammengekommen. Wir entdeckten an mehreren Stellen unter ihrer Haut Bleistücke von Geschossen. Auch den Verletzungen durch den Strick, den die Händler den Tieren um den Bauch binden, um sie an der Leine halten zu können, war sie nicht entgangen. Dazu hatte sie an den Hüften große, übelriechende Wunden. Ich vertraute sie sofort der Obhut von Henriette an, der ersten Ersatzmutter, die ich angestellt hatte und die derart Wunder wirken kann, dass sie bei uns nur noch „Mama Henriette“ genannt wird. Sie war von Delphi Messinger ausgebildet worden, einer amerikanischen Zoologin, die damals für das Staatliche Institut für biomedizinische Forschung (INRB, Institut national de recherche biomédicale) in Kinshasa verantwortlich war. Ich stand häufiger mit ihr in Kontakt, da sie Bonobos bei sich aufgenommen hatte. Nachdem Delphi das Land endgültig verlassen hatte, war Henriette, die Beamtin war, an eine andere Stelle versetzt worden, wo sie überhaupt keinen Kontakt mehr zu Bonobos hatte.

Bei unserem Umzug in die amerikanische Schule im Jahr 1998 mussten wir wegen der großen Zahl an Waisenbonobos, die wir aufnahmen, eine Quarantäne-Station für die ganz Kleinen einrichten. Damals bat ich Henriette, in unserem neuen Team mitzuarbeiten, und sie schlug die Einstellung eines weiteren Pflegers vor, Stany, mit dem sie bei Delphi zusammengearbeitet hatte. Ich stimmte zu, denn wir konnten ihn sehr gut brauchen, und das war eine kluge Entscheidung. Mit diesen beiden neuen Mitarbeitern, die zu Crispin und einem anderen Pfleger, Mbo, dazukamen, war das Team absolut professionell, kompetent und engagiert.

Henriette übernahm damals die lebensnotwendige Rolle einer Ersatzmutter, insbesondere für die Neuankömmlinge, was ihr wunderbar gelang, und auch die Verantwortung für die Aufzuchtstation. Wir haben in der Tat beobachtet, dass Bonobobabys sich von einer „Mama" eher getröstet fühlen als von einem „Papa", mag er auch noch so aufmerksam sein. Crispin behielt also seinen kleinen Inongo, der schon sehr an ihm hing und den er 18 Monate lang auf dem Arm trug, ich kümmerte mich weiterhin um Boende, und Emy um Tshikapa. Mbo veranstaltete Spiele für den Rest der Gruppe. Durch die Entwicklung der Ereignisse kamen bald Yvonne und Micheline dazu, die Kikwit, Isiro, Salonga und Beni pflegten, alles Bonobos, die aus Brazzaville in der Volksrepublik Kongo kamen, nachdem dort eine Beschlagnahmung durchgeführt worden war. Später dann Kalina und Bandundu. Jeden Tag verbrachte ich viele Stunden mit ihnen in der Aufzuchtstation. Während wir uns um die Kleinen kümmerten, unterhielten wir uns über alles, was uns bedrückte: unsere Ängste wegen des Krieges, das Leid der kongolesischen Bevölkerung, das schon zehn Jahre dauerte. Ich hatte oft das Gefühl, dass besonders die Frauen bei mir die Hoffnung auf ein Land in Frieden, auf eine Rückkehr zur Normalität und das Ende des Leids suchten. Ihre Situation war schwierig. Die Arbeitslosigkeit hatte ihre Ehemänner schwer getroffen, und die Arbeit in unserer Station bedeutete eine wesentliche Hilfe für ihre Familien. Dank der Hingabe dieser drei Frauen und der Aufmerksamkeit des ganzen Teams gelang es uns, alle neu aufgenommenen Bonobowaisen zu retten. Diesen „Ersatzmamas" gebührt höchstes Lob.

Als Kisantu bei uns ankam, nahm Henriette sie liebevoll in die Arme und sprach sanft zu ihr:

„Jetzt brauchst du keine Angst mehr zu haben, du bist gerettet, du bist in *Lola*."

„Was meinst du mit *Lola*, Henriette?" fragte ich.

Sie erklärte mir, dass *Lola* in Lingala, der in Kinshasa und in den meisten Regionen unseres Landes am weitesten verbreiteten Sprache, „heiliger Ort" oder „Paradies" bedeutet, wo es keine Probleme mehr gibt, keinen Hunger, keinen Durst, keinen Mangel an Liebe ... Natürlich! Diese Bezeichnung war für mich wie eine Offenbarung. Ich versammelte das Team und dieser Name wurde einstimmig angenommen: Unsere Schutzstation hieß von nun an Lola ya Bonobo – das Paradies der Bonobos. Uns alle erfüllte eine große Freude. Nachdem wir so vielen Waisen einen Namen gegeben hatten, entdeckten wir den schönsten Namen, den, der am allerbesten unseren Hoffnungen entspricht, für unsere Schutzstation.

Mit Kisantu erreichten wir eine weitere Etappe unserer Arbeit. Wenn ich die Ordner betrachtete, die im Büro in zwei Reihen im Regal standen, die eine für die männlichen Bonobos, die andere für die weiblichen, sagte ich immer scherzend: „Wenn es keinen Platz mehr für neue Ordner gibt, dann ziehen wir um.“ Nach der Ankunft von Kisantu war nur noch ein Platz frei: mit zehn Ordnern war die Reihe bei den Weibchen voll, und bei den Männchen standen schon neun. Wir ahnten, dass auch der letzte Platz schnell belegt sein würde, und täuschten uns nicht.

Am 2. Mai 2001 kam unser zwanzigster Bonobo, aus der Region von Bandundu, über den Wasserweg auf dem Fluss Kasai. Es war ein ganz kleines Männchen, noch ohne Eckzähne. Glücklicherweise war er seit der Trennung von seiner Mutter nur kurze Zeit transportiert worden, und trotz einer schweren Darminfektion hielt er sich tapfer. Er erregte unser Mitleid, dieses erschöpfte, dünne Kerlchen von kaum zwei Kilo. Zwei Tage lang versuchte er dem Schlaf, der ihn überwältigen wollte, zu widerstehen. Er war terrorisiert, auf der Hut, wagte nicht einzuschlafen, falls die Schrecken, die er erlebt hatte, sich wiederholen sollten. Wir nannten ihn Matadi, wie die wichtigste Hafenstadt des Landes, und vertrauten ihn der guten Pflege einer anderen Mutter, Yvonne an, die fest entschlossen war, ihn zu retten. Aber Yvonne war bereits Ersatzmutter für Nioki, der sie absolut nicht mit einem Neuankömmling teilen wollte. Das kleine Monster, das mit allen Mitteln versuchte, den Eindringling loszuwerden, musste also beruhigt werden. Wir lösten das Problem, indem wir sie jeden Abend zusammen in den Nachtkäfig setzten und bald wurden sie unzertrennlich. Und Yvonne wurde von ihren freudig lachenden Kollegen zur *Mama Mapassa*, zur „Zwillingsmutter“ befördert.

„Das Regal ist voll!“, rief Valérie. „Es gibt keinen Platz mehr. Es ist Zeit zu gehen.“

Ich lächelte, um meine Besorgnis zu verbergen. Valérie hatte recht. Jetzt war es wirklich höchste Zeit. Das Zeichen trog nicht. Ein zweites Zeichen folgte bald, denn die amerikanische

Claudine André kam als Vierjährige mit ihren Eltern in den Kongo und sah das Land erstmals aus dem Tipoi, einer Trage der Einheimischen. Als Erwachsene faszinierten sie besonders die Virunga-Vulkane. Die Liebe zu Afrika gab sie ihren Kindern, hier Géraldine und Philippe, weiter.

In Krisenzeiten brachte Claudine André die Bonobokinder sicherheitshalber nachts in ihrer Garage unter. Tagsüber wurden sie in der Klinik eines Freundes versorgt.

Die Mimik der Bonobos ist unserer so ähnlich – und als einzige Menschenaffenart nehmen sie direkten Blickkontakt auf.

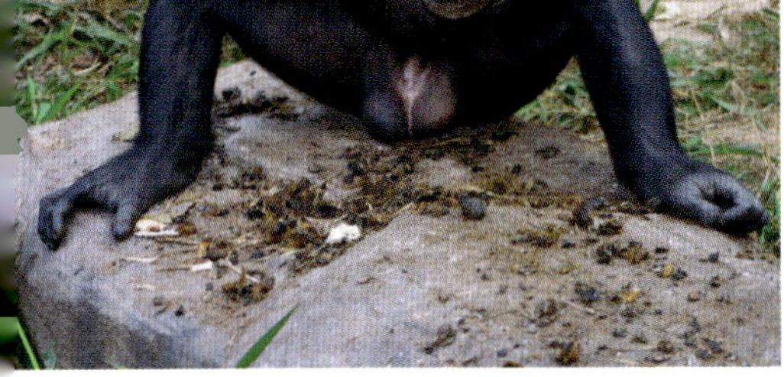
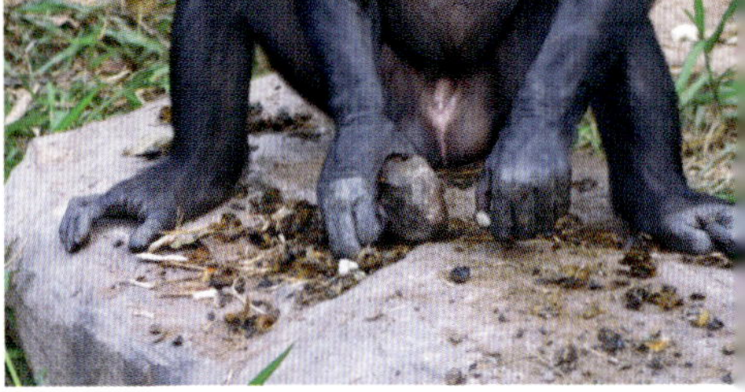

Die Bonobowaisen brauchen viel Zeit, um zu verstehen, dass sie im „Paradies“ angekommen sind und wieder ganz unbeschwert spielen können.

Bonobos benutzen geschickt Werkzeuge, wie beispielsweise Steine, mit denen sie auch die härteste Nuss knacken. Junge Bonobos müssen diese Fertigkeit aber erst lernen.

Henriette war die erste Ersatzmutter. Mit viel Liebe und Zärtlichkeit lassen die Pflegerinnen die Kleinen ihre schreckliche Vergangenheit vergessen.

In der Schutzstation lernen die jungen Bonobos, was man im Wald fressen kann, wie man Freundschaften schließt und richtig klettert.

Hygiene ist in Lola notwendig, weil die Bonobos so krankheitsanfällig sind. Bevor die Kleinen morgens mit ihren Pflegemüttern auf den Spielplatz gehen, werden sie daher sorgfältig gewaschen.

Zwischen Lernen und Spielen kommen sie immer wieder zum Kuscheln zu ihrer Bezugsperson zurück.

Wie wir empfinden Bonobos Trauer und Freude. Wer weiß, was sie fühlen, wenn sie nach den erlittenen Grausamkeiten nach Lola kommen und Vertrauen zu Menschen entwickeln.

Claudine André hat zu den Bonobos der Station eine innige Beziehung. Daraus zieht sie Kraft und Durchhaltevermögen für ihre Arbeit.

Die Bonobos in Lola wachsen langsam zu einer Gemeinschaft zusammen. Das beste Zeichen: Sie bekommen Kinder und ziehen sie liebevoll auf.

Claudine André und ihre Mitarbeiter verbringen viel Zeit mit den Bonobos, um das Rollenverhalten in der Gruppe zu verstehen.

Bonobos sind unglaublich geschickte Kletterer im Dickicht der Baumkronen. Auch dabei bewegen sie sich oft aufrecht.

Bonobos nutzen Sex, um Spannungen, Konflikte und Aggressionen abzubauen. Dabei spielen Geschlecht und Alter keine Rolle.

„Ich frage mich oft, was mir diese Tiere, der Kontakt zu ihnen, gegeben hat, und komme immer wieder auf dieselbe Antwort: den Frieden.“

Schule wollte zum nächsten Schuljahresbeginn die *middle school* wieder eröffnen und wir waren im Weg. Wir mussten uns auf die Suche nach einem neuen Zuhause machen. Wieder einmal. Aber wenn wir nun schon gehen mussten, dann nur nach der hoffnungsvollen Devise: „Wir gehen alle ins Paradies."

Lola, Paradies. Das Wort allein ist symbolträchtig. Und dazu musste eine Entsprechung in der Wirklichkeit gefunden werden. Das Problem, über das ich mir den Kopf zerbrach, ließ sich in einem Satz zusammenfassen: Wo konnten wir einen Ort finden, der alle Bedingungen erfüllte, ausreichend Platz bot, abgelegen und dicht bewaldet war? In Europa oder in den USA wäre ein solches Problem vor allem finanzieller Art. In Afrika ist es weitreichender. Bevor man an einen Kauf denken kann, muss man zuerst ein bewaldetes Grundstück finden, das überhaupt zum Verkauf angeboten wird! Eine Aufgabe, die schwieriger ist, als es scheint. Denn alle äußeren Bedingungen machten die Sache komplizierter: Kinshasa war eine abgeschlossene Stadt unter militärischer Kontrolle. Es gelang mir trotzdem, für Ausflüge von ein paar Stunden zu entkommen, genug Zeit, um im Einbaum den Fluss entlang die Umgebung zu erkunden, in der Hoffnung, eine Insel zu finden, die für uns geeignet war. Mir gefiel die Vorstellung von einer Insel. In einem natürlich abgeschirmten und abgelegenen Gelände wäre es viel einfacher als anderswo, ein Biotop zu schützen. Wenn ich aber ein mögliches Gelände entdeckte, musste ich natürlich erst den Besitzer ausfindig machen, was manchmal mehrere Wochen Recherche in Anspruch nahm. Hatte ich endlich alle Informationen zusammengetragen, musste ich zum Beispiel feststellen, dass die Insel in der Zwischenzeit wegen der rasanten Abholzung schon fast kahl geworden war. Ein Misserfolg folgte dem nächsten. Nach jeder Expedition kam ich unverrichteter Dinge zurück und begann zu verzweifeln.

Der Umweltminister schlug mir schließlich eine Lösung vor: Warum gingen wir nicht in den Präsidentenpark von N'Sele? Der Vorschlag schien verlockend. Es handelte sich um ein wunderbares Gebiet, etwa 50 Kilometer von Kinshasa entfernt, beim Zusammenfluss des Kongos mit seinem Nebenfluss N'Sele. Mobutu wollte dort seinerzeit einen Nationalpark gründen, wo die Besucher, wie in dem Park von Nairobi, Tiere in freier Wildbahn bewundern sollten. Aber das Projekt war gescheitert. Heute war der Park nur noch Steppe ohne einen einzigen Baum. Der Minister erkannte mein Problem und schlug mir einen Besuch im Botanischen Garten von Kisantu vor. Garry Richardson, wieder auf Durchreise in Kinshasa, begleitete uns, da ihn die Idee, dort eine Schutzstation zu gründen, früher einmal gereizt hatte. Der Minister stellte uns sogar sein Auto zur Verfügung, um uns dorthin zu bringen, wo wir von Vertretern des Kongolesischen Instituts für Zoologische und Botanische Gärten empfangen wurden. Aber wir mussten dem Minister, der uns wirklich helfen wollte, schnell erklären, dass diese Lösung sofort alle Naturschützer gegen eine Schutzstation auf den Plan gerufen hätte. Das Arboretum dort zählte nicht weniger als dreitausend seltene Pflanzen und allein die Vorstellung, dass dort Bonobos in Freiheit leben könnten, würde vielen die Haare zu Berge stehen lassen. Der Minister gab noch nicht auf: „Und das Waldreservat des Botanischen Gartens?" Ich musste ihn wieder davon abbringen: Dieses Gebiet bestand aus Bäumen, die im Abstand von vier Metern gepflanzt waren, völlig gerade, kaum verzweigt, ungeeignet für Bonobos. Der Minister war enttäuscht, aber überzeugt und ließ davon ab.

Es wurde September, und ich hatte der amerikanischen Schule versprochen, dass wir bis spätestens April ausziehen würden, damit die Verantwortlichen das neue Schuljahr gut vorbereiten konnten. Als ich mit Garry von Kisantu zurückkam, spürte ich seine Enttäuschung.

„Gibt es hier in der Region wirklich keinen anderen Ort, den wir besichtigen könnten?“, fragte er.

„Garry, die Abholzerei ist hier eine solche Plage, ich fürchte, nein, höchstens vielleicht im Gebiet um den See Ma Vallée, wo ich seit Jahren nicht mehr gewesen bin.“

„Wir können uns zumindest erkundigen. Wie du weißt, sind wir bereit, euch die Umzäunung für zehn Hektar aus unseren Spendengeldern zu finanzieren.“

Ich hatte diese Idee vorgebracht, damit Garry nicht den Eindruck bekam, ich würde auch nur eine Möglichkeit ausschließen. Aber sobald ich es gesagt hatte, schien es mir gar nicht so unmöglich. Das Gebiet „Ma Vallée“ lag etwa zwanzig Kilometer von Kinshasa entfernt und war früher ein netter und florierender Urlaubsort gewesen. Mitten in einem großen Gebiet von fast 300 Hektar führte ein sechs Kilometer langer Spazierweg um einen künstlich angelegten See. Die Besucher konnten Tretboote mieten und auf dem See fahren. Die Unruhen im Land hatten alledem natürlich ein Ende bereitet. Die kongolesische Bischofskonferenz war Eigentümerin des Gebiets und bemühte sich, diesen Klotz am Bein loszuwerden, denn ohne irgendwelche Einnahmen war es teuer, das Gebiet zu unterhalten. Außerdem zerfiel es in Stücke. Der Häuptling dieser Gegend hatte unter Laurent-Désiré Kabilas Slogan „Der Kongo den Kongolesen“ einzelne Waldstücke für sich beansprucht und verkaufte sie jetzt an die Dorfbewohner!

Zurück in Kinshasa suchte ich sofort den Generalsekretär der Bischofskonferenz auf. Er empfing mich sehr freundlich. Ich spürte, dass er sehr erleichtert wäre, wenn jemand auch nur zum Teil die Verantwortung für diesen lästig und nutzlos gewordenen Besitz übernehmen würde.

„Finden Sie heraus, was Sie dort machen können, dann sprechen wir wieder darüber“, schlug er nach einigen Minuten am Ende unseres Gesprächs vor.

Garry und ich fuhren sofort nach Ma Vallée. Das Gebiet bot ebenso viele Vor- wie Nachteile. Es war zwar ziemlich vernachlässigt, aber trotzdem noch wunderschön und einigermaßen geschützt, aber es gab kein Gebäude und weder Wasser- noch Stromzufuhr.

„Ich werde Container aufstellen bis wir selber bauen", schlug ich in einer Welle der Begeisterung vor. „Und ich werde mich nach dem Preis für ein Stromaggregat erkundigen."

Garry war sich der Schwierigkeiten bewusst, die mich erwarteten. Aber wenigstens hatten wir eine Lösung gefunden, einen Ort, einen Wald. Er reiste eher beruhigt ab und versprach, bald wiederzukommen und uns zu unterstützen. Durch einen außerordentlich glücklichen Zufall kam Emy zu Besuch und begann sofort, Pläne für die neue Schutzstation zu entwerfen. Wie oft sind wir um den See gelaufen, um den günstigsten Platz zu finden, wie viele Nächte haben wir gearbeitet! Emy stürzte sich abermals voller Eifer in das Abenteuer mit den Bonobos, mit derselben Begeisterung, die sie schon früher gezeigt hatte.

Auf meine Bitte hin unterbreitete der Sekretär der Bischofskonferenz uns ein konkretes Angebot: Er wäre bereit, uns eine Fläche von 20 Hektar für eine monatliche Miete zur Verfügung zu stellen. Die Summe war nicht übertrieben hoch, aber für mich, die ich keinen Cent übrig hatte, schien es wie ein Vermögen, das ich zusätzlich jeden Monat auftreiben musste. Ich hatte jedoch keine Wahl und nahm das Angebot an – ohne zu wissen, wie ich damit zurechtkommen würde.

Doch etwas störte mich am See in Ma Vallée. Ich konnte wohl Pläne für die zukünftige Schutzstation entwerfen oder mich voller Elan in Berechnungen und Projekte stürzen, aber jedes Mal, wenn ich dort war, verstärkte sich ein ungutes Gefühl, dass ich schon beim ersten Mal dort empfunden hatte, ohne es mir eingestehen zu wollen. Abends um 19 Uhr, wenn die Nacht einbrach, stieg Nebel aus dem See auf und verlieh dem Ort etwas Düsteres. In der Ferne wand sich der See und verlor sich im Wald und in der Dunkelheit. Man hätte sich fast am Loch Ness wähnen können. Eine seltsame Angst ergriff mich. Wenn ich in meiner Umgebung von den Plänen für unsere neue Station erzählte, wurden die Gesichter lang. „Weißt du, dass schon zweimal hintereinander ein Verwalter von Ma Vallée ermordet wurde?", fragten einige Bekannte. Derartige Bemerkungen trugen nicht zu meiner Beruhigung bei. Der Ort war gespenstisch, schien todbringend und eine negative Energie zu verbreiten. Selbst Victor, der meine Projekte immer unterstützte, zeigte sich diesmal sehr zurückhaltend, was mir zu denken gab. Ich konnte zwar versuchen, mich vom Gegenteil zu überzeugen, nächtelang endlos meine Pläne wälzen – umsonst, Ma Vallée war trotzdem nicht das Paradies, das ich mir vorgestellt hatte.

Der weitere Verlauf der Geschichte ist mir bis heute unklar geblieben. Als alles für unseren Umzug bereitstand, rief mich der Generalsekretär der Bischofskonferenz an. Die Bischöfe wollten keine Entscheidung vor ihrer nächsten Plenarkonferenz treffen, die im Februar stattfinden sollte, da einige von ihnen das unangenehme Gefühl hatten, nicht nach ihrer Meinung gefragt worden zu sein. Ich war höchst erstaunt. Es war Mitte Oktober und es war unmöglich, bis Februar zu warten, um dann im März umzuziehen, wie ich es der amerikanischen Schule zugesagt hatte. Ich wollte mein Wort halten und nicht über einen Aufschub verhandeln, da ich versprochen hatte, dass wir gehen würden. Eine neue Schutzstation aufzubauen, würde zudem mehrere Monate in Anspruch nehmen. Der Generalsekretär der Bischofskonferenz verstand das Problem, als ich es ihm schilderte. Er sagte, dass es ihm sehr leid tue, er aber nichts machen könne.

Die Suche begann von neuem, in wachsender Anspannung. Ich besuchte zunächst ein etwa 12 Hektar großes Gebiet in der

Nähe der Stadt „Les Symphonies naturelles". Leider war der Wald ungeeignet. Außerdem war die Zufahrt dorthin sehr schwierig, weil die Piste sehr sandig war. Dann kam der Reitverein, dessen Gelände mitten in Kinshasa lag, auf mich zu. Ich hätte über einige Hektar verfügen können. Aber auch diesmal erschienen mir die Probleme schwer zu bewältigen. Ich hätte kein Gebäude gehabt, und die Kosten für die Mauer, die wir für die Bonobos hätten bauen müssen, wären enorm gewesen. Probleme über Probleme, und so scheiterte auch dieses Projekt.

Eines Morgens erhalte ich eine Mail von Garry, in der er seinen baldigen Besuch und die Ankunft des Containers mit den versprochenen tausend Metern Umzäunungsmaterial ankündigt. Plötzlich überwältigt mich die Spannung, die sich seit Wochen immer mehr in mir angestaut hat, und ich breche vor meiner Tasse Kaffee in Tränen aus. Wie soll ich es ihm nur sagen, was wird unsere Zukunft sein? Garry ist noch auf dem Stand des Projekts Ma Vallée, er wird denken, ich bin verrückt. Ich stelle mir seine Überraschung vor. „Ja, aber Claudine, ihr wolltet doch umziehen ..." Was soll ich ihm dann antworten? Dass wir immer noch nichts gefunden haben und ich dabei bin, die Hoffnung zu verlieren? Es stimmt, aber ich riskiere damit auch, jede Glaubwürdigkeit in seinen Augen zu verlieren.

Seit Monaten sind alle Anstrengungen, den idealen Ort für unsere Schutzstation zu finden, fehlgeschlagen. Wir müssen bald die amerikanische Schule verlassen, wie ich es versprochen haben und genau in dem Moment kündigt Garry seinen Besuch an! Die Zeit drängt, und ich bin niedergeschlagen. Bis jetzt hatte ich doch immer eine Lösung für die auftretenden Probleme gefunden. Worauf soll ich meine Hoffnung richten, wo soll ich einen Platz für meine Waisen suchen?

Als ob der Himmel ein Einsehen hat, kommt eine Freundin vorbei. Ihre Lage ist noch verzweifelter als meine. Einen Augenblick lang vergesse ich meine Sorgen und höre ihr zu, wie sie erzählt, dass ihr Mann festgenommen und wegen undurchsichtiger geschäftlicher Angelegenheiten ins Gefängnis gebracht worden ist. Sie merkt trotzdem, dass ich in einer schlechten Verfassung bin.

„Mir steht das Wasser bis zum Hals. Ich weiß nicht, wohin ich mit meinen Waisen gehen soll."

Ich erzähle ihr von meinen vielen Hoffnungen und Enttäuschungen auf der Suche nach einer Schutzstation.

„Hast du an das Gebiet ‚Petites Chutes', die Kleinen Wasserfälle, gedacht?"

„Das ist unmöglich. Albert Buisine ist im Gefängnis und die Soldaten haben Petites Chutes besetzt."

„Aber nein! Ich war am Sonntag dort. Sie sind abgezogen und man hat ihm seine Farm zurückgegeben. Ich war dort spazieren und überrascht. Stell dir vor, der Wald ist immer noch in einem guten Zustand."

Albert Buisine, ein Franzose, der 15 Jahre lang Mobutus Verwaltungschef war, besitzt etwa 30 Kilometer vom Zentrum Kinshasas entfernt eine Farm, nicht weit von Ma Vallée. Ich war früher einmal dort und erinnere mich nicht mehr genau an den Ort. Ich erinnere mich aber noch an den schönen Wasserfall, an ein Restaurant, einen großen Wald ... Ausreichende Gründe, um sofort hinzufahren. Der Besitz ist einigermaßen unversehrt erhalten geblieben. Natürlich sind die Gebäude geplündert worden, aber sie stehen wenigstens noch. Das Gelände ist freundlich, der Wald kaum abgeholzt, und die kleinen Wasserfälle von Lukaya sind genauso schön wie ich sie in Erinnerung hatte. Als wir wieder gehen, stelle ich mir dort schon Lola vor. Es ist mehr als eine Intuition, es ist geradezu selbstverständlich. Es gibt noch viel zu tun, aber als Erstes müssen wir unbedingt Albert Buisine kontaktieren. Meine Freundin erzählt mir, dass er nach all den Ereignissen, darunter auch die Gefangenschaft, diesen Ort, an dem er hängt, den er aber weder unterhalten noch wiederaufbauen kann, verlassen möchte.

Ich treffe ihn noch am selben Tag. Dieser ehemalige Soldat hat den Ruf, ein strenger Mann zu sein, der schnell begreift und keine Zeit verlieren will. Da ich annehme, dass die Bonobos ihn kaum interessieren, erkläre ich ihm mein Problem in wenigen Sätzen, ohne zu sehr ins Detail zu gehen. Er unterbricht mich.

„Wissen Sie, durch den Patron (er spricht von Mobutu) hatte ich mit Umweltschutz zu tun. Wir haben immerhin einige Parks in diesem Land gegründet! Was wollen Sie?"

„Ein Stück von Ihrem Wald."

„Warum nicht? Ihre Idee gefällt mir. Gehen wir morgen zu den Wasserfällen und schauen, was wir machen können."

Ich habe das Gefühl, unserem Traum zum Greifen nahe zu sein. Wir besuchen wieder das Gelände, schauen die Gebäude, den Zustand des Waldes genauer an und überlegen, welche konkreten Möglichkeiten es gibt, Lola hier aufzubauen.

„Du könntest den kleinen See nutzen. Und die Häuser, es dürfte nicht zu aufwendig sein, sie wieder instandzusetzen. Du kannst auch dieses Gebäude haben, wenn du es brauchst", sagt Albert, der spontan zum „Du" übergegangen ist. „Du kannst dieses Gelände sechs Jahre lang nutzen, unter der Bedingung, dass du dich um alles kümmerst: Du reparierst, du renovierst, du installierst. Aber du kennst meine Situation: Wenn ich einen Käufer finde, verkaufe ich und gehe weg."

Ich habe meinen Retter gefunden und schwebe auf Wolken. Wie kann ich nur meiner Freundin für ihre rettende Idee danken? Innerhalb weniger Stunden hat das Schicksal von Lola eine entscheidende Wende genommen. Als ich am nächsten Morgen Garry, gerade aus dem Flugzeug gestiegen, zu den Wasserfällen mitnehme, traut er weder seinen Augen noch seinen Ohren. Immer wieder sagt er völlig verdutzt: „Aber ich dachte, du hättest nichts gefunden!"

„Vor drei Tagen noch nicht. Aber seit gestern ja."

„Bravo! Dieser Ort ist paradiesisch!"

„Du sagst es. So wird er übrigens auch heißen: Das Paradies der Bonobos." Ich weiß nicht, ob ich für die folgenden Gespräche zwischen Albert und mir die Bezeichnung Verhandlungen benutzen sollte.

Die Petites Chutes erwiesen sich als das schönste aller Geschenke: Wir konnten dort kostenlos einen Wald und ein Grundstück benutzen und hatten völlige Handlungsfreiheit. Aber ein Damoklesschwert hing über unseren Häuptern: Wir konnten gezwungen sein, diesen Ort genauso schnell wieder zu verlassen, wie wir uns dort eingerichtet hatten. Doch für den Moment blieb mir keine andere Wahl. Wir mussten uns hineinstürzen und weiter hoffen, dass ein guter Stern über unseren Bonobos wachte. Der Container mit dem Umzäunungsmaterial traf ein. Ich hatte keine Zeit zu verlieren. Wir mussten sofort Pläne für die ersten Anlagen entwerfen. Auf die Anfrage von Garry kam ein Spezialist für Umzäunungen, der Kenianer Simon Douglas Dufrène und baute die ersten Gehege für die Schutzstation. Garry packte kräftig mit an. Außer der Umzäunung beschloss er, die Finanzierung der Nachtkäfige in den bestehenden Gebäuden zu übernehmen. Albert selbst verbrachte immer mehr Zeit damit, uns zu helfen, begeistert von der Wiederbelebung seines Geländes. Mit derselben Begeisterung machte er sich einige Zeit später daran, seine Farm wieder in Schwung zu bekommen – er, der noch vor kurzem hoch und heilig geschworen hatte, dass er am liebsten einen Schlussstrich unter diese Vergangenheit ziehen würde. Die Aufsicht über die Baustelle, die Betreuung der Bonobos in der amerikanischen Schule, das Gleichgewicht zwischen meinen Aktivitäten und dem Familienleben erforderte täglich ein kleines Wunder. Mir blieb keine Zeit, die Füße hochzulegen. Aber die

Arbeiten kamen voran. Neben der Lieferung von Baumaterial – ein drei Meter hohes Gitter wurde errichtet, bei dem alle fünf Meter ein Zaunpfahl einbetoniert wurde – und seiner Elektrifizierung – unumgänglich, damit die Bonobos nicht das Weite suchten – waren viele Arbeitsstunden und viele Helfer notwendig. Das Gelände war uneben und verwildert, daher musste Material und Werkzeug zu Fuß hingebracht werden, ein See angelegt und die Ufer befestigt werden, damit sie nicht beim ersten Regen aufweichen würden. Und der Zaun musste um das ganze Gelände führen. So viele Aufgaben, die wir im Fortgang der Baustelle bewältigen mussten.

Wenn ich an das Ergebnis unserer Mühen dachte, sah ich schon die Neider vor mir und dachte an das afrikanische Sprichwort: „Ein guter Kuchen zieht Fliegen an". Mit anderen Worten, ich hatte Angst, dass ein Käufer vom Himmel fiele und Albert ein verlockendes Angebot machen würde. Ich will diese Zeiten der Verzweiflung, der unaufhörlichen Suche, der für die Bonobos und das ganze Team anstrengenden Umzüge nicht noch einmal erleben. Es wurde höchste Zeit, dass Lola Wirklichkeit wurde und dass wir unser endgültiges Zuhause fanden. Ich nahm also meinen ganzen Mut zusammen und schlug Albert vor, dass wir das Grundstück kaufen könnten. Er konnte seine Überraschung nicht verbergen.

„Aber hast du denn das Geld, um es zu kaufen?"

„Nein, aber ich werde es schon auftreiben."

Meine Kühnheit erstaunte ihn ebenso sehr wie mich selbst. Natürlich hatte ich nicht die geringste Ahnung, wie ich diese Summe zusammenbekommen sollte. Aber es schien, als hätte Albert tatsächlich nur auf diese Antwort gewartet, und wir wurden uns sofort einig.

„Großartig! Ich sehe mein Haus und meinen Wald viel lieber im Dienste des Umweltschutzes als in den Händen eines weiteren Gentleman-Farmers!"

Ich wusste, dass ich mich beeilen musste, damit das Gelände nicht mehr öffentlich zum Verkauf stand, ansonsten bestand die Gefahr, dass alles plötzlich zusammenbrach. Wenn man in einem Land lebt, das innerhalb von vier Jahren zwei Kriege erlebt hat, ist alles möglich ... Ich holte mein Adressbuch hervor und rief Bernard Sexe an, Koordinationsattaché der Französischen Botschaft, der mir schon bei unserem Umzug in die amerikanische Schule geholfen hatte, und beschrieb ihm unser Projekt. Leider sagte er mir, dass er bald abreisen würde.

„Wir werden es trotzdem versuchen“, versprach mir Bernard. „Kommen Sie nächste Woche, wir werden sehen, was wir machen können.“

„Einverstanden. Aber wenn es nicht klappt, brauchen Sie sich nicht dafür verantwortlich zu fühlen. Ich werde schon eine Lösung finden“, erwiderte ich, und er musste über meine Zuversicht lächeln.

Dank Dominique, unserer Expertin für das Erstellen solcher Dokumente, schickten wir schnell den Antrag, und ich erläuterte ihn Bernard Sexe und seinem Stellvertreter, Jean-Pascal Perron. Als ich unser Projekt vorgestellt hatte, wartete ich voller Anspannung auf das Urteil. Es kam sofort.

„Ich bin einverstanden“, sagte Bernard.

Er legte seinerseits die Unterlagen dem neuen Botschafter, Georges Serre vor, der es großzügig genehmigte. Die Gelder wurden uns in kurzer Zeit zur Verfügung gestellt. Ich überwies einen Teil an Albert, um uns das Kaufrecht zu sichern. Der Rest wurde für die Renovierungsarbeiten benötigt. Ich dachte noch nicht darüber nach, woher wir die Gelder für unsere täglichen Ausgaben bekommen würden, das würden wir später regeln. Einziger Wermutstropfen: Albert wollte nicht, dass sich der Verkauf über Jahre hinweg zog. Ganz unerwartet sagte er mir, dass ich eine Frist von zwei Jahren hätte, um die restliche Summe für den Kauf des Grundstücks zu zahlen. Ich versuchte, mit ihm über einen Mietkauf oder eine Verlängerung der Frist zu verhandeln, aber er blieb unerbittlich. Mir blieb also nichts anderes übrig, als wieder auf die Jagd nach Finanzmitteln zu gehen. Wieder einmal lächelte mir das Glück überraschend und geheimnisvoll zu, sodass man direkt von einem Wunder sprechen kann: Einige Tage später, als ich mit Valérie und Dominique die Finanzen durchging, schaute ich wie gewohnt ins Internet, um unseren Kontostand zu überprüfen. Eigentlich ganz überflüssig, mehr als ein paar Hundert Euro würden bestimmt nicht drauf sein ... Mein Blick fiel in einer Zeile auf eine hohe Summe, die vor kurzem überwiesen worden war. Was sich die Banker alles einfallen lassen, um einen glauben zu machen, man sei reich! Verblüfft fing ich an zu lachen: „He, Mädels! Schaut mal, was ich sehe!"

Wir saßen alle drei vor dem Bildschirm und suchten nach der Fehlerquelle oder einem überraschenden Gewinn, den wir einstecken könnten. Einzige Erklärung: Die Bank hatte sich bei der Überweisung in dem Konto getäuscht. Ich feixte und rief sofort in der Bank an. Eine Angestellte bestätigte die Überweisung. Ich war sprachlos.

„Stimmt etwas nicht?", fragte sie.

„Und ob! Schauen Sie den Kontostand in den letzten Jahren an. Eine solche Summe ist wahnsinnig. Sind Sie sicher, dass diese Überweisung wirklich für uns bestimmt war?"

„Sie sehen genauso wie ich, dass dieser Betrag wirklich auf Ihr Konto überwiesen wurde."

Ich konnte kaum glauben, was ich da hörte. Die Antwort der Bankangestellten klang mir im Ohr. Wir drei sahen uns an. Ich hakte nach.

„Aber wer könnte uns eine solche Summe überweisen?"

„Der Auftraggeber hat angeordnet, dass seine Identität nicht aufgedeckt werden soll. Wenn Sie wissen wollen, wer er ist, müssen Sie die Summe zurücküberweisen."

Die Situation war unwirklich. Wer konnte dieser mysteriöse Gönner, dieser heimliche Weihnachtsmann sein? Ein reicher Aktivist für bedrohte Tierarten? Ein Bonobo-Liebhaber? Wir konnten es nicht verstehen und hatten keine Ahnung, wer dieser Geldgeber sein konnte. Es war unmöglich, mehr herauszufinden. Dass wir erstaunt waren, ist untertrieben ... Wir waren ungläubig, wie Kinder vor einem Schatz, den wir nicht anzufassen wagten. Wir zögerten, fragten um Rat. Was sollten wir mit diesem Geld machen? Konnten wir es wirklich behalten? Aber dieses Geschenk des Himmels kam gerade zur rechten Zeit. Auch wenn die Summe noch nicht den gesamten Kaufpreis abdeckte, beschlossen wir, sie Albert Buisine zu überweisen. Man kann sich die Verwunderung des Verkäufers und das Glück der Käufer lebhaft vorstellen.

Es kamen noch mehr gute Nachrichten. Einige Tage später erfuhren wir, dass die Gesellschaft Total Fina Elf uns Fördermittel zukommen lassen würde. Innerhalb weniger Tage waren wir fast auf unserem eigenen Gelände. Noch einige Tausend Euro und wir wären die Besitzer von Petites Chutes – Lola bekam eine Heimat.

Weit entfernt von der Märchenwelt der letzten Wochen holte mich auf den Gängen der Verwaltungen die Wirklichkeit wieder ein. Viele Einzelheiten für unseren Verein mussten juristisch geregelt werden, denn infolge eines neuen Gesetzes über Nichtregierungsorganisationen mussten wir den für uns zuständigen Ministerien, dem Justiz- und Umweltministerium, eine neue Satzung vorlegen. Wir nutzten die Gelegenheit, um unseren Namen zu ändern. Der ehemalige Verein AAC, Amis des animaux du Congo (Tierfreunde des Kongo) entsprach nicht mehr ganz unseren Aktivitäten. Wir entschieden uns stattdessen für ABC, wobei das *B* für *Bonobos* zu Recht das weniger genaue *A* für *Animaux*, Tiere, ersetzte. Und außerdem klingt ABC nach Alphabet und verweist auf die Welt des Lernens. Es erinnert damit an eine der obersten Forderungen unseres Projekts: die Bildung. „Umweltschutz beginnt mit Bildung", ist das nicht unsere Devise? Dank der Fähigkeiten eines aktiven Mitglieds unseres Vereins, des kongolesischen Rechtsanwalts Roger Masamba, erhielten wir unseren neuen Vereinsstatus. Wir mussten schließlich nur noch die alten Verträge, die auf den Namen AAC liefen, auf ABC ändern lassen, dann war alles erledigt. Im administrativen wie im finanziellen Bereich kamen wir gut voran.

Das neue Lola mit Käfigen, Gehegen und Büros nahm Gestalt an, während wir im Januar 2002 in der amerikanischen Schule alles für den Umzug vorbereiteten. Überall wurde eingepackt, abgebaut, neu gestrichen. Es war Ehrensache, die uns überlassenen Räumlichkeiten in einwandfreiem Zustand zu übergeben. Die Bonobos spürten die Aufbruchstimmung und waren beunruhigt. Sie sahen uns ständig kommen und gehen, beladen mit Kisten, Geräten, Büchern und Plakaten.

Am Ende des Monats veranstalteten wir ein kleines Fest als Dankeschön für die amerikanische Botschaft und die Verwaltung der Schule, bei dem uns der Botschafter Hooks persönlich die Ehre gab. Die Bonobos waren schwer beeindruckt von den vielen Besuchern und verhielten sich fast anständig. Für den Umzug konnten wir mit der treuen Hilfe von Garry Richardson und WSPA rechnen. Er reiste extra dafür an, und zwar nicht allein, sondern mit dem Tierarzt Nick de Souza, einem Bonobo-Spezialisten, der uns schon einige Male besucht hatte, vor allem um schwierige Gesundheitsprobleme zu lösen. Er konnte sich also zusammen mit Crispin um die älteren Bonobos kümmern, sie beruhigen und ihren Stress unter Kontrolle halten, damit der Umzug unter besten Bedingungen über die Bühne gehen würde. Das Team wurde aufgeteilt und jeder erhielt seine Aufgabe. Ich war erleichtert und konnte mich um neue verwaltungstechnische Probleme kümmern, die mit unserm

Umzug zusammenhingen. Denn eine neue Forderung des Ministers ließ uns Blut und Wasser schwitzen: Wir mussten eine schriftliche Genehmigung vorlegen, wenn Bonobos transportiert werden sollten, eine mündliche zählte nicht mehr. In letzter Minute, als alles bereit war, sah ich mich also mit einem unerwarteten Hindernis konfrontiert. Als ich ein oder zwei Wochen zuvor den Minister traf, hatte er mir ja seine Zustimmung gegeben. Ich teilte ihm meine Überraschung mit, aber es war nichts zu ändern.

Ich wartete in den Gängen des Ministeriums, die Anträge in der Hand. Die Zeit drängte. Ein Tag strich vorüber, dann zwei, ohne Antwort. Meine Tage verliefen völlig aberwitzig. Unsere Akte kam im Schneckentempo voran. Wann würden wir den Umzug organisieren können? Ich eilte zwischen Schutzstation und Verwaltung hin und her. Ich hatte mir Sorgen um den Stress für die Bonobos gemacht, aber jetzt litt eher ich darunter. Eine Woche lang wartete ich von morgens bis abends im Vorzimmer des Ministers. Manchmal kam seine Exzellenz heraus, würdigte mich aber keines Blickes. Ich tobte innerlich, zwang mich aber zur Geduld. Ich dachte lächelnd daran, dass es in Lingala ein Wort, *lobi*, gibt, das gleichzeitig „gestern“ und „morgen“ bedeutet. Diese sprachliche Besonderheit sagt viel über die Vorstellung der Kinois von der Zeit aus. Würde ich auch diese Erfahrung einer nicht greifbaren Zeit machen, jenseits unserer westlichen Vorstellung, wo in der ewigen Gegenwart nichts mehr von Bedeutung ist, da es weder Vergangenheit noch Zukunft gibt? Wie um diese Hypothese zu bestätigen, stellte ich fest, dass die zahlreichen Beamten und Besucher, die immer wieder durch das Vorzimmer des Ministers gingen, keinerlei Anzeichen von Verwunderung zeigten, als sie mich dort Tag für Tag sitzen sahen.

Wir fragten uns nach der Ursache und stellten uns alle möglichen Szenarien vor: ein Komplott, Drohungen ... Ich erfuhr bald, dass die Wahrheit viel einfacher war: Der Minister hatte mir eine gründliche Lektion erteilen wollen. Das hat er geschafft! Da andere Aufgaben ihn drängten, reiste Garry ab, ohne dass wir die Genehmigung erhalten hatten. Nick, der Tierarzt, blieb drei Tage länger. Der Druck stieg. Am nächsten Tag nahm ich meinen ganzen Mut zusammen, stand auf, als der Minister an mir vorbeiging und sprach ihn an.

„Exzellenz, ich flehe Sie an: Bringen Sie nicht meine Bonobos in Gefahr. Der Tierarzt von WSPA muss übermorgen nach Nairobi zurückfliegen. Wir können doch nicht alles absagen, weil uns eine Unterschrift der Verwaltung fehlt!"

In der Geste des Ministers las ich dann die ganze Erklärung für diese Warterei: „Sie hätten sich einfach an die Regeln halten sollen." Und ich wusste, dass er recht hatte.

„Ich bitte Sie, nehmen Sie meine Entschuldigung an. Ich habe mich nicht an die Verwaltungsvorschriften gehalten, das stimmt, aber ich erlaube mir, Sie trotzdem weiter zu bitten. Wenn wir diesen Umzug nicht durchführen können ..."

Er lies mich nicht ausreden.

„Holen Sie Ihre Unterlagen ab. Sie sind unterschrieben."

Der Minister hatte sein Lächeln wiedergefunden. Ich verstand ihn nun auch ohne Worte: In einem Land, in dem jeder jeden ausspäht, wo die meisten Politiker danach trachten, ihre Konkurrenten von der Macht zu vertreiben, besteht bei jeder Handlung das Risiko, der Korruption verdächtigt zu werden. Aber jetzt waren unsere Papiere da, alles war geregelt. Wir konnten ganz legal umziehen.

Im Morgengrauen des 28. Februar 2002 standen wir alle für den Umzug bereit. Wir wollten durch die Stadt fahren, bevor die Märkte öffneten und alles voller Menschen war. Leider hatte es die ganze Nacht geregnet, und wir fragten uns, in welchem Zustand die Straßen sein würden. Die Strecke war lang, mehr als 25 Kilometer, aber wir hatten keine Wahl: wir mussten an diesem Tag umziehen, ob es regnete oder nicht. Die drei Ersatzmamas, Henriette, Yvonne und Micheline, brachten die ganz Kleinen aus der Aufzuchtstation, die eine geringe Dosis Beruhigungsmittel erhalten hatten. Ich atmete auf, sie würden sich nicht von der Stelle bewegen. In drei andere Autos von Vereinsmitgliedern wurden unsere Halbstarken geladen, die anscheinend beschlossen hatten, an diesem außergewöhnlichen Tag ihren Spaß zu haben. Einigen von ihnen, die sich durchaus zugetraut hatten, den Umzug zu leiten und ein Auto zu steuern, mussten wir schließlich auch ein Beruhigungsmittel geben. Valérie und Dominique fuhren in den ersten Fahrzeugen mit unseren kleinen Rabauken. Jetzt kamen wir zur heikelsten Aufgabe: den sieben Größten ein Beruhigungsmittel zu verabreichen. Nick war routiniert: Das Blasrohr, das er verwendete, kam für sie so überraschend, dass sie nichts merkten. Mbo, der Pfleger, lenkte sie mit Bällen und Zeitschriften ab, während sie ihre Beruhigungsspritze erhielten. Schließlich lagen alle sieben in dem Minibus, der zu diesem Zweck in einen Liegekrankenwagen umgebaut worden war. An Bord befand sich das Notfallteam: Nick, Crispin, Mbo, der Fahrer und ich, dann die Bonobos. Ich befürchtete, dass die Fahrzeuge für die Schlaglöcher, die bestimmt alle unter Wasser stehen würden, zu schwer beladen war. Tatsächlich stand an der Ausfahrt der Straße nach Matadi das berüchtigte Schlammloch voll.

„Los geht's!", rief unser Chauffeur Jean.

„Wir kommen schon durch", fügte Mbo hinzu.

Trügerischer Optimismus; bald steckten wir mitten drin, das Wasser stand bis zu den Reifen, und es ging weder vor noch zurück. Die Bonobos schliefen immer noch, aber mehr als fünfzig Neugierige hatten sie durch die Fenster des Busses erspäht. „Die Bonobos! Die Bonobos mit Mama Jardin (Garten-Mama)", wie mich die Straßenkinder seit der Zeit nannten, als ich im Zoologischen Garten gearbeitet hatte. Aber keiner rührte sich, um uns zu helfen. Ich öffnete die Tür und sprang heraus, versank bis zu den Knien im Schlamm und schob den Bus an, um ihnen ein Beispiel zu geben. Alle lachten, die Jugendlichen waren begeistert, dass wir in ihrem Bezirk wohnen würden und halfen schieben, nicht ohne den Hintergedanken, dafür ein Trinkgeld einstecken zu können.

„Ende gut, alles gut", sagte Nick, der bereit war einzuspringen, falls einer der Bonobos Anzeichen zeigte, aufzuwachen. Gott sei Dank musste er seine Spritze nicht herausholen.

Am Nachmittag waren wir alle im Wald mit den Bonobos, die ihre neue Welt entdeckten. Sie stießen Schreie aus, es schien ihnen sehr gut zu gefallen. Die Halbstarken waren in Hochform und verwandelten einen mit Lianen behängten Baum in eine Riesenrutschbahn, dann entdeckten sie ein paar Obstbäume, was deren schnelles Ende bedeutete und was wir in Kauf genommen haben. Wieder einmal hatte unser guter Stern über uns gewacht. Lola ya Bonobo war nicht mehr Traum, sondern Wirklichkeit.

Wir hätten gerne eine kleine Atempause eingelegt, stolz auf diesen Erfolg, an den wir fünf oder sechs Monate zuvor noch nicht geglaubt hatten. Aber wir waren vom Ziel noch weit entfernt: Viele Renovierungsarbeiten und Installationen sollten noch abgeschlossen werden, während wir uns gleichzeitig um die Organisation des Alltags in der Schutzstation kümmern mussten. Wir hofften, dass der gute Stern uns weiter den Weg weisen würde. An diesem Punkt fanden die Bonobos ihren Instinkt wieder und damit auch den Weg in ihren Wald. Die magische Vision, die ich so lange vor Augen gehabt hatte, war endlich Wirklichkeit: Die Bonobos liefen im Gänsemarsch am See entlang, hinter ihnen der Wald.

Wir waren wirklich im Paradies.

Kapitel 6

Das Leben in Lola

Wenn ein Besucher heute nach Lola kommt, betritt er zu seiner Überraschung einen richtigen Wald, was in Afrika am Rand der großen Städte selten geworden ist. Man muss hinzufügen, dass er seit dem Zentrum von Kinshasa kilometerlang durch die sogenannten „Cités“ gefahren ist. Hier lebt eine Landbevölkerung, die das Elend an die Ränder der großen Städte getrieben hat und die, in der Erwartung eines wenig wahrscheinlichenhypothetischen Wunders, vom Kleinhandel lebt. Danach entdeckt der Besucher weite Flächen mit spärlicher Vegetation: das Ergebnis einer massiven Abholzung. Diese ist Folge der durch Armut veränderten Ernährungsgewohnheiten. Brot, ein billiges Lebensmittel, wird heute in großen Mengen verzehrt, Kleinbäckereien sprießen überall wie Pilze aus dem Boden, und da es keine Elektrizität gibt, werden die Öfen oft mit Holz beheizt. Diese Nachfrage nach Brot, zusätzlich zum Bedarf an Holzkohle für die Zubereitung von Mahlzeiten für Millionen Kinois, haben das Problem noch verschärft.

Dann verlässt unser Besucher die asphaltierte Straße, eine der wenigen des Landes, und setzt seine Fahrt auf einer Sandpiste fort, die in der Regenzeit manchmal unpassierbar ist. Sie wird schlecht instandgehalten, und kleine Halunken schaden ihr zusätzlich, indem sie den Sand an skrupellose Bauunternehmer verkaufen. Am Wochenende bringen dieselben Halunken wieder Sand auf die Piste, um von Autofahrern ein Durchfahrtsgeld zu kassieren. Sie drohen damit, die Fahrzeuge im Sand versinken zu lassen. Sooft ich kann, wehre ich mich gegen diese Unsitte, aber vergeblich. Schließlich erreicht der Besucher das Tal des Flusses Lukaya, fährt an Gemüsekulturen vorbei, durch die Dörfer des großen Häuptlings Mawalala und kommt an das Eingangstor von Lola. Dort traut er kaum seinen Augen, so schön und heiter ist der Anblick. Direkt hinter dem Eingang bildet ein großes, durch die Wasserfälle gespeistes Becken ein natürliches Schwimmbad. An seinen Ufern stehen Strohhütten, in denen man sich inmitten einer geschützten Natur erholen kann. Der Eingangsbereich der Schutzstation umfasst heute 35 Hektar intakten Waldes, durch den der Fluss fließt. Das hügelige Gelände bietet herrliche Aussichtspunkte. Für die Bonobos gibt es drei große Gehege. Die Schlafkäfige und die Krankenstation sind in einem ehemaligen Restaurant untergebracht, an dessen Seite sich ein Trinkwasserreservoir befindet, und mit den Gehegen durch einen Gittertunnel verbunden, der über den Hügel führt. Auf den Hängen, in den ehemaligen Gebäuden, wo Mobutu sich in aller Abgeschiedenheit zu erholen pflegte, befinden sich das Gästehaus, in dem etwa sechs Gäste untergebracht werden können, die Büros und eines Tages, so hoffe ich, die Wohnung des Direktors. An die Schlafkäfige schließt sich der „pädagogische Pavillon“ an, in den die Schülergruppen geführt werden. Hier dokumentieren wir die wichtigsten Informationen über Bonobos und andere gefährdete Arten, über den Handel mit Wildtierfleisch, Naturschutz und Abholzung, und es finden Diskussionen und Videovorführungen statt. Weiter unten entdeckt der Besucher die Aufzuchtstation, ein Gehege, das wie ein Garten aussieht und wo die Kleinen unter der wachsamen und fürsorglichen Aufsicht ihrer Ersatzmütter spielen. Tagsüber kann man nicht selten eine von ihnen vorbeilaufen sehen, mit einem kleinen Bonobo, der sich an ihrem Hals oder ihren Schultern festklammert. Die sofortige Aufmerksamkeit ist ihr sicher!

Hinter diesen Einrichtungen beginnt das eigentliche Reich der Bonobos. Unser Besucher entdeckt sie zufällig auf seinem

Spazierweg entlang des Flusses und der kleinen Seen, die wir angelegt haben. Bonobos schwimmen zwar nicht, lieben es aber, am Wasser zu spielen und zu toben. Gegenüber von ihren Lieblingsplätzen – dort, wo die Pfleger das Futter hinbringen – bilden Sitzreihen einen idealen Ausgangspunkt, um das Sozialleben unserer Schützlinge vor Ort zu beobachten. Dorthin führt Pierrot die Schulklassen und andere Gruppen, nachdem er sie am pädagogischen Pavillon begrüßt hat. Dann wird eine Frage nach der anderen gestellt: Was fressen sie? Streiten sie sich? Spielen sie immer? Und die Liebe? Das ist Lola; ein lebendiger Ort, sorgfältigst instandgehalten, der über 40 Bonobos beherbergt und bei dessen Besuch die Kinois über die Schönheit der Umgebung und die Leistungsfähigkeit unseres gut eingespielten Teams staunen.

Man kann sich leicht vorstellen, dass es anfangs noch nicht so war. In diesen ersten Tagen im Jahr 2002 stand noch lange nicht alles an seinem Platz. Ein Gehege, nicht drei, hielten wir für die Aufnahme unserer damals 20 Bonobos bereit, der pädagogische Pavillon wurde gerade erst gebaut, die Krankenstation gab es noch nicht, und andere Gebäude warteten darauf, renoviert zu werden. Aber das Wichtigste war fertig: die Schlafkäfige, der Tunnel, der zum Wald führt, und vor allem die intakte Natur, die uns hier umgibt.

Gleich nach unserer Ankunft am 28. Februar begannen wir mit den Renovierungsarbeiten. Der Umzug war endlich abgeschlossen. Die kleinen und größeren Bonobos waren wieder ganz munter und wurden gleich in ihre neuen Schlafkäfige gebracht. Große Aufregung, Blicke nach allen Seiten, manche klammerten sich noch ein bisschen an ihre Ersatzmama … Man hätte meinen können, eine Gruppe Kinder entdeckt ihr Ferienlager! Wir beobachteten alle gespannt, wie sie sich in eine ganz neue Umgebung eingewöhnen würden. Würden sich die Bonobos nach der beengten Umgebung in der amerikanischen Schule hier nicht verloren vorkommen oder sogar verlassen von den Menschen, mit denen sie vorher so eng zusammengelebt hatten? Würde der Umzug nicht schmerzliche Erlebnisse, die sie früher erlitten hatten, wach werden lassen? Ich war gespannt, was die folgenden Tage bringen sollten und stelle mir viele Fragen. Ich übernachtete vor Ort, um meine großen Bonobos bei ihrem ersten Aufwachen in Lola zu begleiten. Bei Tagesanbruch wirkten sie ein bisschen verloren, wie trunken von der ungewohnten Umgebung. Wir beschlossen, sie nicht sofort in die freie Natur zu entlassen, sondern die erste Fütterung abzuwarten. Wir sprachen und spielten mit ihnen in den Schlafkäfigen, genauso wie wir es in der Schule gemacht hatten. Dann ging ich mit ihnen durch den Tunnel bis in den Wald. Endlich öffnete sich das Tor ins Unbekannte. Ich fühlte, dass sie ängstlich waren, sich nicht von mir entfernen wollten. Unruhig schauten sie um sich. Sie klammerten sich überall an mir fest, an meinen Armen, meinem Rücken, bis zu meinem Gesicht! Sie stießen Schreie aus, die in meinen Ohren wie viele Fragen klangen. Opala hielt sich mit einer Hand an meinem Stiefel fest, was das Laufen nicht gerade erleichterte. Ich schaute mich um: Crispin, Mbo, Thomas und Dominique waren auch mit Bonobos behängt. Ich musste lachen angesichts von so viel Ängstlichkeit bei unseren Bonobos, die sonst solche Rabauken sind. Sogar die verwegensten konnten sich noch nicht völlig von den Menschen lösen. Natürlich waren sie noch sehr jung und hatten keine erwachsenen Bonobos, die ihnen Sicherheit geben konnten. Sie schienen wie um einige Jahre zurückgeworfen, in eine Zeit, als sie noch bei ihren Ersatzmüttern Zuflucht und Schutz suchten.

Sie gewöhnten sich langsamer an die Freiheit, als wir dachten. Fast zwei Monate lang gingen Crispin, Mbo und ich mit ihnen dieselben Strecken ab, zeigten ihnen den Weg, um ihnen Sicherheit zu geben: Schlafkäfige, Tunnel, den Wald, den wir Schritt für Schritt weiter erkundeten. Wir versuchten, den Stress zu dosieren, wir ließen sie nicht alleine, achteten auf die Art ihrer Schreie, manchmal erstaunt vor Freude, aber meistens beunruhigt. Das Lernen war beidseitig: Sie lernten diese neue Welt kennen, und wir entdeckten die vielen unterschiedlichen Abstufungen ihrer Reaktionen.

Im Laufe der Zeit fanden sie ihr Zutrauen wieder und wagten sich immer weiter vor. Sie kletterten auf große Bäume, rissen die jungen Triebe ab und fraßen sie, entdeckten, dass das Herumtollen im Kronendach in ihrem genetischen Erbe verwurzelt ist, entdeckten die ganze Weite ihres neuen Lebens- und Spielraums. Ihr erstes wahres Glück in Lola: der Verbindungstunnel, den sie gründlich auskundschafteten. Sie hielten sich an den Stangen fest und stießen die typischen Schreie der Zufriedenheit und Freude aus und teilten sich gegenseitig ihre Entdeckungen mit.

Ich hatte zur besseren Beobachtung in der Nähe der Büros ein Gehege zur Isolierung von kranken oder schwierigen Bonobos bauen lassen, aber in dieser Anfangszeit diente es als Zwischenstation zwischen den geschlossenen Käfigen und der offenen Natur. Crispin und ich amüsierten uns köstlich, wenn wir beobachteten, wie einer von ihnen die Initiative ergriff und andere Artgenossen es ihm bald nachmachten. Die mutigsten spielten die Kundschafter für die anderen. Vor unseren Augen entwickelte sich eine neue vielfältige und funktionierende Form des Zusammenlebens, geprägt von den sexuellen Interaktionen, die bei Spannungen die vorhandene Aggressivität senken und latente Konflikte lösen. Wenn wir auch den Verhaltenskodex nur schwer entschlüsseln konnten, sahen wir doch, wie die Charaktermerkmale der einzelnen Bonobos in ihren

Besonderheiten und Unterschieden deutlicher hervortraten. Wir verbrachten also viel Zeit mit Beobachtungen und vergaßen darüber sogar, die Kartons mit unserem Archivmaterial auszupacken und uns um Verwaltungsaufgaben zu kümmern, trotz Valéries Ermahnungen, die nicht zuließ, dass wir dies zu lange schleifen ließen.

Innerhalb der Gruppe verteilten sich die Rollen anders, als wir es uns vorgestellt hatten. Wie groß war zum Beispiel die Überraschung, als wir sahen, wie Semendwa, ein junges Weibchen, deren Charakterfestigkeit uns vertraut war, abenteuerlustig loszog, während andere, die wir für mutiger gehalten hatten, in unserer Nähe blieben. Aber nach und nach fanden die Gruppen wieder zusammen und zogen gemeinsam los, ihre neue Umgebung zu erkunden. Wir beobachteten sie, wenn sie im Regenschauer auf zwei Beinen gingen, um die Tropfen besser mit dem Mund auffangen zu können, wie sie sich am Flussufer wälzten, sich gegenseitig von den Bäumen zuriefen und sich mit der Natur vertraut machten.

Nur ein einziges Weibchen, Mimia, behielt lange ihre Zurückhaltung in dieser neuen Welt. Man muss dazu sagen, dass ihre persönliche Geschichte eine ganz besondere ist. Mimia hatte bis zum Alter von 18 oder 19 Jahren in einem Haus gelebt, wo ihre Besitzer sie gern aufgenommen hatten. Sie führte dort ein ruhiges Leben und ihre engste Freundin war ein gleichaltriges Mädchen. Wie ihr Artgenosse Kanzi in den USA schlief Mimia in einem kleinen Hochbett, im Zimmer ihrer „Menscheneltern", konnte die Fernbedienung des Fernsehers und die Toilettenspülung bedienen, blätterte in Zeitschriften, bediente sich im Kühlschrank, kurz, sie hielt sich selbst umso mehr für menschlich, als sie nie einen anderen Bonobo gesehen hatte. Ich hatte monatelang versucht, das Ehepaar dazu zu überreden, Mimia zu uns zu bringen, aber vergeblich. Aus Respekt vor der Fürsorge, die sie Mimia gegeben hatten und der

Zufriedenheit, die Mimia ausstrahlte, zögerte ich natürlich, auf Gesetze zu pochen und eine schonungslose Beschlagnahmung herbeizuführen. Ich entschied mich für die Kraft der Überzeugung und erklärte, dass Mimia das Alter überschritten hätte, in dem ein Tier nur zur Gesellschaft gehalten werden könne. Für Mimia sei es Zeit, ein Leben als echtes Bonoboweibchen zu führen, sich in eine Gruppe von Artgenossen einzugliedern und ihre Sexualität zu entdecken, von der sie nichts ahnte. Umsonst. Ihre „Eltern" hielten mir das offensichtliche Glück ihres „Kindes" entgegen. Zu ihrer Adoptivmutter Liliane hatte ich eine sehr gute Beziehung. Sie war es, die mir den Tipp für Petites Chutes, also den Ort, wo wir jetzt waren, gegeben hatte, und die mir gern immer wieder sagte: „An dem Tag, an dem du Mimia einen großen Wald bieten kannst, vertraue ich sie dir an." Diese Vorstellung erschien damals so unwirklich, dass Mimias Aufnahme in unsere Bonobogruppe auf den Sankt-Nimmerleinstag verschoben wurde.

Sobald wir in Lola angekommen waren, nahm ich die Sache wieder in Angriff. Das Argument des großen Waldes sprach umso mehr zu meinen Gunsten, als Liliane in einer schwierigen Lage war. Ihr Ehemann war im Gefängnis, und sie lief von einem Amt und Minister zum nächsten, um seine Freilassung zu erreichen. So ging ich jeden Tag für eine Stunde zu Mimia, um ihr Gesellschaft zu leisten, denn sie wirkte jetzt in ihrer vertrauten Umgebung etwas verloren. Nachdem sie ein paradiesisches Leben kannte, war sie jetzt auf einer Terrasse eingesperrt, allein und zur Untätigkeit verurteilt. Es tat weh zu sehen, wie depressiv sie dabei wurde. Ich gab ihr zu fressen, sprach mit ihr, versuchte sie abzulenken, aber ich hatte nicht genug Autorität über sie, um sie wieder in ihren Käfig zu bringen, nachdem ich sie im Garten freigelassen hatte. Ich konnte es nicht mehr länger mit ansehen und wusste, dass es für Liliane zwar schmerzhaft, aber zugleich eine Erleichterung wäre, wenn Mimia zu uns käme. Daher wagte ich eine etwas hinterlistige Frage: „Zehn Hektar Wald, meinst du, das genügt für Mimia?"

Wie ich geahnt hatte, war Liliane damit einverstanden. Entsprechend unserer Gewohnheit, die Bonobos in unserer Schutzstation nach einem geografischen Ort in unserem Land zu nennen, und doch mit dem Wunsch, ihrem ursprünglichen Namen so nah wie möglich zu bleiben – Liliane und ihr Mann hatten sie Mimosa genannt – beschlossen wir, sie Mimia zu nennen, nach einem kleinen Ort im Salonga Park, der unter Bonobo-Verhaltensforschern bekannt ist. Damit begann für uns ein ganz neues Abenteuer: ein erwachsenes Bonoboweibchen in eine Gruppe, die sie überhaupt nicht kannte, zu integrieren.

Nach ihrer Ankunft in der Schutzstation brachten wir Mimia in den Tagesgehegen unter, dann ließen wir die ältesten Weibchen unserer Gruppe zu ihr, Maya und Opala. Crispin und ich hatten uns dazu entschieden, da wir wussten, dass in der Bonobo-Gemeinschaft wichtige Entscheidungen immer im Verbund der führenden Weibchen getroffen werden. Das hatten wir von Anfang an in unserer Gruppe beobachtet. Der erste Schritt war geschafft. Obwohl Mimia nicht wusste, was ihre neuen Freundinnen in sexueller Hinsicht von ihr wollten, herrschte doch sofort eine gute Stimmung. Wir konnten also den nächsten Schritt wagen und ihr Semendwa vorstellen, ein jüngeres Weibchen, in dem wir das zukünftig dominante Weibchen der Gruppe sahen. Semendwa wurde unserer Einschätzung gerecht; sie verlangte ein bisschen mehr Sex. Mimia, die wirklich nicht verstand, worum es ging, warf uns fragende Blicke zu. Aber Semendwa sah in Mimia eine potentielle Verbündete, eine mögliche Unterstützung auf ihrem Triumphweg zur Führung über die Gruppe der Männchen, und es gelang ihr, Mimia zu überreden, bei ihrem Spiel mitzumachen. Der Erfolg des zweiten Schrittes ging über unsere Hoffnungen hinaus: Die zwei Freundinnen verbrachten die Nacht gemeinsam.

Gespannt, wie die Neue sich beim Zusammentreffen mit den Männchen verhalten würde, beschlossen wir am nächsten Morgen, zwei Schritte auf einmal zu wagen. Mikeno, unser Ältester, sollte Mimia als Erster kennenlernen, bald darauf folgten Bukavu, Boende, Manono und Tatango. Mimia wusste wirklich nicht mehr, wo ihr der Kopf stand, sie wollte doch einfach nur spielen. Schließlich folgten wir unserer Neuen, die sich durch den Tunnel in den Wald gewagt hatte. Der weitere Verlauf ihrer Erkundung war für Mimia weniger vergnüglich: Als sie versuchte, der zudringlich um ihre Gunst heischenden Gruppe zu entkommen, machte sie unfreiwillig Bekanntschaft mit dem Elektrozaun.

Einen ganzen Monat lang konnten wir nun eine verliebte Polonaise mit mehr oder weniger direkten Verführungsspielen beobachten, denn Mimia hatte noch nicht den entscheidenden Schritt zu den sexuellen Aktivitäten gemacht, die für das gute soziale Verstehen und die engen Bande innerhalb der Gruppe grundlegend wichtig sind.

Während dieser Zeit haben Mimias erstaunter Gesichtsausdruck und vor allem die gewisse Distanz, die sie zu den anderen wahrte, ihr den Spitznamen eingebracht, der ihr bis heute geblieben ist: „Prinzessin Mimia“. Sie hatte sich entschieden, sich so wenig wie möglich zu integrieren und blieb immer ein wenig am Rand. Noch heute ist sie ziemlich eingebildet und weigert sich, mit den anderen zusammen zu essen. Wenn sie in die Hände klatscht oder mit dem Fuß aufstampft („Kellner, hier bitte!“), stellt ihr Pfleger ihr Obst und Gemüse hin. Man kann sich die erstaunten Blicke vorstellen, die sie dann auf sich zieht. Manche Bonobos fingen an, sie in einer ungeschickten Mischung aus Neugier und Beschützerinstinkt ständig zu bedrängen, was ich schon manchmal an ihnen beobachtet habe, wenn sie ratlos sind. Bei heftigen sexuellen Annäherungsversuchen verstand die arme Mimia gar nichts mehr und flüchtete sich tief in den Wald. Ihre Kameraden waren es leid, keine anderen Kommunikationsmöglichkeiten zu finden und begannen, ihr die Haare auszureißen, sicher auf der Suche nach den mysteriösen Parasiten, die aus diesem hübschen jungen Weibchen ein so sonderbares Wesen machte. Bald war sie haarlos wie ein Wurm. Unter ihrem Fell, das immer dünner wurde, wurde die graue Haut dunkler, von Hellbraun bis Dunkelbraun, dann Schwarz, bis sie sich zu schälen begann. Ein Sonnenbrand! Mimia hatte einen Sonnenbrand! Warum hatte bloß niemand von uns daran gedacht? Außerdem sprang sie bei ihren Erkundungen im Wald ohne Vorsicht von Ast zu Ast. An den vielen Ölpalmen, die in Lola wachsen, kratzte sie sich die Haut auf, und jeder ihrer Kameraden bemühte sich auf seine Weise, die Wunden zu pflegen. Wir mussten sie also in das Isolierungsgehege bringen, umso mehr, als ich befürchtete, eine Krankheit könne für sie tödlich sein, da ihr Immunsystem nicht ausreichend trainiert war.

Die Isolierung schien ihr zu gefallen. Dank der Hautpflege, die sie gern über sich ergehen ließ, erholte sie sich schnell und verbrachte glückliche Tage. Morgens schlief sie lange, um dann ein ausgedehntes Mittagsschläfchen zu halten. Die Spiele der anderen waren ihr nach wie vor gleichgültig. Prinzessin Mimia genoss ihr goldenes Exil in der Nähe der Menschen. Sie fand ihren Kokon wieder, in dem sie so viele Jahre gelebt hatte. Aber sie hatte noch mehr Tricks auf Lager, um ihr persönliches Schicksal zu verbessern. Als ich eines Morgens, einige Zeit nach unserer Ankunft in Lola, in meinem Büro arbeitete, hörte ich ungewöhnliche Geräusche, etwas bewegte sich unter meinen Fenstern. Ein neuer Pfleger hatte Mimia ihr Frühstück gebracht – nachdem sie ihn wie gewohnt durch Fußaufstampfen dazu aufgefordert hatte – und sie war durch die Tür, die leider nicht ganz geschlossen war, hinausgelaufen. Ich gab einen energischen Befehl, fast schreiend, woraufhin sie sofort in ihr

Gehege zurückkehrte. Das glaubte ich zumindest, während ich mich wieder in meine Unterlagen vertiefte.

Es waren nur wenige Minuten vergangen, als ich Mimia an meiner Bürotür sah! Diesmal trug sie ihre Matratze und ihre Decke. Gelassen und fest entschlossen, richtete sie sich sozusagen häuslich ein. Sie kletterte auf meinen Tisch und machte sich in aller Ruhe eine Art Nest. Dabei schaute sie mich an, als wollte sie sagen: „Mein Leben ist hier, in einem Haus mit Menschen, nicht bei den Bonobos." Mehr war nicht nötig, um meinen Widerstand zu brechen. Ich musste lachen. Wie konnte man eine so nette Bitte abschlagen? Mimia machte es sich also bequem, ohne mit der Wimper zu zucken, sichtbar glücklich, dass ich ihre Gesellschaft akzeptierte. Manchmal stand sie auf, um sich im Kühlschrank etwas zu trinken zu holen, wie sie es aus der guten alten Zeit bei Liliane gewohnt war. Es wurde Abend, und es war unmöglich, Mimia in diesem Zimmer zu lassen. Aber es war genauso unmöglich, sie hier hinauszubringen! Ich rief meinen Freund Pierre, den Tierarzt, zu Hilfe, der versuchte, ihr eine Betäubungsspritze zu geben. Aber ohne Mimia. Sie tobte vor Wut, sprang wild umher und biss Pierre, bevor das Medikament wirkte und sie endlich einschlief. Wir brachten sie in ihren Schlafkäfig und zur Sicherheit blieb Crispin über Nacht dort.

Am nächsten Morgen rief ich gegen neun Uhr Crispin von zu Hause an, um zu erfahren, wie es ihr ging. War Prinzessin Mimia gut aufgewacht? Verhielt sie sich ruhig? Er beruhigte mich: Alles in Ordnung. Mademoiselle spielte im Baum des Geheges und benahm sich wie ein Engel. Aber als ich in Lola ankam, bot sich mir ein ganz anderes Szenario. Mimia hatte Probleme beim Laufen, taumelte und legte sich auf die Seite, mit leerem Blick. Ich ging in das Gehege und drückte sie an mich mit dem schrecklichen Gefühl, einen leblosen Körper in den Armen zu halten. Mimia zeigte keine Reaktion. Ich sprach mit ihr, streichelte sie, ohne Ergebnis. Wie konnte die Krankheit sie überwältigt haben, wo sie doch vor einer Stunde noch von Ast zu Ast gesprungen war? Crispin konnte sich genauso wenig wie ich diese plötzliche Veränderung erklären. „Ich verstehe gar nichts mehr. Vor fünf Minuten, bevor Sie gekommen sind, war sie noch ganz fröhlich", sagte er nachdrücklich und verließ das Gehege, um die anderen Pfleger um Rat zu fragen. Dabei machte er sich nicht die Mühe, abzuschließen. Aber Mimia, der kein Detail entging, stand sofort auf und ging durch die Tür in mein Büro. Jetzt verstand ich ihre List: Mimia hatte die Krankheit vorgetäuscht, um das Gehege verlassen und wieder am „richtigen Leben" teilnehmen zu dürfen!

Gleichzeitig verblüfft, amüsiert und gerührt von so viel Kühnheit, behielten wir sie noch zwei Tage bei uns und brachten sie dann zu den anderen. Trotzdem durfte sie frei in Lola herumlaufen, besuchte die Ersatzmütter in der Aufzuchtstation, flocht ihre Haare, spielte mit den Kleinen oder mit Makasi und Matata, unseren beiden jungen Hunden, kurz, sie verbrachte angenehme Ferientage. Leider hatte Mimia auch ihre Schwäche: Sie konnte männliche Menschen nicht leiden. Das Zusammentreffen mit dem Team war daher manchmal problematisch. So wusste sich Makabi, unser Gärtner, eines Tages nicht mehr anders zu helfen, als in den See zu springen, um einer furchterregenden Attacke von Mimia zu entkommen. „Jetzt sind die Ferien vorbei", verkündete Crispin daraufhin. „Du gehst zurück! Und dieses Mal lassen wir uns nicht erweichen, du wirst dich in die Gruppe integrieren!" Sie war sich sicherlich bewusst, dass jeder privilegierte Status auch Grenzen hatte, und so war Mimia bereit, das Spiel mitzuspielen. Ihre Artgenossen empfingen sie mit offenen Armen, wie den verlorenen Sohn aus der Bibel, und sie wurden nicht enttäuscht. Mal Möchtegern-Diva, mal von den sexuellen Spielen eingeschüchtertes Fräuleinchen und dann wieder Befehlshaberin hat sie sich schnell als Chefin der Gruppe durchgesetzt. Ende gut, alles gut. Prinzessin Mimia hatte endlich ihr eigenes Königreich gefunden.

Während wir noch dabei waren, unsere neue Schutzstation einzurichten, stellte ich zu meiner Freude fest, dass sich um uns herum, in ganz Afrika, weiterhin etwas bewegte. Im Jahr 2000 war auf Initiative von amerikanischen Wissenschaftlern eine neue Organisation gegründet worden, die Pan African Sanctuary Alliance (PASA, panafrikanischer Verband der Schutzstationen). Das Prinzip war ebenso einfach wie breit gefächert: allen Mitarbeitern von Schutzstationen in Afrika ein Begegnungsforum zu bieten, wo sie sich über ihre Erfahrungen austauschen, ein Fazit über ihre Erfolge und Probleme ziehen, zusammen nachdenken und fachliche Weiterbildung von anerkannten Spezialisten erhalten könnten. Die meisten Verantwortlichen der Schutzstationen, etwa fünfzehn, haben auf diese Initiative positiv reagiert. Sie fühlten sich manchmal so allein und hilflos angesichts der vielen Probleme, mit denen sie zu kämpfen hatten, dass ihnen diese Bündelung der Kompetenzen und Erfahrungen höchst willkommen war. Leider konnten Crispin, mein Stellvertreter, und ich damals wegen des Krieges nicht an der Gründungsversammlung von PASA teilnehmen, die in Entebbe, der Hauptstadt Ugandas, stattfand. Aber das Protokoll, das wir davon erhalten hatten und die Resonanz unserer Kollegen und Kolleginnen war so positiv und enthusiastisch, dass wir gespannt waren auf das zweite Treffen, das im Juni 2001 in Kamerun stattfand.

Als ich dort ankam bin ich einem dynamischen Team von Kollegen begegnet. Während mehrerer Tage tauschten wir alle unsere bisherigen Erfahrungen zu Gesundheitsproblemen und Bildungsprogrammen und allen anderen Fragen, die uns am Herzen lagen, aus. Wir sprachen auch über unsere Ideen von

Leitung und Verwaltung innerhalb der Schutzstationen in Afrika. Und oh Wunder: Die meisten Probleme, von denen jeder bisher gedacht hatte, dass nur er sie hätte, betrafen tatsächlich alle von uns. Endlich bekamen all die Namen, die ich nur aus dem Internet kannte, wie David, Norm, Chris, Christelle, Bala, Debbie, Aliette, Estelle und andere Verantwortliche von Schutzstationen ein Gesicht. Bei unseren informellen Gesprächen – bei solchen Treffen die besten Momente, wie alle humorvoll bemerkten, die oft auf internationalen Tagungen waren – stellte ich als Pionierin in diesem Bereich zu meiner Freude fest: Alle hielten inzwischen eine fächerübergreifende Bildung für die einheimische Jugend in den Ländern, in denen es wild lebende Menschenaffen gibt, für sehr wichtig. Die Zusammenarbeit mit jungen, engagierten Experten voller neuer Ideen, die von PASA zur Unterstützung eingeladen worden waren, würde ganz sicher unsere Bildungsprogramme bereichern und uns in die Lage versetzen, sie besser an die jeweiligen Bedingungen und Mentalitäten anzupassen.

Zurück in Kinshasa fand ich zu meiner freudigen Überraschung eine Anfrage des Umweltministers vor. Er bat mich, für ihn in der Schutzstation ein Treffen mit den Forst- und Landarbeitern zu organisieren. Ich kam seiner Bitte so schnell wie möglich nach. Bei diesem Treffen scheute der Minister sich nicht, die Dinge beim Namen zu nennen. In einer kurzen, aber ernsten Ansprache berichtete er von negativen Entwicklungen bei der Umsetzung des Washingtoner Artenschutzabkommens im Kongo und von der Besorgnis der internationalen Naturschutzorganisationen.

Er bat jeden, die Anstrengungen zu vervielfältigen, damit das Gesetz endlich eingehalten würde. Ich fühlte, wie ein Beben durch das Publikum ging. Fast fühlte man sich an Karl Ammann erinnert, wie er gegen die Abholzung wettert!

Kurze Zeit später organisierte das Central African Regional Program for the Environment (CARPE), eine amerikanische Organisation, ein zweitägiges Seminar zum Thema: „Den Frieden schaffen: Auswirkungen des Krieges auf Natur und natürliche Ressourcen." Wiederum baten mich die Organisatoren, über unsere Erfahrungen in der Zusammenarbeit mit der kongolesischen Armee zu berichten. Das Thema war zwar heikel, aber es reizte mich. Ich freute mich, öffentlich mitteilen zu können, was ich seit langem dachte: Die Armee ist eine komplexe Organisation, die über das ganze Land verzweigt ist und mit der eine Zusammenarbeit vor Ort fruchtbar sein kann. Seitdem die kongolesische Armee an unserem Aktionstag im Juni 2000 teilgenommen hatte, verstanden wir ihre Bedeutung. Ich sprach ohne ausgearbeiteten Text und folgte dem Rat des Umweltministers: „Machen Sie es so, wie Sie denken. Ich weiß, dass Sie nichts Negatives zu sagen haben, und ich habe keine Anweisungen für Sie." Ein Kommandant der kongolesischen Armee unterstützte mich in der darauffolgenden Diskussion. Vor Publikum, das wenig von den Verdiensten des Militärs im Umweltschutz wusste, haben wir unsere Aufgabe gut gemeistert.

Einige Wochen später begann ein neues Abenteuer: Vom 28. November bis 2. Dezember 2001 war ich zu einer Konferenz eingeladen, bei der sich in Florida Vertreter der großen amerikanischen Zoos trafen, die sich sowohl im Zoo als auch in den Heimatländern der bedrohten Tiere für den Artenschutz einsetzten. Ich sah darin eine einmalige Gelegenheit, die Verbindung zu meinen amerikanischen Freunden zu erneuern und ihnen unsere Arbeit und unsere Projekte vorzustellen. Jo Thomson, die in den Kongo zurückgekehrt war, vermittelte mir den Kontakt zu zwei Personen, die sich sehr für bedrohte Tierarten einsetzten: Mary Rose und Becky Rose vom Columbus Zoo. Dieser Zoo spielte nach wie vor eine führende Rolle in den

Artenschutzprogrammen, die mehrere große amerikanische Zoos weltweit durchführen. Im Columbus Zoo gibt es einen großen Bereich für Bonobos. Die „zwei Rosen", von mir bald liebevoll „Pink Ladies" genannt, waren ausgezeichnete Vermittlerinnen. Mary hatte den „Sulatalu Fund for Great Apes" gegründet, dessen Name Sulatalu sich aus den Anfangsbuchstaben der ersten vier Bonoboweibchen im Columbus Zoo, Suzie, Lady, Tamia und Lucy, zusammensetzte. Sie wurde im Lauf der Jahre zu meiner *stage mother*, wie die Amerikaner es nennen; eine Art Dirigentin, die sich bei meinen Reisen in die USA um alle Details kümmerte. Mary organisierte alles, von den Flügen bis zu den wichtigen Treffen, vom Frühstück bis zu den Vorträgen. Sie führte mich in die amerikanischen Umgangsformen ein und war ein wandelndes *Who's Who*-Lexikon. Immer aufmerksam, genehmigte sie mir manchmal sogar Erholungspausen. Ohne sie wäre ich in den USA verloren gewesen! Zusätzlich zu dieser organisatorischen Hilfe unterstützen der Sulatalu Fund for Great Apes und der Columbus Zoo Lola ya Bonobo schon seit vier Jahren auch finanziell kontinuierlich.

Ich hatte mich somit gleich zu Beginn an die richtige Adresse gewandt, und bald darauf regnete es Einladungen: zu einem Vortrag im Plenum bei der Konferenz der amerikanischen Zoos in Florida, zu zwei Vorträgen im Columbus Zoo und zu einem weiteren im Zoo von Cincinnati.

„Hilf mir Dominique! Verbessere mein französisches Englisch!" Ein paar Lektionen in amerikanischem Englisch später, Folien, Dias und Fotos im Gepäck, flog ich für zwei Wochen los Richtung USA.

Im Brevard Zoo in Orlando, Florida, der für die Organisation der Konferenz verantwortlich war, traf ich zunächst fünf Tage lang im Plenum Mitarbeiter und Freunde der amerikanischen Zoos sowie andere Mitglieder der PASA wieder. Zwei Tage war ich dann im Columbus Zoo und hielt mehrere Vorträge in einer vorweihnachtlichen Atmosphäre. Eine willkommene Gelegenheit, den Kontakt zu vielen Naturschützern, die ich bereits kannte, aufzufrischen und neue Kontakte zu knüpfen. Alle waren potentielle Helfer bei der Verwirklichung unseres Traums, der Schutzstation im Kongo. Kaum waren meine Vorträge im Columbus Zoo zu Ende, brachte Mary Rose mich mit dem Auto weiter nach Cincinnati. Während draußen die winterliche Landschaft vorbeizog, sang Mary in einer siegessicheren Stimmung auf Französisch *La Vie en rose*. Und tatsächlich hat uns auch der Cincinnati Zoo einen fürstlichen Empfang bereitet: die Bonobos waren dabei, und alle Pfleger hatten sich versammelt, um mir zuzuhören. Voller Freude kehrte ich nach Kinshasa zurück und konnte meine Gesprächspartner nun davon überzeugen, dass Lola kein Traum bleiben musste, nicht nur für mein Team und mich, sondern auch für alle, die unser Projekt der Rettung der Bonobos motivierte.

Inzwischen waren wir seit einem Monat in Lola und das Leben ging wieder seinen gewohnten Gang. Die Aufzuchtstation hatten wir in dem Teil des Waldes eingerichtet, der noch nicht umzäunt war. Die anderen Renovierungsarbeiten führten wir nach und nach durch, abhängig von unseren finanziellen Mitteln. Gegenüber Valérie bestand ich allerdings darauf, dass sie so viel Geld freigab, dass wir den pädagogischen Pavillon reparieren konnten, denn wir mussten so schnell wie möglich wieder den Besuch von Schulklassen organisieren. Es mussten dort Wasser- und Stromleitungen neu verlegt, Türen, Fenster und Toiletten ersetzt werden, eben alles, was während des Krieges geplündert wurde. Das Gehege der „Großen“ umfasste dagegen schon fast zehn Hektar Wald. Den Rest des Geländes mit einer Umzäunung zu schützen, wäre im folgenden Jahr eines unserer dringendsten Projekte. Anderenfalls hätten wir riskiert, angesichts der kahlen Hügel um die Schutzstation herum, dass unser kleiner Wald auch verschwinden würde. Jeden Abend auf dem Heimweg nach Kinshasa fuhren wir an Dutzenden kongolesischer Frauen vorbei, die mit schweren Reisigbündeln beladen waren. Sie wurden zu Feuerholz oder Holzkohle für die sechs Millionen Einwohner der Hauptstadt verarbeitet. Im Lauf der Tage und Wochen fanden, wie auch bereits in der Klinik und in der amerikanischen Schule, in Lola Begegnungen statt und Freundschaften wurden geknüpft. Eines Sonntagnachmittags sprach mich aus einer Besuchergruppe eine junge Frau mit einem charmanten kreolischen Akzent an: Claudia war gerade in Kinshasa angekommen und wollte uns helfen. Sie hatte die haitianische Staatsangehörigkeit, war perfekt zweisprachig und hätte sich gern in unserem Bildungsprogramm engagieren, insbesondere in den „Clubs de la Bonté“, die wir in den Schulen in der Hauptstadt zusammen mit WSPA gegründet hatten. Welch ein glücklicher Zufall! Für den Start des neuen Programms brauchten wir unbedingt Unterstützung, denn unser Team war noch zu sehr mit dem unbedingt notwendigen Einrichten beschäftigt, damit in der Schutzstation alles glatt laufen konnte. Claudia sollte mit Benoît zusammenarbeiten, unserem Führer für die Schulklassen und mit Pierrot, dem Biologen, der mit Crispin promoviert hatte. Aus der langen Liste von Schulen hatte Pierrot bereits die aktivsten herausgesucht: die vier ersten Clubs de la Bonté in Kinshasa – Bonobo, Okapi, Chien und Lion – erhielten eine Einladung zur offiziellen Eröffnung des Programms am 4. Mai.

Claudia blieb sechs Monate in Kinshasa, wo ihr Mann an der UNO-Mission teilnahm, bevor sie mit ihm nach Haiti ging. Ich verdanke ihr nur schöne Erinnerungen, auf professioneller wie freundschaftlicher Ebene. Mit ihr sind die Musik und der Rhythmus der Karibik in mein Leben gekommen.

Eine weitere entscheidende Begegnung war jene mit Virginie Guiton, Dokumentarfilmregisseurin. Wir hatten uns bereits im vergangenen Jahr bei der Konferenz von PASA in Kamerun kennengelernt. Ganz allmählich entstand zwischen uns die Idee, zusammen einen Film zu drehen. Wir wollten darin den Weg beschreiben, den ich seit zehn Jahren Hand in Hand mit den Bonobos ging. Darin würde alles vorkommen: die Begegnung mit Mikeno, meinem ersten Bonobo, die Geschichte der AAC, unserem ersten Verein, bis zu der Gründung von Lola ya Bonobo heute. Aber auch der hartnäckige Kampf, den ich täglich führe, damit dieser Schatz der Tierwelt in der eigenen Heimat, der Demokratischen Republik Kongo, nicht zu den „vergessenen Menschenaffen“ gehören wird. Und so haben dank Gédéon, einer französischen Filmgesellschaft, die Dreharbeiten begonnen. Der erste Teil dauerte 20 Tage, vom 27. Mai bis 18. Juni, mit einem sympathischen und sehr professionellen Team. Stéphane und Jean-Baptiste, Kameramann und Techniker, waren nach einigen Filmtagen im Wald mit unseren manchmal etwas verrückten Akrobaten zufrieden. Sie stellten schließlich sogar einen mehrere Meter hohen Kran im Wald auf, ohne dass dieser im geringsten die Spiele der Bonobos in den Bäumen gestört hätte! Wir hatten vermutet, dass in der Gruppe beim Anblick dieses Riesen-Schaukelpferds Kirmesstimmung aufkommen würde, aber diese Erwartung erfüllte sich nicht. Die Bonobos haben das Gerät hochnäsig ignoriert und ließen sich filmen wie kleine Stars. Und natürlich war es Prinzessin Mimia, die in Sachen Star-Allüren alle anderen übertrumpfte!

Die Dreharbeiten für den zweiten Teil des Films, dem wir den Titel *L'Ange des bonobos, Der Engel der Bonobos,* gegeben hatten, fanden zwei Wochen im September des folgenden Jahres statt. Diesmal kamen Virginie, Stéphane und Jean-Baptiste noch in Begleitung von Priscilla, einer großartigen Journalistin, die durch ihre herzliche und fröhliche Natur, aber auch durch ihre Schönheit faszinierte: Sie eroberte die Herzen der Kinois im Sturm, und die Bonobos akzeptierten sie sofort als zweite Mama. Priscillas Energie schien unerschöpflich. Sie klapperte mit mir Märkte und Häfen am Kongo-Fluss ab, immer auf der Suche nach Bonobobabys oder Wildtierfleisch. Sie grüßte jeden freundlich und zögerte nicht, mit den Straßenkindern „Dombolos endiablés“ zu veranstalten, einen im Kongo sehr beliebten, wilden Tanz. Die bedrückende Aggressivität der letzten Jahre verflog bei so viel spontaner Zauberkraft. In meiner Erinnerung behält Priscilla die Ausstrahlung einer Botschafterin des Glücks, wie man sie nicht oft im Leben trifft.

L'Ange des bonobos wurde im Januar des nächsten Jahres vom belgischen Sender RTBF und vom französischen Sender France 3 ausgestrahlt. Er war so erfolgreich, dass ich seither unzählige E-Mails erhalte. Ich versuche, auf die meisten zu antworten. „Wie eine fleißige und gewissenhafte Schülerin“, behauptet Dominique ein bisschen spöttisch. Die E-Mails sind alle sehr freundlich. Manche enthalten angenehme Überraschungen, wie die Nachricht von einem lieben Schulfreund, den ich schon lange aus den Augen verloren hatte. Andere Personen erinnern mich an eine Begegnung, irgendwo, an irgendeinem Tag. Dann suche ich in meiner Erinnerung nach Worten und Bildern, oftmals mit Erfolg. Alle Zuschriften aber zeigen, dass Liebe zu den Menschenaffen und der Respekt ihnen gegenüber keine Leerformeln sind, sondern dass es den Absendern ein Anliegen ist, uns dies mitzuteilen und uns ihrer Unterstützung zu versichern. So wächst dieses Netz der Freundschaft und Solidarität, das für uns besonders in den dunklen Momenten so wertvoll ist.

Unser Kontakt zu den Medien bleibt nicht auf die Dreharbeiten zu diesem Film beschränkt. Der Radiosender France Inter verbringt eine Woche in Lola, um eine 40minütige Sendung aufzunehmen, die zu Schuljahresbeginn ausgestrahlt wird. Nachdem ich bei den Dreharbeiten die Kunstfertigkeit des

Kameramannes bewunderte, entdecke ich jetzt die Tonzauberer. Christine Simeone und Yves Senaux sind echte Künstler. Das Rascheln der Blätter unter unseren Füßen, das Atmen und Vokalisieren der Bonobos, gemischt mit den Kommentaren, regt sofort die Fantasie der Zuhörer an. Yves liebt es, uns abends in die Quadriphonie und die Reinheit der digitalen Töne einzuweihen. Diese tausend Geräusche, die er dank seines Könnens mit Begleitstimmen unterlegt hat, sind das reine Abenteuer, erlebt vom Sessel aus. Natürlich wird mir in den Interviews die Frage gestellt, die jedes Mal auftaucht, sobald ein Mikrofon auf mich gerichtet wird oder die Journalisten ihre Notizblöcke zücken: „Warum haben Sie sich dafür entschieden, sich um verlassene Tiere zu kümmern und nicht um Kinder?“ Meine Antwort bleibt immer dieselbe: Erstens habe ich mich nicht entschieden, die Umstände haben das für mich getan. Zweitens ist die Artenvielfalt ein wichtiger Aspekt: der Respekt vor dem Leben ist unteilbar, und der Kampf, den ich für die Tiere führe, ist auch ein Kampf für den Menschen.

Wie verläuft ein typischer Tag in Lola? Er beginnt mit der Ankunft eines Busses, der schon in Kinshasa auffällt, denn er ist ganz rot und bemalt mit Bildern eines beliebten kongolesischen Künstlers. Der Columbus Zoo und amerikanische Sponsoren haben die Anschaffung dieses Busses ermöglicht, mit dem die Mitarbeiter nach Lola gefahren werden. Als wir aus der amerikanischen Schule ausgezogen sind, war es undenkbar, auf ein Team zu verzichten, das über viele Jahre ausgebildet worden war. Undenkbar wegen der Bedeutung eines reibungslosen Ablaufs in Lola als auch undenkbar aus Respekt vor den Mitarbeitern, die so viel Engagement und Kompetenz bewiesen hatten. Mit diesem Bus kommen also jeden Morgen etwa zwanzig Mitarbeiter bis zur Schutzstation, Crispin, Pierrot, Ersatzmamas, Pfleger, Krankenschwestern, Gärtner ... Dieses Team löst das Nachtteam ab, zu dem Wächter und zwei Pfleger, die schichtweise arbeiten, gehören. Sie berichten über die Ereignisse in der Nacht, also welche Bonobos in die Schlafkäfige gegangen sind und welche lieber im Wald geschlafen haben – die Gehege sind natürlich abgeschlossen, aber der Zugang zu den Schlafkäfigen ist immer offen – oder über den Gesundheitszustand des einen oder anderen Bonobos. Diese Nachtschicht erwies sich als unverzichtbar. Bonobos lauern geradezu darauf, ob eine Tür nicht richtig abgeschlossen ist, und ihnen entgeht nicht das geringste Detail, wenn es die Befriedigung ihrer Neugier und ihrer Abenteuerlust verspricht. Obwohl der Elektrozaun die meisten davon abhält, haben wir doch einige böse Überraschungen erleben müssen.

Der Tag in Lola beginnt früh. Die Morgendämmerung ist in der Verhaltensforschung ein ganz wichtiger Zeitraum. Zuerst beobachten wir die Schlafplätze in der Aufzuchtstation. Gerade aufgewacht, suchen die Kleinen „ihre" Ersatzmama. Sie werden von ihr gewaschen, bevor sie mit ihr auf den Spielplatz gehen. Den ganzen Tag lang beobachten die Ersatzmütter das Verhalten der einzelnen Bonobos: Wer schließt mit wem Freundschaft oder wer streitet, was über die Verteilung der Schlafkäfige in der nächsten Nacht entscheidet. Ich bin immer wieder fasziniert davon, wie Bonobos ihre Nester vorbereiten, an einer ganz bestimmten Stelle, bevor sie in den Schlaf sinken.

Die Aufzuchtstation ist das eigentliche Herz von Lola. Kommt ein Bonobowaise zu uns, ist das der Ort, wo er aufgrund der Liebe, die wir ihm geben, wieder Lust am Leben gewinnt. Ich habe es bereits betont: Wenn ein Bonobobaby hier ankommt, hat es kaum noch Lebenskraft. Die gewaltsame Trennung von seiner Mutter, die Massaker, die es mitansehen musste, die Anstrengungen einer endlosen Reise, während der es kaum etwas zu essen bekommen hat, die Schläge oder Verstümmelungen, die ihm zugefügt wurden, all das zusammen führt zu dieser Selbstaufgabe. Bonobos fühlen sich nur in einem Klima der Harmonie und im festen Zusammenhalt einer Gruppe wohl. Im Kronendach der Wälder und in sicherer Entfernung von den Raubtieren am Boden führen sie ein paradiesisches Leben. Die Traumata, die sie erfahren, bevor sie zu uns kommen, sind vor diesem Hintergrund umso schrecklicher: Trennung von der Mutter, von der Gruppe, von ihrem Lebensraum, Erfahrung der menschlichen Grausamkeit ... Denn die Tierhändler fackeln nicht lange herum. Sie jagen ganze Bonobogruppen und töten sie, um das Fleisch zu räuchern, aber die Waisenkinder sind zu klein und bringen zu wenig Gewinn. Bleibt nur noch die Möglichkeit, sie als Haustier zu verkaufen. Dafür muss das Kleine aber zwei oder drei Jahre alt sein. Vor diesem Alter ist es zu zart, das gewaltsame Abstillen traumatisiert es physisch und psychisch und seine Überlebenschancen sind schlecht. Wenn es überlebt, dann nur „durchs Horoskop", wie man im Kongo oft sagt, wenn das Glück auf jemandes Seite ist – kurz gesagt, die Chance ist sehr gering.

Die Bonobowaisen, die diese erste Auslese überlebt haben, werden in die Reusen der Jäger gesperrt und darin auf die Brücken der Boote, die man hier *baleinière*, Walfangboot nennt, geworfen, inmitten anderer Waren für die Stadt wie Maniok oder Holzkohle. Ob aus Equateur oder aus Kasai kommend, alle fahren sie nach Kinshasa. Wenn wir von der Ankunft Wind bekommen haben, holen wir die Bonobos dort ab. Oder spüren sie auf den Märkten im Landesinneren, darunter dem Markt in Mushie, einem Umschlagplatz für Waren aller Art, auf. Da die Händler wissen, dass in Kinshasa eine Frau Beschlagnahmungen organisiert, beginnt für sie ein Wettlauf mit der Zeit: Sie setzen alles daran, ihre Ware so schnell wie möglich und so lange sie noch etwas wert ist, loszuwerden. Manchmal versuchen sie auch, den Umweltinspektoren der Demokratischen Republik Kongo zu entkommen und die Bonobos auf der anderen Seite des Flusses, in Brazzaville in der nahegelegenen Volksrepublik Kongo, zu verkaufen. Aber meist erfolglos. Dank der Wachsamkeit meiner Kollegin Christelle vom Projekt Gorillaschutz (Project Protection des Gorilles, PPG) der Stiftung John Aspinall und der Behörden in Brazzaville kommen die beschlagnahmten Bonobos unausweichlich zu uns zurück. Für die Händler schnappt die Falle zu.

Wenn wir diese Kleinen in Not das erste Mal pflegen, nehmen sie es meistens gut an. Fast zu gut, könnte man sagen. Ein kleiner Bonobowaise hat schnell verstanden, dass man sich den Menschen nicht widersetzen sollte. Er lässt es mit sich geschehen, als ob er uns vertraute, aber in Wirklichkeit steckt er in einer lebensgefährlichen Apathie. Er zieht sich in sich selbst zurück und nimmt gleichgültig das bisschen Essen oder Trinken auf, das wir ihm anbieten. Dabei achten wir sehr darauf, dass wir ihn nicht erschrecken. Er schließt die Augen, wenn wir mit ihm sprechen, denn er kann einem Wesen, das er fürchtet, nicht mehr in die Augen sehen. Oder er richtet seine Augen zum Horizont, auf einen Punkt jenseits des Schreckens, den die Menschen ihm zugefügt haben. Unsere Aufgabe ist es, ihn mit der Geduld und Liebe von Ersatzmüttern ins Leben zurückzuführen. Dieses Schicksal trifft natürlich nicht nur die Bonobos. In Kinshasa und in den angrenzenden Vororten gibt es etliche Schimpansen, die unter ähnlichen Bedingungen gehalten werden. Die Gürtel, die man ihnen umlegt und an denen Leinen befestigt werden, damit man sie nach Belieben wie Zirkustiere spazieren führen kann, hinterlassen auf ihrem Körper eitrige Wunden. Zur Unterhaltung der Kinder werden sie misshandelt, denn man will sie zu Reaktionen zwingen, die ihrem Instinkt zutiefst fremd sind und die sie verwirren. „Madame, das ist doch nur ein Tier“, rufen die Kinder mir zu, wenn ich versuche, sie gegen solche Machenschaften zu sensibilisieren.

Da es im Kongo keine Schutzstation für Schimpansen gibt, muss ich mich widerstrebend geschlagen geben. Aber wenn es ein Bonobo ist, beginnt der Kampf. Ohne zu zögern setze ich die Verwaltungsmaschinerie in Gang. Im Lauf der Jahre ist es mir gelungen, Widerstände und Unverständnis zu besiegen, und ich erhalte immer wirksamere Unterstützung. Die Aufsichtsbehörde erhält sofort eine Anordnung vom Minister oder seinem Generalsekretär, und ein Beamter nimmt Kontakt mit mir auf. Mein Verhalten ihm gegenüber ist immer dasselbe: Ich bemühe mich, ihm mehr mit Erziehungs- und Überzeugungsarbeit zu begegnen als den Text des Washingtoner Artenschutzabkommens herauszuholen. Aber ich weigere mich, den Händler zu bezahlen, der nur Geld sehen will. Wenn die Beschlagnahmung weit entfernt von Kinshasa stattfindet, versuche ich eher einen Inspektor mit Geld zu gewinnen, indem ich seine Fahrt bezahle, als dass ich mich auf das Spiel des Händlers einlasse. Dieser stellt mit Entsetzen fest, dass er alles verliert: zunächst das Tier, dessen Wert mit zunehmender Nähe zur Stadt ansteigt, bis er bei 100 oder 150 Dollar liegt. Ein wahres Vermögen in diesem Land. Dann das bisschen Nahrung, dass es ihn gekostet hat, schließlich die Zeit, die er auf der Fahrt verloren hat, und nicht zu vergessen das Schmiergeld, das er manchmal an Beamte oder Soldaten zahlt, damit er die tierärztlichen Kontrollen passieren kann. Ich hoffe, dass er aus dieser bitteren Erfahrung lernt und das nächste Mal kein Bonobobaby mehr kauft.

Die meisten Beschlagnahmungen finden in einem aggressiven Klima, manchmal nur unterschwellig, aber immer doch spürbar, statt. Wenn dann der Bonobowaise bei uns ist und die Spannung abgeklungen, versuchen wir nachträglich, den Händler für unsere Sache zu gewinnen. Oftmals laden wir ihn nach Lola ein und beteiligen ihn an einer Führung, zusammen mit einer Gruppe von Kindern bei ihrem pädagogischen Besuch. Er erhält eine richtige Lektion in Sachen Umweltschutz, die ihn meistens nicht unberührt lässt. „Entschuldigen Sie, Madame, ich wusste nicht, was ich da tat“, gesteht er ein. Ein kleiner Sieg, sicherlich, aber immerhin ein Sieg.

Ein weiterer Erfolg: die vielen Reportagen über Lola, die von lokalen Fernsehsendern ausgestrahlt werden – mehrere Dutzend pro Jahr – und die unser Projekt landesweit immer bekannter machen. In diesem Jahr brachten die Kinois infolge dieser Sendungen spontan fünf Bonobobabys zu uns. Die Beschlagnahmungen, die die Inspektoren durchführen, ohne auf unsere Hinweise oder unser Eingreifen zu warten, kommen noch hinzu. So zum Beispiel jene auf dem Parkplatz vor dem Grand Hotel, wo ein Mann scheinbar unwissend einen Bonobowaisen anbot.

Leider sagen unsere „Erfolge“ zugleich viel über das Ausmaß des Handels mit Wildtierfleisch aus, das insgesamt schwer einzuschätzen bleibt. Geräucherte Fleischteile können kaum identifiziert werden. Nur die kleinen Affen, die zu jung waren, um beim Massaker in Stücke geschnitten zu werden, kann man noch in grauenvollen Einzelheiten erkennen. Die Händler haben sie ganz gelassen, in ihrem Fell, weil ihr Körper sonst zu sehr dem eines Kindes ähneln würde. Die Umweltbehörden haben zu wenig Hinweise auf die Entwicklung des Marktes. Trotz der vielen Beschlagnahmungen und der wachsenden Informationsdichte breitet er sich aus und trifft sowohl die Menschenaffen als auch andere Tierarten, wie Antilopen, Gazellen oder Elefanten. Und da die Bonobos in freier Wildbahn eng in der Gruppe zusammenleben, dezimiert schon eine Jagd ihren Bestand drastisch. Die Wilderer besitzen moderne automatische Waffen, die durch die ständigen Kriege zahlreich und verbreitet angeboten werden. Ein Vorteil ist nur, dass der Kongo sich landschaftlich von Kamerun oder Gabun unterscheidet. Bei uns ist der Urwald sumpfig und weitgehend undurchdringlich wegen der Überschwemmungen. Deshalb wird er weniger forstlich bewirtschaftet und es gibt auch weniger unkontrollierten Lastwagenverkehr. Wir kennen in der Demokratischen Republik Kongo nicht – wie in anderen Regionen Äquatorialafrikas – die Kolonnen von LKWs, die zu Dutzenden hintereinander fahren und Baumstämme abtransportieren. Und außerdem begreifen die Holzkonzerne dank der spektakulären Anklagen der Umweltschützer, allen voran Karl Ammann, allmählich, dass sie schnell das verheerende Bild korrigieren müssen, das ihre Exzesse in der öffentlichen Meinung bewirkt haben. Sie haben verstanden, dass es nicht in ihrem Interesse ist, wenn man mit dem Finger auf sie zeigt. Daher respektieren sie heute die Umwelt mehr und fordern sogar Mittel bei den nichtstaatlichen Umweltschutzorganisationen an, um damit die Patrouillen gegen die Wilderer auszurüsten.

Angesichts einer solchen Entwicklung, die ich seit mehreren Jahren aufmerksam beobachte, hüte ich mich davor, die Holzkonzerne anzuklagen. Mein Wunsch ist vielmehr, sie zu verstehen, ihre Logik zu begreifen, um zu wissen, welche Aktionen wir zusammen durchführen können. Ich stelle ihre veränderte Ausrichtung fest, auch wenn ich mir bewusst bin, dass sie Ergebnis einer neuen Machtverteilung ist. Die Vorstellung, dass die Ideen der Umweltschützer immer breitere Unterstützung finden, bis hin zur Weltbank, erfreut sie bestimmt nicht. Und das ist umso besser. Von nun an können Umweltschützer und Holzkonzerne auf Augenhöhe diskutieren. Vor einigen Jahren noch war der Versuch, letzteren zu erklären, dass ihre LKWs, ihre Pisten, ihre Waffen dem Wildfleischhandel Vorschub leisteten, von vornherein vergeblich. Heute sind sie aufmerksamer und überwachen strenger ihr Personal und die örtliche Bevölkerung um der Wilderei Vorschub zu leisten.

Ich komme zu meinem Team zurück. Es gibt keinen einzigen Mitarbeiter, der nicht zum einen wegen seiner Kompetenzen und zum anderen wegen seiner Liebe zu den Tieren ausgewählt worden wäre. In dieser Hinsicht ist mein langjährigster Mitarbeiter und meine rechte Hand, Crispin, ein gutes Beispiel. Was Henriette betrifft, unsere erste Ersatzmutter, so war sie zunächst beim Staatlichen Institut für Biomedizinische Forschung in Kinshasa angestellt. Sie überzeugte mich durch ihren hingebungsvollen Einsatz und ihre Liebe zu den Tieren. Auch Yvonne, die schon bald zu Henriette dazustieß, arbeitet mit einzigartiger Professionalität. Besucher, die solches Engagement nicht erwarten, reagieren manchmal belustigt oder sogar schockiert über so viel scheinbar überzogene Tierliebe, aber die Rolle dieser Ersatzmütter ist von grundlegender Bedeutung. Bonobos sind eben sehr sensibel und liebebedürftig und wenn die Liebe der Mutter fehlt, verkümmern sie und werden sterbenskrank. Die Frau, die für so einen Bonobo direkt nach seiner Ankunft in Lola die Verantwortung übernimmt, muss diesen Mangel an Liebe ausgleichen und sich bewusst entscheiden, diese Liebe von sich aus zu geben. Sie wiegt die Kleinen in den Schlaf oder spricht stundenlang mit ihnen, um sie zu beruhigen und jeder, der ihre Arbeit erlebt, begreift, wie wahrhaftig diese Zuwendung ist. Denn nur wenn ein Bonobowaise diese Liebe und Zärtlichkeit wiederfindet, bekommt er wieder Lust am Leben.

Man muss es gesehen haben, wie die Ersatzmamas in der Aufzuchtstation Reime und Lieder erfinden („Kennt ihr die schöne Geschichte von den Bonobos und Mama Claudine, die ihnen das Leben gerettet hat …" oder „Lola feiert, glorreicher Tag, ein Baby ist uns geboren …") und dabei auf Töpfe schlagen, während die Bonobobabys vokalisieren. Sie sind sich bewusst, wie wichtig ihre Rolle auch für die Gesundheit der Bonobos ist und handeln schnell. Sie messen Fieber, arbeiten Hand in Hand mit Crispin und unserer Krankenschwester und teilen mir das kleinste Problem mit. Manche Babys werden den ganzen Tag lang auf dem Arm getragen, und die liebevollen Mamas sind in Lola auch umsichtige Krankenschwestern für gebrochene Herzen. Sie sind allerdings auch erfüllt von Hass gegen die Wilderer und Wildtierfleischhändler und gegen diesen Schatten, der über Lola hängt, den vermeintlichen Wunderheiler von Mushie, der für die Verstümmelungen verantwortlich ist und dem sie alles Unheil der Welt androhen. Der Anstand verbietet mir hier, dies im Detail zu schildern ...

Benoît ist seit unserem Aufenthalt in der amerikanischen Schule bei uns. Als es immer mehr Besucher wurden, hat er diesen Bereich übernommen, der mich und Crispin eine Menge wertvolle Zeit gekostet hat. Er erfüllt seine Aufgabe wunderbar, kann gut reden und diskutieren und spricht fließend Englisch. Außerdem ist er für den Kauf von Gemüse bei den örtlichen Kleinbauern zuständig. Eine heikle Aufgabe. Er überwacht auf großen Tischen die ordnungsgemäße Verteilung der Nahrungsmittel: soviel vom Blattgemüse, so viele Früchte mit Fruchtfleisch ... Professor Nishida, Barbara Fruth und Jef Dupain, drei bekannte Verhaltensforscher, haben mir berichtet, dass Bonobos in ihrer natürlichen Umgebung in den frühen Morgenstunden mehr von den süßen Früchten angelockt würden, die sie im Kronendach finden, während sie am Nachmittag weiter herunterkommen, wo es kühler ist, und sich dann von jungen Trieben und zarten Blättern ernähren, die sie hier finden. Daher habe ich in der Schutzstation auch diese Nahrungsfolge eingeführt. Und so bringen wir unseren Pfleglingen eine Auswahl an Gemüse, das ihnen wunderbar zu schmecken scheint. Die Gemüsebauern im Dorf kommen so auch auf ihre Kosten, da wir ihnen für die Ernährung unserer Bonobos mehrere Tonnen im Monat abkaufen.

Diese Mengen erscheinen sicher enorm, aber neben der Nahrung, die die Bonobos selbst im Wald finden, brauchen sie jeden Tag sieben Kilo Obst und Gemüse, inklusive ein Kilo Zuckerrohr – danach sind sie ganz gierig. Weil Bonobos die Fähigkeit haben, Konflikten vorzubeugen, kommt es bei den Fütterungen ebenso wie in anderen Situationen kaum zu längeren Streitereien. Wenn eine Gruppe einen Baum ansteuert, der besonders viele Früchte oder junge Triebe trägt, oder wenn die Zeit der Fütterung kommt, die sie begierig erwarten, ist die Atmosphäre schon bereinigt durch sexuelle Aktivitäten, die in erster Linie eine Sprache des Friedens und der Verhandlungen sind, dann erst der Vermehrung und dem reinen Spiel dienen oder der Festigung der Vorherrschaft der dominanten Weibchen in der Gruppe. Die Männchen organisieren sich untereinander auch geschickt: nur ab und zu kommt es zu Streitereien, die aber nichts mit den wilden Kämpfen zu tun haben, die sich die Schimpansen liefern. Ich gehe nicht so weit zu behaupten, dass bei den Bonobos das Teilen der Beute von vornherein beschlossen sei, obwohl man manchmal diesen Eindruck haben könnte. Glaubt ein vorwitziges Männchen, den Chef spielen zu müssen, wird er schnell von der Allianz der Weibchen in seine Schranken gewiesen, vor allem, wenn er ein besonders schwaches Männchen angegriffen hat, und schnell ist wieder alles in Ordnung.

Alle Daten über die Ernährung werden gespeichert, denn unser Mitarbeiter Pierrot möchte gerne eine wissenschaftliche Arbeit über dieses noch wenig erforschte Thema schreiben. Überhaupt versuchen wir, so viel wie möglich über die Ereignisse in Lola aufzuzeichnen. Jeder Pfleger führt ein Tagebuch, Crispin, Benoît, Pierrot und ich schreiben unsere Beobachtungen auf und fotografieren oder filmen jeden Tag. Seit kurzem bereichert Florent, ein junger Filmemacher, als Volontär unser Team und erweitert in den nächsten ein bis zwei Jahren unsere jetzt schon umfangreichen Bild- und Tonarchive. Er macht eine wunderbare Arbeit. Ich hoffe, dass ich später die finanziellen Mittel haben werde, um ihm ein Gehalt zu zahlen, damit er bei uns bleibt, so wertvoll ist uns seine Hilfe. Er könnte somit die Aufgabe übernehmen, an der wir schon seit Jahren arbeiten: das Leben in Lola filmisch zu dokumentieren und damit unsere Aufzeichnungen und Erinnerungen zu ergänzen. Im Moment besitzen wir mehr als 150 Videokassetten.

Um unsere Dokumentation kümmert sich auch Pierrot. Mit ihm bespreche ich täglich, was in Lola geschieht, und wir setzen Texte für Berichte auf, die wir dem Ministerium oder unseren verschiedenen Sponsoren der Bildungsprogramme vorlegen müssen. Jeder Bericht umfasst vier bis sieben Seiten, und Pierrot, der neben einer ausgeprägten Beobachtungsgabe die notwendigen theoretischen Kenntnisse besitzt, erfüllt diese Aufgabe ausgezeichnet. Im Gegensatz zu Crispin, der wie ich den Bonobos sehr nahe ist, interessiert Pierrot sich weniger für den direkten Umgang mit ihnen. So ergänzen wir uns in unserem Trio perfekt mit praktischen Fähigkeiten und theoretischem Wissen. Pierrot war es auch wichtig, ein drittes Diplom in Umwelt- und Naturschutzmanagement zu erwerben, und er ist nicht der einzige Mitarbeiter, der diesen Wunsch nach universitärer Anerkennung hat. Obwohl Crispin eine einzigartige Erfahrung in der Gesundheitspflege von mehr als 40 Bonobos hat, träumt er heute noch davon, Tierarzt zu werden.

Dieses Streben nach Diplomen bei Personen, die mitten im Berufsleben stehen, mag überraschen, aber in Afrika ist dies durchaus üblich. In einem Land, in dem das Wirtschaftsleben so verzweifelt aussichtslos bleibt, wird Berufserfahrung mangels beruflicher Aufstiegschancen selten geschätzt. Das Schul- und Universitätssystem bleibt oft die einzige Wissensquelle und das einzige Mittel, um Qualifikationen nachzuweisen. Lebenslang bleibt ein Diplom die einzige Berufsversicherung, die die Tür zu Beamtenverhältnissen öffnet und mit der man jene Kredite und Subventionen erhalten kann, die für jedwede wirtschaftliche Betätigung unverzichtbar sind. Autodidakten gibt es hier nur wenige. In Europa oder Amerika gibt es unzählige Möglichkeiten, sich Information zu beschaffen: Neben einem leicht zugänglichen Internet gibt es viele Bibliotheken und jeder kann, wenn er es möchte, sich selbst Wissen aneignen. Nicht so im Kongo. Bibliotheken gibt es nur an Universitäten, und Bücher bleiben Luxusartikel, die eingeführt werden müssen. Daher stammt diese selbst bei erfahrenen Berufstätigen häufig anzutreffende Angst, nicht ernst genommen zu werden oder eines Tages arbeitslos zu werden, weil sie keines dieser hochgeschätzten Diplome haben, die ihre Fähigkeiten belegen.

Wie ich bereits erwähnte, hat Pierrot in Lola auch die schwierige Aufgabe übernommen, die Bildungsprogramme zu moderieren, und er erfüllt sie hervorragend. Es ist ihm gelungen, didaktische Programme für alle Altersklassen, von den Kleinsten bis zu den Größten, zusammenzustellen. Ich war daran so wenig beteiligt, dass ich mich immer bei Pierrot dafür entschuldige, dass ich das Wort ergreife, wenn ich eine Gruppe am Pavillon begrüße.

Ohne in sein Konzept einzugreifen, sage ich einige kurze Sätze, die den patriotischen Stolz der Besucher wecken – nicht im historischen, sondern im geografischen Sinn, was ganz wichtig ist in Sachen Umweltschutz. Ich erinnere sie daran, dass der Kongo nicht nur reich an Bodenschätzen ist, sondern auch eine einzigartige und besondere Natur aufweist, wie den zweitgrößten Fluss nach dem Amazonas, einen wunderbaren Wald und eine solche Artenvielfalt an Tieren und Pflanzen, dass sie noch gar nicht alle erforscht sind. Die Aufgabe der kommenden Generationen sei es daher, diese Reichtümer in ihrer Gesamtheit zu achten und das Wissen darüber der ganzen Welt weiterzugeben.

Auch in diesem Sinne bemühe ich mich darum, bei den jungen Leuten die von mehreren Regierungen verbreitete Vorstellung zu bekämpfen, dass Touristen von weißen Machthabern bezahlte Spione sind. Am Beispiel von Tansania oder Kenia zeige ich ihnen, dass eine Million Besucher, von denen jeder pro Tag 200 bis 300 Dollar im Land lässt, ein enormer und willkommener wirtschaftlicher Segen sind! Ihre Augen könnten vor Ali Babas Höhle nicht größer werden! Ich versuche auch ihr Herz zu berühren und eine Beziehung zwischen Weißen und Schwarzen herzustellen. Daher ist es mir so wichtig, immer wieder zu betonen, dass ein Tourist kein Feind ist, und dass es unsere Aufgabe sei, ihn mit offenen Armen in einem sicheren Land willkommen zu heißen. Die Sache der Bonobos versuche ich auf diese Weise mit einem übergeordneten Anliegen zu verbinden, mit dem Land selbst, der Liebe zur Artenvielfalt und der Botschaft des Friedens. Es besteht die Gefahr, den Kindern und Jugendlichen gegenüber einen moralisierenden Ton anzuschlagen. Deshalb vermeide ich, darauf hinzuweisen, welchen Schaden frühere Generationen angerichtet haben. Ich appelliere vielmehr an ihr eigenes Gewissen. Ich erwähne übrigens nie, dass wir zum Teil ehrenamtlich arbeiten. Das würden sie nicht verstehen und Lola mit dem Gefühl verlassen, dass sich dahinter etwas ganz anderes verbirgt.

Drei Filme, die wir bei diesen Besuchen von Schulgruppen oft zeigen, sind sehr erfolgreich. Im ersten Film, der die jüngsten Besucher anspricht, ist ein Kongolese die Hauptfigur: Papa Gaston, der Besucher in seinem Dorf empfängt. Vor ihnen lässt er zwei Marionetten sprechen, Bobo, den Bonobo, und Kipi, das Okapi, beides Arten, die nur im Kongo vorkommen. Mitgefühl garantiert! Im zweiten Film lernen die Jugendlichen Kanzi kennen, den „sprechenden" Bonobo von Professor Sue Savage-Rumbaugh, der durch Betätigen der Tasten auf dem Lexigramm zeigt, dass Menschenaffen über eine hochentwickelte Intelligenz verfügen. Die Tatsache, dass Kanzi in der Lage ist, wie sie selbst zu spielen, macht unsere jungen Zuschauer sprachlos. Wir betonen dann die fast vollständige genetische

Übereinstimmung von Bonobos und Menschen und fügen hinzu, dass das Verzehren von Menschenaffenfleisch an Kannibalismus grenzt. Wiederum ist uns Empathie sicher! Der dritte Film ist leider in Englisch, aber die Bilder sind so ausdrucksstark, dass jeder Kommentar überflüssig ist. Er beruht zum Teil auf Aufnahmen von Karl Ammann und zeigt das ganze Grauen des Wildfleischhandels: Gruppen von Menschenaffen, die durch Wilderer massakriert werden, Schiffe, auf denen Käfige mit Bonobowaisen transportiert werden, Märkte, auf denen geräuchertes Fleisch verkauft wird und die Stände der Händler, auf denen es von Fliegen wimmelt. So viele schockierende Eindrücke, die unsere Besucher sicher nicht so bald vergessen werden. Im Pavillon wird es ganz still, und nicht selten sehe ich Tränen in den Augen der Besucher. Danach bieten wir allen Sandwiches und leckere Säfte an, und ein Musikclip bringt Fröhlichkeit zurück in die Gruppe, bis es Zeit wird, sich zu verabschieden. Doch vorher kommt noch der Moment, in dem wir versuchen, weitere Tabus zu überwinden, indem wir vor den Risiken warnen, die mit dem Verzehr von Buschfleisch einhergehen. Das Auftreten neuer Krankheiten hat Afrika und die Welt erschüttert: Aids, Ebola und andere gefährliche Infektionen, die alle ihren Ursprung in einem Urwald haben, in den der Mensch so tief eingedrungen ist.

Noch mehr unserer Mitarbeiter möchte ich vorstellen. Neben Crispin, Benoît, Pierrot und den Ersatzmamas kommen diejenigen, die wir „Die vier Musketiere“ nennen. Stany, Jean-Claude, Amos und Claude sind die Pfleger der großen Bonobos. Sie wachen über sie von morgens bis abends, füttern sie, bereiten die Mischung aus Wasser und Mineralsalzen vor, die in Plastikflaschen gefüllt wird. Aus ihnen können die Bonobos trinken, wann immer sie wollen, und brauchen kein Wasser aus dem See, das nicht ganz unbedenklich ist. Sie beobachten die Tiere, achten auf ihre Gesundheit und behandeln sie, wenn es nötig ist. Mich amüsiert immer, wie menschlich sie die Bonobos in ihren Gesprächen beschreiben:

„Hast du gemerkt, dass Soundso mit Soundso flirtet?

„Ach ja? Ich hatte eher den Eindruck, dass er sich für Soundso interessiert."

Die Bonobos sind wirklich ein Teil ihres Lebens. In Lola üben sie nicht einfach nur einen Beruf aus, vielmehr leben sie ihre Leidenschaft. Die Notizbücher, in die sie ihre Beobachtungen eintragen, sind in dieser Hinsicht sehr aufschlussreich. Die Bemerkungen über ihre Feldstudien sind angereichert mit vielen liebevollen und sehr vermenschlichten Beobachtungen, was wohl bei anderen Forschern, die es mit der Wissenschaft sehr genau nehmen, Empörung hervorrufen würde.

Unter diesen Pflegern möchte ich Stany besonders erwähnen. Er hat früher, ebenso wie Henriette, beim Staatlichen Institut für Biomedizinische Forschung gearbeitet hat und dort den Posten des Portiers übernehmen müssen, ohne jeglichen Kontakt zu den Bonobos dort. Seine Aufzeichnungen über unsere Bonobos sind für mich ein Schatz an Geschichten, gespickt mit zahlreichen psychologischen und gefühlsbetonten Bemerkungen, die viel über die emotionale Bindung zwischen ihm und „seinen" Bonobos sagen. Zum Beispiel wurde Stany, wenn er in den Wald ging, regelmäßig von Maya angegriffen. Niemand wusste warum, nicht einmal er selbst. Vergebens hatten wir versucht, die Ursachen herauszufinden. Als ich eines Tages mitten in einer Besprechung dieses Problem erwähnte, begann Stany zu weinen. Er hatte Angst, dass ich ihn entlassen würde, wenn es ihm nicht gelänge, von Maya angenommen zu werden! „Was machst du dir für Sorgen?", fragte ich. „Du bist perfekt." Das lag klar auf der Hand, aber Stany hatte das Bedürfnis, es zu hören. Natürlich ohne es zu wollen, war es Maya gelungen, ihn in seiner Arbeit aus dem Gleichgewicht zu bringen.

Zu den Aufgaben der Pfleger gehört es, im Wald Abfälle einzusammeln, leere Plastikflaschen und Obst- und Gemüsereste, die Ratten anziehen könnten. Diese Überträger von Krankheiten fürchten wir mehr als alles andere, weshalb es in Lola auch Katzen gibt. Ratten sind unsere größten Feinde. Würden sie sich vermehren, bedeutete das für uns eine riesige Gefahr, insbesondere durch den Encephalomyocarditis-Virus, von dem ich noch berichten werde. Die Jagd auf Ratten ist seit unserer Ankunft hier eine unserer dringlichsten Aufgaben. Die Zucht von Hühnern und Schweinen, die sich nach dem Wiederaufschwung des Landes und der Wiederaufnahme der Arbeit in den Farmen unserer Umgebung wieder entwickelte, hatte viele Ratten angezogen, die wir beseitigen mussten. Noch heute haben wir trotz eines vorbeugenden Pulvers, das wir in den Schlafkäfigen ausstreuen, und unserer nicht nachlassenden Wachsamkeit Angst, dass die Nager wiederkommen.

In der Anfangszeit haben die Pfleger sich angewöhnt, die Bonobos in den Wald zu begleiten, was nicht ohne Risiko ist. Aus Eifersucht kommt es nicht selten vor, dass ein oder mehrere Männchen die Pfleger angreifen. Selbst Crispin, der den Tieren so nahesteht und normalerweise ihre Reaktionen abschätzen kann, hat eine Kostprobe davon erhalten. Es kommt auch vor, dass manche Weibchen keine männlichen Menschen mögen. Wie man sieht, ist Friedfertigkeit nicht mit Gleichgültigkeit oder Abwesenheit von Gefühlen gleichzusetzen! Ich bin die einzige, die ohne Gefahr mit den Männchen in den Wald gehen kann – manchmal glaubte ich sogar, dass sie in mir das Alpha-Weibchen, das dominante Weibchen, sehen. In der Tat ist es bei den Bonobos besser, eine Frau als ein Mann zu sein. Das bedeutet aber nicht, dass es keine Weibchen gäbe, die mich nicht mögen und ständig versuchten, mich zu provozieren, wie zum Beispiel Opala, ohne dass ich den Grund dafür kenne. Es sieht ganz so aus, als ob die Bonobos uns Menschen teilweise in ihr Gefühlsleben einbeziehen. Aber obwohl sie unter sich häufig Gesten der Beschwichtigung praktizieren, haben sie nie versucht, uns zu sexuellen Interaktionen aufzufordern. Glücklicherweise, denn unsere Besucher staunen auch so schon genug. Jetzt werden gemeinsame Besuche im Wald nur mit wenigen Bonobos, die am Morgen aus den Schlafkäfigen ausgewählt werden, unternommen. Denn wir kennen unsere Unruhestifter und Spielverderber nur zu gut!

Wir beschäftigen in Lola auch mehrere Gärtner, die den Wald pflegen. Drei sind fest angestellt, dazu kommen Hilfskräfte. Adolphe teilt ihnen geschickt die Arbeit zu. Er kennt meine Liebe zum Gärtnern, denn er pflegt schon seit 1983 meinen eigenen Garten. Die Zäune – vier Kilometer lang – müssen ständig gewartet, die Alarmanlagen überprüft werden. Manche Bonobos lösen sie einfach aus, um die „Musik“ zu hören. Abgestorbene Äste oder Bäume, die der Sturm umgeworfen hat, müssen beseitigt und Äste aufgelesen werden, die unsere Bonobos über den Zaun werfen, wenn sie versuchen, drüberzuklettern. Darin sind sie Weltmeister, ebenso wie im Flöße bauen, um damit über den See zu schwimmen. Die Gärtner halten aber auch die Straße instand und die Anlagen um die Gebäude herum. Und sie pflegen die Blumenbeete, die unserer Schutzstation ihren freundlichen Charakter geben, der allen Besuchern auffällt.

Im Lauf der Jahre sind die Verwaltungsaufgaben immer wichtiger geworden. Zu Beginn hatten Dominique, Valérie und ich sie nebenbei erledigt, heute brauchen wir eine Vollzeitkraft. Hélène ist für die laufende Buchhaltung, die immer umfangreicher werdende Korrespondenz und die Erstellung von Berichten zuständig, die ebenso notwendig wie lästig sind. Aber es ist uns ein solches Anliegen, gegenüber Behörden und Sponsoren Transparenz zu beweisen, dass wir diese Aufgaben um nichts in der Welt aufgeben würden. Umweltschutz funktioniert nur, wenn alles eindeutig nachvollziehbar ist. In der Demokratischen Republik Kongo sind inzwischen so viele nichtstaatliche Organisationen entstanden, die fragwürdig arbeiten, dass Lola ohne jeden Makel sein muss.

Hélène hat ein Diplom in Wirtschaftswissenschaften und auch eine Ausbildung in EDV und Buchhaltung. Sie vollbringt täglich Meisterwerke in einem Bereich, in dem das Team vor Ort, so tüchtig es auch ist, nicht immer glänzt: im Bereich der Verwaltung und Finanzen. Unterstützt wird sie dabei von Valérie, die Einsicht in die Unterlagen hat und uns Tabellen über die Kontostände schickt, die bei uns manchmal Freudenschreie auslösen, aber viel häufiger besorgte Seufzer. Alle laufenden Ausgaben zusammengerechnet und ohne Neuinvestitionen, kostet der Unterhalt eines Bonobos 350 Dollar pro Monat, eine Konstante, die sich nach dem Eröffnen der Schutzstation wenig verändert hat. Somit kosten unsere 40 Pfleglinge drei Jahre nach der Gründung von Lola jeden Monat eine enorme Summe. Ich wage es kaum, mir auszurechnen, bei welcher Summe wir ankommen, wenn wir das Gehalt für einen Direktor bezahlen müssten und wenn wir nicht so viele ehrenamtliche Helfer hätten. Rechnet man die Gehälter der 18 fest angestellten Mitarbeiter zusammen, zu denen zeitweise bis zu zehn Saisonarbeiter kommen, machen sie zusammen die Hälfte des gesamten Budgets von Lola aus. Das erklärt auch, welche Wunder wir jeden Monat vollbringen müssen, damit unser Paradies weiterhin Bestand hat und gedeiht.

Das Problem des Unterhalts ist also unsere ständige Sorge. Da wir so gut wie kein Kapital haben, müssen wir ständig mit den Zahlungszielen jonglieren. Am Jahresende landen wir fast immer bei Null. Umso mehr passen meine beiden Schutzengel auf. Valérie zerpflückt jeden Kostenvoranschlag, überprüft die kleinste Rechnung, fordert für alles Belege. Dominique hingegen, streng und genau, achtet ständig darauf, dass wir ethische Grundsätze einhalten: Wir müssen die Spenden entweder gemäß dem angegebenen Verwendungszweck einsetzen oder sie zurückgeben. Daran halte ich mich gern, auch wenn es mir gelungen ist, sie dazu zu überreden, dass sie die Spender um etwas mehr Geld bittet, damit wir Rücklagen für unvorhergesehene Notfälle haben, die in diesem Land immer passieren können. Und schließlich sind jene Dinge schwer zu finanzieren, die nicht sichtbar werden, die, wie ich zu sagen pflege „nicht sexy“ sind. Eine Kampagne für Futter, für die Bildung, die sind aus Sicht der WSPA, des Columbus Zoos, der Bardot-Stiftung und anderer Spender attraktiv. Aber die Straße nach Lola zu reparieren, den Unfall von Jean-Claude zu bezahlen, der am Bein operiert werden musste, das macht weniger her. In solchen Fällen wird die Unterstützung vom Sulatalu Fund for Great Apes besonders wertvoll.

Das kleinste Sandkorn im Getriebe kann unser empfindliches System zum Stillstand bringen. In einem Jahr hatten wir zum Beispiel, da wir das Grundstück endgültig erworben hatten, hohe Steuern zu zahlen. Woher sollten wir das Geld nehmen, wenn nicht mit anstrengenden Verrenkungen? Wir mussten schon die laufenden Ausgaben bewältigen, die Wartung, die Reparaturarbeiten an einigen Gebäuden, die Einrichtung von anderen. Unser Bildungsprogramm verschlang außerdem unsere mühsam erworbenen Ersparnisse, es hatte sich nicht so entwickelt, wie wir es uns gewünscht hätten. Tatsächlich hat sich seit unserem Einzug in Lola wenig verändert. Die finanziellen Zuwendungen sind sicherlich beträchtlich gewachsen, aber unsere Bedürfnisse auch. Unter diesen Bedingungen ist mein Traum verständlich: dem Spagat zwischen laufenden Kosten und den sogenannten *occasional donations*, den Gelegenheitsspenden, zu entkommen, und, wenn ich eines Tages aufhören werde, Lola mit soliden Finanzen zurückzulassen. Das heißt, eine ganze Reihe von Partnern für unsere Sache zu gewinnen, die sich langfristig engagieren, und einen Verwaltungsrat einzusetzen, der den zukünftigen Direktor der Schutzstation entlastet, damit dieser sich unbesorgt seinen Aufgaben widmen kann.

Da Crispin seit letztem Jahr wieder studiert, haben wir eine neue Assistentin eingestellt, die schon bald unentbehrlich wurde: unsere Krankenschwester Anne-Marie. Neben ihren beruflichen Qualitäten hat sie es sich wie wir zu eigen gemacht, Probleme vorherzusehen und die richtigen Fragen zu stellen, bevor sich eine Krankheit ausbreiten kann. Als wir vor einigen Monaten einen Bonobowaisen aufnahmen, der körperlich und emotional so mitgenommen war, dass jede Hoffnung vergeblich schien, gelang es Anne-Marie, ihn mit Infusionen am Leben zu halten. Zusammen mit Crispin und Henriette hat sie so beharrlich gekämpft, dass sie schließlich den Sieg errangen, an den nur noch wenige von uns glaubten.

Die Vorstellung unseres Team ist fast abgeschlossen mit einem meiner treuesten Begleiter, meinem Chauffeur Sadico, mit dem ich seit fast 20 Jahren zusammenarbeite. Er hat zwangsläufig alle meine Kämpfe und Abenteuer miterlebt. Weil er weiß, dass ich immer den Stier bei den Hörnern packe, hat er beschlossen, auf mich aufzupassen. Ich weiß, dass ich ihm manchmal Angst einjage, vor allem bei meinen manchmal temperamentvollen Begegnungen mit dem Militär oder mit all denen, die in diesem Land das Gesetz nicht respektieren. Ich genieße es, sein Lachen zu hören, wenn er nach einer heftigen Diskussion endlich wie der Blitz losfährt. Er hat sich wieder einmal schrecklich gesorgt.

Aber „das Horoskop“ hat es gut mit uns gemeint, und wir sind wieder einmal größeren Schwierigkeiten entkommen. Daher sein erleichterter Lachausbruch, ein bei den Kinois verbreitetes Verhalten angesichts der seltsamen Wege, die Glück und Zufall nehmen.

Und nun bleibt mir nur noch, Jean zu erwähnen, unseren geschätzten Verwalter, Mister hundert Prozent, der mich oft entlastet. Jean besitzt eine wunderbare Mischung aus guter Erziehung und Wissen, war früher Oberkellner im Dienste der Präsidentenfamilie und später Vertrauensmann meiner Freundin Christine Pelletier, die das Land aufgrund der Ereignisse verlassen hat. Wer in Lola war, wird ihn nicht vergessen. Jean sieht alles, und Jean kann besser als alle anderen für jeden das kleine Extra finden, das den Unterschied ausmacht.

Das also ist unser Team in Lola: treu, zuverlässig, aufmerksam. Regelmäßige Zusammenkünfte sorgen für den Zusammenhalt und bieten jedem Gelegenheit, seine Sicht der Dinge darzustellen. Die Ersatzmamas nehmen mit ihren Bonobobabys auf dem Arm genauso daran teil wie die anderen. Die Verantwortlichen der Gehege sprechen über ihre Probleme und Projekte. Danach wird diskutiert. Ich lege Wert darauf, dass die Gespräche so offen und kollegial wie möglich ablaufen. Dann wird entschieden, und jeder geht wieder an seine Arbeit. Die Bonobos haben uns die beste und wichtigste ihrer sozialen Regeln übertragen: Konflikte können durch Verhandeln vermieden werden.

Um dem guten Image von Lola nicht zu schaden, möchte ich jedoch betonen, dass unsere Art des Verhandelns nicht die sexuelle Komponente einschließt, die unsere Schützlinge so sehr lieben!

Am 29. September 2002, sieben Monate nach unserer Ankunft in Lola, sind wir endlich so weit, dass wir an offizielle Einweihung denken können. Ich arbeite an meiner Rede, Crispin und Claudia bereiten die Gästeliste vor, Valérie und Jean kümmern sich um die Logistik. Wir werden unseren Gästen einen fürstlichen Empfang bereiten und sie mit Petits Fours von Ihrer Exzellenz, der französischen Botschafterin, begrüßen.

Die Gäste kommen zahlreich: der Umweltminister, der deutsche Botschafter, Beauftragte von verschiedenen internationalen Entwicklungsgesellschaften, Vertreter nationaler Behörden, der Generalsekretär und der Vizepräsident des Umweltministeriums, der Bürgermeister unserer Gemeinde, Vertreter von WSPA und örtliche Sponsoren, Mitglieder unseres Vereins ABC, Freunde der Bonobos und nicht zu vergessen, der lokale Stammesfürst. Wir sind zusammen mehr als hundert Personen, die das Ereignis feiern, und auch das Wetter spielt mit. Seine Exzellenz Monsieur Salomon Banamuhere, der Umweltminister, durchtrennt mit mir das Band, das die Eröffnung der Schutzstation symbolisiert, und Lola bebt unter dem Applaus. Auch die Ahnen nehmen am Fest teil, als der Stammesfürst im Lendenschurz und mit dem traditionellen Wedel, Zeichen seiner Macht, den Boden von Lola mit dem für diese Gelegenheit vorhandenen Bier besprengt und sie auf Kikongo bittet, uns wohlgestimmt zu sein. Das sind Momente starker Emotionen für alle, Weiße wie Schwarze, Afrikaner wie Europäer, für moderne und traditionelle Obrigkeiten, die uns ihre Wünsche überbringen und dass unser Projekt von Dauer sein möge.

Vor dem pädagogischen Pavillon stellt sich das gesamte Team auf und wird fotografiert wie die Stars auf den Stufen des Palais bei den Festspielen in Cannes. Dann bilden sich kleine Gruppen. Hier wird Victor interviewt, dort genießt Garry Richardson in einem dieser kürbisfarbenen T-Shirts der WSPA mit einer kleinen Gruppe die Freude dieses denkwürdigen Tages. Und ich bin einfach glücklich. Ich sehe in dieser bewegenden Zeremonie die entschiedene Dankbarkeit der Regierung der Demokratischen Republik Kongo für unsere Arbeit.

Wieder beginnt eine neue Etappe in unserem Abenteuer. Ich lese keine vorformulierte Rede ab, ich lasse einfach nur mein Herz und meine Überzeugungen sprechen. Das sind meine besten Argumente.

Kapitel 7

Freud und Leid in Lola

Nach der Einweihung von Lola ya Bonobo fanden Crispin und ich endlich die nötige Zeit für unsere Verhaltensstudien. Oft trafen wir uns nachmittags am „Stadion", wie wir die Sitzreihen gegenüber vom See und dem Wald genannt haben. Von hier aus kann man das Schauspiel der Bonobos in Ruhe beobachten. Wir machten es uns hier oft bequem und studieren stundenlang ihr Verhalten, lachen über ihre wilden Spiele, tauschen Erinnerungen aus, die uns so zahlreich mit jedem von ihnen verbinden. Das sind fröhliche und glückliche Momente! Manchmal bleibe ich dort, bis mich das sanfte goldene Licht der Abendstunden einhüllt, und lausche dem Wald, aus dem die Musik der Nacht herüberklingt. Bald ist es Zeit, zu den Schlafkäfigen zurückzugehen. Ich überquere den See, die Bonobos folgen mir am Ufer im Gänsemarsch, alle ganz ruhig, außer Manono, der sich trotz seines Erwachsenenalters von sieben Jahren noch etwas von der verspielten Kindheit bewahrt hat. Er rennt herum, gönnt sich ein letztes Bad, plantscht im See und steigt, sich schüttelnd, wieder heraus, wobei er alle anspritzt, die sich nicht mehr nass machen wollen, was ihm anscheinend ganz besonders viel Spaß macht. Dann suchen alle ihre Schlafplätze auf, und die Nacht bricht herein über Lola, unvermittelt und früh zu allen Jahreszeiten wie in ganz Äquatorialafrika. Um Viertel vor sechs ist es noch Tag und eine halbe Stunde später schon ganz dunkel.

Das bewegte Leben ging weiter. Im November 2002 flog ich nach Japan. Der Flug war lang, aber vom Augenblick der Ankunft an war ich wie verzaubert. Hätte ich mir ein schöneres Willkommensgeschenk erträumen können als den Gipfel des Fujijama, den ich durchs Flugzeugfenster sah?

Für mich mehr als ein schönes Bild: Beim Anblick des majestätischen Vulkans kamen mir Erinnerungen und Passionen aus jener Zeit, als ich vom Ufer des Kivusees die Virunga-Vulkane bei jedem Ausbruch bewundert und ihre Gipfel bestiegen hatte. Mir fehlt am Horizont von Kinshasa immer noch ein Karisimbi und ein Mikeno, deren Gipfel nach dem Regen schneebedeckt sind, oder die Röte des Himmels über dem Nyiragongo in der Nacht.

Alles in Japan lief von Anfang an wunderbar: Jane Goodall kam gleichzeitig mit mir an, und wir lernten uns nach all den Jahren endlich kennen. Auf diese Begegnung hatte ich schon lange gewartet! Eine weitere Freude: Das Wiedersehen mit unseren japanischen Freunden, darunter den Professoren Furuichi, Idani und Ihobe. Sie alle hatten sich zu diesem Doppel-Symposium des Center of Excellence-Support for African/Asian Great Apes (COE-SAGA 5) über die Entwicklung der Menschenaffen und die Ursprünge des Menschen getroffen, zu dem auch ich eingeladen worden war. Ich sah bekannte Gesichter und lernte neue Menschen kennen. Unter den Personen, die meine Freunde mir im Verlauf der Konferenz vorstellten, war Steve Woodruff, ein amerikanischer Philanthrop, der zusammen mit dem britischen Musiker Peter Gabriel die Vereinigung ApeNet gegründet hatte.

Es mag seltsam scheinen, aber oft endeten unsere Gespräche bei Sushi mit Scherzen in den Nationalsprachen des Kongo – Lingala für die Bonoboexperten und Swahili für die Gorilla- und Schimpansenexperten. Die Japaner waren die ersten gewesen, die Verhaltensforschungsstudien im Urwald des Kongobeckens durchgeführt hatten, und die meisten Forscher der ersten Stunde trafen sich hier wieder.

Von Beginn an zielte meine Präsentation auf die Rolle der Schutzstationen für das Überleben der Menschenaffenarten in Afrika. Ich erwähnte auch, zum ersten Mal vor Wissenschaftlern, die Etymologie des Wortes Bonobo. Meine Ausführungen weckten Interesse und führten zu vielen Fragen. Nach den Vorträgen fuhr ich mit Jane Goodall und einigen anderen mit dem Zug zum Forschungsinstitut für Menschenaffen, das von Professor Gen Idani geleitet wird und auf einer Halbinsel in idyllischer Landschaft liegt. Mit großem Charisma, zugleich sanft und ernst, stellt Jane Goodall ihr Bildungsprogramm „Roots and Shoots", Wurzeln und Sprösslinge, vor. Jane hat die Gabe, zu ihrem Publikum auf Anhieb eine fast magische Beziehung herzustellen, und es gelingt ihr, einen ganzen Saal zu Tränen zu rühren. Ich sehe sie noch stehen, vor einer Gruppe von Grundschülern, die große Dame, deren Alter von 70 Jahren weder ihrer Gesundheit noch ihrer Überzeugungskraft abträglich ist. Ihre Einstellung erinnerte mich an unsere Aktionen in Lola: Die Art, wie wir die Kinder empfangen und ihnen unsere Grundsätze vorstellen, ist dieselbe. Unsere Freunde, die Menschenaffen, seien es Schimpansen oder Bonobos, brauchen uns alle so sehr!

Ich kehrte nach Kinshasa zurück voller Eindrücke der Farben, die der Herbst um diese Jahreszeit den japanischen Ahornbäumen gab. In Erinnerung blieben mir auch die Bilder von den kleinen Japanmakaken, die sich zärtlich an ihre Mutter drückten. Dieser in Japan endemischen Art verdanken wir sicher das besondere Interesse der Japaner für die Primatologie. Leider würden sich diese schönen Bilder bald mit anderen, weniger schönen, vermischen. Da ich spät in der Nacht ankam, sagte mir meine Familie noch nichts. Aber am nächsten Morgen, als ich mich fertig machte, um nach Lola zu fahren, musste man es mir doch mitteilen. Mein Mann nahm mich liebevoll in den Arm und sagte „Boende ist tot".

Mein Boende, dem ich lachend den Spitznamen „mein kleiner King Kong" gegeben hatte. Als er bei uns ankam, hielt er sich so lange an mich festgeklammert, dass wir schon befürchteten, er wolle nicht groß werden. Es war so schwierig, ihn von mir zu lösen, dass die ganze Stadt ihn kannte. Zu dieser Zeit war er so krank und so zart. Dann wurde er zu einem sehr schönen Bonobo, etwa acht Jahre alt, der Stunden vor dem Spiegel zu verbringen schien, um einen ganz geraden Scheitel auf seinem Kopf zu ziehen. Sein Tod stürzte mich in große Traurigkeit. So viele glückliche Momente hatten wir gemeinsam erlebt! Ich weiß, dass Bonobos anfällig sind, und dass man immer auf Kummer vorbereitet sein muss. Trotzdem schmerzt es nicht weniger, wenn einer geht. Wir brauchten lange, bis wir herausgefunden hatten, woran du gestorben bist, mein armer Boende. Du hattest keine sichtbaren Symptome, und die Autopsie brachte auch nicht mehr Aufschluss über deine Todesursache. Die Schlussfolgerung war vage: Herzprobleme. Die Mitarbeiter fanden dich am frühen Morgen, im Schlafkäfig bei Mimia, die nicht von deiner Leiche weichen wollte. Die arme Mimia, die dich zusammen mit Tatango, einem anderen neunjährigen Männchen, noch tagelang suchen würde.

In der Schutzstation gibt es keine Routine: Jeder Tag bringt uns andere Freuden, Kummer und Sorgen. Sieht man einmal von dem großen Schmerz ab, einen unserer Schützlinge zu verlieren, reichen die tausend täglichen Sorgen aus, um uns auf Trab zu halten. So hörte es in diesem Dezember gar nicht mehr auf zu regnen und die Straße nach Lola wurde immer wieder weggespült. Fast jeden Tag mussten wir Männer mit Schaufeln, alten Reifen und Sandsäcken losschicken, um das Abrutschen zu stoppen. Aber das erwies sich als sehr schwierig, und wir konnten die Schäden nur notdürftig flicken. Immer kamen neue Regenschauer, und wir mussten wieder von vorne anfangen. Und was für Regenschauer! Ken Cameron, der Tierarzt, den ich im Jahr zuvor in Cincinnati kennengelernt hatte und der auf Rundreise durch Zentralafrika war, nahm einen Umweg, um Lola und die Bonobos im Kongo zu besuchen. Ich glaube, dass er sich noch lange an seinen Aufenthalt bei uns erinnern wird.

Denn die Wetterkapriolen schienen fest entschlossen, uns das Leben schwer zu machen. Plötzlich wurde der Wind zum Sturm, und unser Paradies befand sich mitten in einem Unwetter, das schnell zum Albtraum wurde. Der ohnehin düstere Himmel färbte sich noch dunkler, und wolkenbruchartige Regenfälle gingen über unserem Gebiet nieder. Eine wahre Sintflut. Und das Ende dessen, was von unserer Straße geblieben war, die sich noch am Hügel festgehalten hatte. Am nächsten Morgen war alles weggespült und mitten in einem Loch steckte unser Lieblingstaxi, das wir „das kleine blaue Auto" nennen. Es war an einer kritischen Stelle im Sand hängen geblieben. Sein verzweifelter Besitzer hielt in der Hand den Tankdeckel, das einzige, was er retten konnte. Solidarität verpflichtet, und so zog mein Allradwagen das Taxi unter dem Applaus der Anwohner heraus. Wir setzten noch eins drauf und schenkten dem Mann die alten Reifen unseres Lola-Busses. Einige Wochen später kam er, um sich zu bedanken und brachte uns ein großes Bündel Bananen „für unsere Bonobo-Freunde".

Niemand außer uns wartete diese Straße, obwohl sie eine wichtige landwirtschaftliche Verkehrsverbindung ist: Die Gemüsebauern von Kinshasa hatten sich seit der Zerstörung der Straße nach Matadi entlang unseres Flusses, des Lukaya, angesiedelt. Die Landwirte hatten große Schwierigkeiten, ihre Produkte in Sicherheit zu bringen. Es verging kein Tag, an dem wir nicht ein altes Auto, vollbeladen mit Gemüse oder – schlimmer noch – mit Säcken voller Holzkohle aus dem Schlamm ziehen mussten. Wir stellten bald fest, dass wir, die Hauptabnehmer von Früchten und Gemüse, die Einzigen waren, die dem Dorf halfen. Der Krieg war zwar fast vorbei, die Mitarbeiter der internationalen Gemeinschaft kehrten allmählich zurück, aber kein Geldgeber stellte Mittel bereit, um diese Straße wieder instandzusetzen. Die Regenfälle begannen bald von neuem, und mehrere Tage lang konnten wir die Schutzstation nur zu Fuß erreichen. Wir mussten einen Bulldozer mieten, um wieder so etwas wie eine Straße zu bauen. Zum Glück war die Straße einen Tag bevor eine wichtige Delegation der Total Fina Elf Gesellschaft nach Lola kam, wieder befahrbar. Es wäre zu schade gewesen, wenn alle Mühen der guten Vorbereitung, die Sylvie und Jean-Jacques Cestari, langjährige Freunde der Bonobos in Lola, getroffen hatten, umsonst gewesen wären. An diesem Tag lernten mehr als 30 Personen unser Projekt kennen. Bei ihrem Abschied hinterließen sie uns zu unserer großen Überraschung eine hohe Geldspende, die es uns ermöglichte, wieder einen Schritt beim Kauf voranzukommen. Das Glück blieb uns treu: Wir konnten die von Albert Buisine gesetzte Zahlungsfrist einhalten.

Einige Wochen später nahmen wir einen neuen Bonobo auf. Seine Geschichte war nicht alltäglich. Ein Medizinstudent, dem das Geld für sein Studium ausging, wollte nach Mushie in der Provinz Bandundu fahren, um einen kleinen Handel mit Maniok zu betreiben. Er fuhr mit dem Schiff erst auf dem Kongo, dann auf dem Kasai bis nach Mushie. Dort entdeckte er am Hafen ein Bonobobaby, das zum Verkauf angeboten wurde. Er sah darin die Chance, seinen Gewinn zu vermehren wie Hans im Glück und kaufte ihn schnell. Er zahlte für alle – natürlich illegalen – Papiere der vielen Behörden, um sein „Gorillafleisch" zum Verzehr nach Kinshasa bringen zu können. Aber bei einem Unwetter auf dem Fluss verlor er seine Ladung Maniok. Ihm blieb nur noch das kleine Etwas, das in seiner Reuse eingesperrt war, Durchfall hatte und fast so viel aß wie er selbst. Schließlich kam er mit seinem Tier, das zusehends dahinsiechte, in der Stadt an. Sein Nachbar, der einen unserer Filme im Fernsehen gesehen hatte, riet ihm, Kontakt zu uns aufzunehmen. Wir holten den kleinen Waisen in seiner Reuse ab, und Djolu, wie wir ihn nennen, hielt Einzug in Lola. Die Reuse fügten wir unserer Sammlung schauerlicher Gegenstände hinzu. Mit Wamba, die einige Tage zuvor gekommen war und dem kleinen Djolu gab es erstmals auch Namen für unsere Schützlinge zu Ehren unserer japanischen Freunde, denn Wamba und Djolu heißen zwei Orte im Kongo, in denen Japaner Stationen aufgebaut haben und Verhaltensforschung betreiben.

Februar. Das Gesundheitsministerium und Ärzte ohne Grenzen hatten überall in der Stadt Transparente aufgehängt, um die Kinois vor den tödlichen Gefahren der Grippe zu warnen. Just in diesem Augenblick teilte uns Mama Yvonne mit, dass ihr Sohn Röteln hätte. Das Zusammentreffen dieser beiden Krankheiten versetzte uns in Angst und Schrecken: Bei Grippe und Röteln kann es zu denselben Komplikationen im Bereich der Lunge kommen. Bald ging es in der Aufzuchtstation drunter und drüber. Crispin verbrachte schlaflose Nächte mit dem Überwachen der Kranken, aber es nützte nichts. Das erste Opfer eines heftigen Rückfalls war die ganz kleine Luputa, dann erlagen Djolu und Wamba, die beiden Neuankömmlinge, innerhalb weniger Stunden der Krankheit. Ich heulte. Henriette, Yvonne und Micheline waren stumm vor Schmerz.

Crispin und ich waren noch aus einem anderen Grund beunruhigt. Luputa und Djolu schienen an einer klassischen Infektion der Atemwege gestorben zu sein, aber der seltsame Erstickungstod der kleinen Wamba machte uns stutzig. Schon beim Abhören hatte Ken Cameron ein verdächtiges Geräusch am Herzen gehört. Jetzt schien die Autopsie ein Herzproblem zu bestätigen, denn die Lungen waren gesund. Und wenn es nicht nur Komplikationen infolge der Grippe waren? Standen wir womöglich vor einer anderen Virusepidemie?

Wir hatten keine Zeit, diese bedrohliche Hypothese zu verfolgen, denn die schwarze Serie ging weiter. Im März grassierte eine Epidemie in den umliegenden Schweinefarmen, und wir sorgten uns um die Wasserqualität des Lukaya, von dem Lola das Wasser bezog. Um seine Legehennen zu schützen, verlegte Albert Buisine seine Pumpe – über die auch wir mit Wasser versorgt wurden – auf die andere Seite des Hügels in einen Zufluss, der weniger verseucht war, aber Lola nicht erreichte. Von einem Tag auf den anderen standen wir ohne Wasser da. Wir reinigten die Schlafkäfige mit Wasser, das wir eimerweise direkt aus dem See schöpften, und mussten unbedingt sofort eine neue Pumpe und das nötige Zubehör kaufen. Ich bat die belgische Botschaft in Kinshasa um finanzielle Hilfe und erhielt sie auch. Im Übrigen war ich schnell mit meinem Latein am Ende, denn ich verstand nichts von diesen Ventilen, Klappen und Anschlussteilen. Aber innerhalb einer Woche hatten wir wieder fließendes Wasser.

Wir mussten die Wasserqualität noch testen. Die Ingenieure von Bralima, der führenden Brauerei des Kongos, halfen mir mit ihren Analysen und Lösungen. Das Ergebnis war für den Augenblick beruhigend: unser Wasser war trinkbar. Ganz reines Wasser versprachen sie uns in Kürze.

Eines Morgens berichtete mir Crispin, dass sich Bukavu, ein hübsches neunjähriges Männchen, ungewöhnlich verhalte. Er wirke gestresst, unruhig und weigere sich, abends hereinzukommen. Am nächsten Morgen verloren wir ihn im Wald aus dem Blick. Ich wagte nicht, mir das Schlimmste vorzustellen. Aber im Morgengrauen des nächsten Tages fanden wir den leblosen Körper unseres „Buka“, wie ich ihn gerne vertraulich nannte, dank der Hilfe von Makasi und Matata, unseren beiden Hunde, im Wald.

Eine Woche später zeigte ein anderes Männchen, Bondo, beunruhigende Symptome: Er atmete schwer und stoßweise. Verängstigt rang er nach Luft und jammerte. Ich fühlte mich wie beim Tod von Wamba. Einige Stunden später starb er tatsächlich auch. Wir konnten nichts machen, um ihn zu retten, und für ihn war es eine Erlösung. Ich verstand gar nichts mehr: Was ging hier vor? Warum diese plötzliche Unglückskette? Ich spürte, dass die Mitarbeiter ebenso verloren waren wie ich und, abergläubisch wie alle Afrikaner, voller Sorge. Einige wagten den Vorschlag, der allen auf der Zunge lag.

„Madame, wir müssen zum Stammeshäuptling gehen, die Ahnen sind unruhig.“ Wie hatte ich das vergessen können? Halb lachend, halb weinend kauften wir neun Kolanüsse und andere kleine Geschenke, um die geschätzten Riten und Gebete unseres Häuptlings zu erfüllen, der seine Ahnen erneut bat, unsere Arbeit zu schützen.

„Man kann nie wissen ...“, vertraute Crispin mir nach der Zeremonie, bei der ganz Lola in respektvollem Schweigen versammelt war, in aller Offenheit an.

Und ich, die Euro-Afrikanerin, antwortete ihm mit einem tiefen Seufzer:

„Nein, man weiß nie. Übrigens fühle ich mich auch besser.“

So bewegend die Zeremonie auch gewesen war, sie befreite uns nicht davon, die Dinge ernsthaft mit den Mitteln der Wissenschaft anzupacken. Bald reihten sich Blutentnahmen und Autopsie-Proben in den Gefrierschränken. Ich informierte die Behörden über das Unglück, das unsere Schutzstation getroffen hatte und benachrichtigte befreundete Tierärzte rund um den Globus. Es bildete sich eine sehr wohltuende Kette der Solidarität, zu der auch Nick de Souza von WSPA zählte, der von Beginn an unsere Bonobos behandelt hatte, sowie Ken Cameron, der im Monat zuvor bei uns gewesen und jetzt wieder zurück im Cincinnati Zoo war. Nicht zu vergessen Peter Jones, ein britischer Kinderarzt, der vor einigen Jahren unser Bonoboweibchen Tshikapa behandelt hatte und Vicky Clyde vom Zoo in Milwaukee, die immer mit guten Ratschlägen und Ideen bei der Hand war sowie Kristin Leus vom Zoo in Antwerpen, die sofort für uns recherchierte und etliche hilfreiche wissenschaftliche Texte schickte. Alle waren sich einig in dem Verdacht, dass es sich um eine Epidemie des Encephalomyocarditis-Virus handeln musste, kurz EMCV genannt. Das einzig Positive: Wenn wir die Diagnose bestätigen würden, konnte vielleicht ein Impfstoff hergestellt werden. Bis dahin bestand die einzige Prävention im Befolgen allerstrengster Hygieneregeln. In Kinshasa verfolgte mein Freund Pierre Verhaege, der in der Zeit der Klinik Bukavus „Ersatzmutter" war, aufmerksam unsere Situation, und das ganze kongolesische Team des Staatlichen Instituts für Biomedizinische Forschung wurde aktiv, um uns aus der Krise zu helfen. Der Epidemiologe Michel Ekwalanga leistete wertvolle logistische Unterstützung und die Ökotoxikologin Dieudonné Musobonoe versuchte, uns ebenso Mut zu machen wie ihr gemeinsamer Vorgesetzter, Professor Muyemgek, obwohl er mit der Ebola-Epidemie in der benachbarten Volksrepublik Kongo mehr als beschäftigt war. Unsere Freunde vom Umweltministerium reagierten auf die Situation ebenfalls hilfsbereit und lieferten uns umgehend die CITES-Formulare zur Einhaltung des Washingtoner Artenschutzabkommen. Da der Bonobo dort im Anhang A aufgelistet ist, gelten für das lebende Tier wie auch für Gewebeproben oder etwa Haare sehr strenge Ein- und Ausfuhrregelungen. Wir schickten unsere Proben an etliche Labors, die uns von den Spezialisten empfohlen worden waren. Jetzt mussten wir nur noch auf die Untersuchungsergebnisse warten. Das erste erhielten wir am 3. April. Es kam aus dem Labor von Professor Zwanepoel in Südafrika und wurde kurz darauf von den Analysen, die Ken Camron erhalten hat, bestätigt: Der Erreger dieser plötzlichen

Epidemie war tatsächlich das EMC-Virus. Allein der Name genügte, um uns in Schrecken zu versetzen. Auf Basis der wissenschaftlichen Daten, die wir erhalten hatten, organisierten wir nun unseren Kampf.

Um unsere Angst verständlicher zu machen, muss ich etwas weiter ausholen. Bei allen Krankheitserregern ist es wichtig, zwischen Viren und Bakterien zu unterscheiden. Ein Bakterium ist ein selbstständig lebender Organismus. Ein Virus ist dies nicht, es braucht eine lebende Zelle, um sich zu vermehren. Es dringt in den Wirtsorganismus ein und benutzt dessen genetisches Material zur Vermehrung. Von diesem Prozess erschöpft, geht die Wirtszelle zugrunde. Dieses Absterben der Zellen steht am Beginn des Krankheitsverlaufs. Viren sind die Erreger so verbreiteter Krankheiten wie Grippe, Röteln, Hepatitis oder Aids, um nur die bekanntesten zu nennen. Eine Virenabwehr kann nur durch für jede Krankheit spezifische Impfstoffe erreicht werden. Antibiotika sind wirkungslos, denn mit ihnen kann man nur Bakterien bekämpfen.

Das EMC-Virus gehört zur Familie der Coronaviren. Es ist mehrmals auf der ganzen Welt aufgetreten und scheint vorwiegend tropische Tierarten zu befallen. So sind wohl 64 Elefanten im Krüger National Park in der Republik Südafrika dem Virus erlegen, mehrere Löwen und Antilopen in Uganda, und dasselbe Virus wird in jüngster Vergangenheit für den Tod von Menschenaffen in verschiedenen Zoos verantwortlich gemacht. Es gibt bisher wenig Literatur über das EMC-Virus. Anscheinend werden Tiere in Gefangenschaft durch den Urin von Ratten infiziert, wie man überhaupt annimmt, dass Ratten die Hauptüberträger des Virus sind. Eine Ansteckung zwischen Tieren derselben Art ist nicht belegt. Die Übertragung auf den Menschen scheint ebenso unwahrscheinlich, selbst bei Personengruppen mit hohem Risiko, wie Tierärzten, Landwirten oder Labormitarbeitern. Man vermutet übrigens, dass die Virulenz des EMC-Virus durch andere Erreger erhöht wird, was in unserem Fall das Auftreten des Virus während einer Grippe- und Rötelnepidemie erklären würde. Aber hier handelt es sich nur um Hypothesen, und es bleiben viele Fragen offen.

Die Symptome sind auch vielfältig: Manche Tiere werden tot aufgefunden, ohne äußere Krankheitszeichen, andere, wie die meisten bei uns, zeigen schwere Atemprobleme. Diese Atemnot löst eine sehr heftige Lungenentzündung aus, die jedoch ohne Fieber verläuft. Im Fall unserer Epidemie in Lola ya Bonobo blieben alle Bemühungen der Tierärzte und Ärzte ohne Erfolg. Von den Zoos, in denen solche Epidemien aufgetreten waren, wurde unsere Angst bestätigt: Drastische Vorsorgemaßnahmen gegen Ratten könnten die Risiken verringern, aber nicht ausschließen. Wenn ich hinzufüge, dass es bisher keine Behandlung gegen eine Infektion mit dem EMC-Virus gibt, kann man sich leicht vorstellen, wie verzweifelt und hilflos wir uns fühlten.

Ich setzte mich auf die Stufen der Büroterrasse mit Blick auf den Lukaya, den Wald und die Anlagen. Ich dachte zurück an unseren langen Weg: das Glück, das Leid, den täglichen Kampf, die Arbeit des Teams, auf das ich so stolz bin und das mich mit Freude erfüllt. Würde das alles sich auflösen und nur noch Erinnerung sein? Ich weinte leise vor mich hin. Da kam Crispin und fand Worte, die mich trösteten, aber ich fühlte auch, dass er mit seinen Ermutigungen versuchte, die eigenen Zweifel zu vertreiben.

Es war ein befreundeter Journalist, Viktor, dem es gelang, mir wieder Mut zu machen mit einem Satz, den die belgische Schriftstellerin Marguerite Yourcenar dem römischen Feldherrn Hadrian in den Mund legt. In der Stunde, als er die Menschheit vor sich selbst gestellt sieht, da die Götter nicht mehr existieren und Gott noch nicht, spricht er bei ihr: „Gib mir die Geduld, die Dinge hinzunehmen, die ich nicht ändern kann, und den Mut, die Dinge zu ändern, die ich ändern kann, und die Weisheit, das eine von dem anderen zu unterscheiden." Eine ganze Lebensphilosophie in so wenigen Worten. Dieser Satz wurde mein Anker und meine Zuflucht in dieser Zeit der Zweifel und Ungewissheit.

Denn das Unglück brach weiter über uns herein. Eines Morgens fanden wir Mikeno auf dem Bauch liegend – Mikeno, mein erster Bonobowaise, durch den ich die Bonobos lieben lernte. Ich verbarg meine Angst mehr schlecht als recht vor dem Team, aber Crispin und ich tauschten beunruhigte Blicke, und vermieden es, die vier Buchstaben, la mort zu nennen, die Tod und Trauer bedeuteten. Ich isolierte Mikeno im Quarantänegehege nahe meinem Büro. Genauer müsste ich sagen: Ich isolierte uns, denn ich wich nicht mehr von seiner Seite, lag auf der Lauer nach dem geringsten Symptom. Aber nichts zeigte sich: kaum Fieber, nur eine seltsam abwesende Haltung, so anders als es sonst seine Gewohnheit war. Ich klammerte mich zwei Tage lang an positive Gedanken, aber im Innersten schrie meine Verzweiflung: Nein! Nicht er! Nicht mein kleiner Junge! Nicht mein „Märchenprinz", wie Victor ihn oft nennt, wenn er sieht, wie ich mich morgens vor dem Spiegel schön mache.

Der Himmel musste mich gehört haben. Die folgenden Stunden brachten Beruhigung. Mikeno litt tatsächlich nur an einem Abszess im Mund, der durch ein zwischen zwei Zähnen abgebrochenes Stück Zuckerrohr verursacht worden war. Den Zahnarzt zu spielen, nachdem wir das Schlimmste befürchtet hatten, welch ein Vergnügen!

Aber am nächsten Morgen war es Manono, der uns Sorgen machte: Sein seltsam trockener Husten erinnerte mich zu sehr an die letzten Stunden von Wamba und Bondo. Dann entfernte sich merkwürdigerweise ein anderes erwachsenes Männchen von der Gruppe, und Inongo schien sich auch anders zu verhalten. Auch die Weibchen blieben nicht verschont: Maya hatte wieder eine Kehlkopfentzündung, während Mimia, mit mittlerweile 18 Jahren unsere Älteste, an Grippe erkrankte. Wir wussten nicht mehr, wo uns der Kopf stand und steuerten mit vollen Segeln in einen Albtraum. Den ganzen Monat April währte diese bedrückende, angespannte Atmosphäre, lebten wir zwischen Ungewissheit und Momenten der Erleichterung.

Trotz des schönen Satzes von Marguerite Yourcenar klopfte mein Herz jedes Mal zum Zerspringen, wenn ich nach dem Verlassen der Schutzstation das Telefon klingeln hörte. Und wenn ich mich auch hartnäckig zur Geduld zwang, das Unannehmbare hinzunehmen, blieb mir gleichzeitig der Mut, die Dinge zu ändern, die wir ändern konnten. Die meisten Ratschläge ließen sich in einem Satz zusammenfassen: unbedingt ständig die Ratten bekämpfen, die von allen als Hauptüberträger des EMC-Virus angesehen wurden.

Zu diesem Zweck mussten Crispin und ich zunächst das Team davon überzeugen, dass dieser meist unsichtbare Feind eine Bedrohung darstellte und vorbeugende Hygienemaßnahmen unbedingt notwendig waren. Das Futter für die Bonobos musste sorgfältig gewaschen werden, sogar die geschälten Bananen, und alle Essensreste mussten bis tief in den Wald eingesammelt werden. Die Reinigung der Schlafkäfige wurde weiterhin mit dem Streuen eines desinfizierenden Pulvers ergänzt. Unsere Katze Lola blieb nicht länger Königin der Schutzstation: Wir nahmen drei andere Katzen dazu, die ein bisschen geschickter jagten als sie.

Nach und nach zeigten unsere Anstrengungen Wirkung. Gegen Ende April klang die Epidemie ab. Sie hatte sechs Bonobos das Leben gekostet: Bukavu, Bondo, Luputa, Wamba, Djolu und nicht zu vergessen Boende, bei dem die Ergebnisse der Analysen unsere Befürchtungen bestätigten. Aber meine Ängste blieben. Wie sollten wir angesichts einer so brutalen, fast unerforschten Krankheit wissen, ob sie uns nicht erneut heimsuchen würde? Nachdem wir eine Zeit lang befürchtet hatten, dass sich unser Paradies durch den Verlust aller Bonobos in eine Hölle verwandeln könnte, kamen wir wieder zur Ruhe. Aber die Lektion würden wir nicht vergessen. In Lola gibt es seitdem eine Zeitrechnung „vor der Epidemie" und „nach der Epidemie". Dass wir unser Verhalten geändert hatten, war eine Sache, die Arbeiten zur Umgestaltung der Station eine ganz andere, die neue Schwierigkeiten barg. Zum Glück packten viele mit an, um uns in dieser schwierigen Zeit zu helfen. Eine erste ermutigende Nachricht erreichte uns von der Leitung der Brauerei Bralima. Sie hielt ihr Versprechen und stellte uns die Filter der ehemaligen, kürzlich erneuerten Anlage für Limonadenherstellung zur Verfügung. So hatten wir überall in der Schutzstation gefiltertes Wasser. Dank der Unterstützung der französischen Botschaft konnten wir alle Tag- und Schlafkäfige fliesen, was wir bis dahin wegen fehlender Geldmittel aufgeschoben hatten. Es war eine gewaltige Arbeit, erleichterte aber die tägliche Reinigung enorm und brachte große hygienische Vorteile. Schließlich blieb die Realisierung einer neuen Krankenstation im selben Gebäude kein Traum mehr. Die Primatologin Emmanuelle Grundmann, die 2002 zusammen mit dem Fotografen Cyril Ruoso ein sehr schönes Buch über Affen (*Etre singe*) im französischen Verlag La Martinière herausgegeben hat, sicherte uns die Finanzierung. Auf einmal überschlug sich Crispins Fantasie: Er erstellte und verwarf Listen von Geräten, die wir unbedingt brauchten – wenn ich nicht einen Punkt setzte, würde er noch von einem Röntgenapparat träumen, den wir im Übrigen sehr wohl nötig gehabt hätten.

Nach und nach nahm das Ganze Formen an. „Ist das hier sauber!", rief Valérie bewundernd. Auch beim Strohvorrat das gleiche Bild: Alles war weiß gekachelt, und das Stroh stand in großen weißen Nylonsäcken bereit, um die Hängematten der

Bonobos für die Nacht kuschelig auszupolstern. Das Futter für die Bonobos wurde in einem Vorratsschrank aus Metall vollständig und unzugänglich für die Ratten geschützt. Dank finanzieller Hilfe der französischen Regierung konnten wir auch die begonnenen Renovierungsarbeiten am Haus Nr. 1, unserem Gästehaus, beenden. Der Maurer Papa Ngoma, ein langjähriger Freund, überwachte die Arbeiten und entdeckte den geringsten Fehler. Um unser Budget nicht überzustrapazieren, organisierte Valérie nach einem ausgeklügelten System den Kauf der günstigsten Möbel der ganzen Stadt.

Mitte Mai reisten Crispin und Pierrot gemeinsam nach Sambia, um an einem Treffen der pädagogischen Gruppe von PASA teilzunehmen. Sie verließen uns beladen mit Kassetten, Fotos und Postern, stolz darauf, ihren Kollegen das doppelte Bildungsprogramm vorzustellen, das wir in Lola durchführen: Zum einen haben wir 1998 unser eigenes ins Leben gerufen und auf die Schulbesuche in der Schutzstation ausgerichtet. Es wird von Benoît geleitet. Zum anderen gibt es parallel dazu das Programm der Clubs de la Bonté der WSPA, das den Begriff Tierliebe noch viel weiter fasst. Vor zwei Jahren gestartet, weitet es sich dank der Bemühungen und Aktionen von Pierrot immer weiter aus. Mehrere Tage pro Woche besucht er Schulen in Kinshasa und Umgebung, sensibilisiert Schüler und Lehrer für das Thema, hilft bei der Gründung von neuen Clubs, organisiert Treffen und Ausflüge in die Natur, Malwettbewerbe und natürlich Besuche in Lola. Pierrot, Crispin und Benoît geben sogar vierteljährlich eine eigene kleine Zeitschrift heraus, die ebenso an die Clubmitglieder verteilt wird wie jene der Kindness Clubs von Gill Richardson. Der Erfolg ihrer Präsentationen in Sambia bestätigte den Erfolg unserer Programme in Lola, und Crispin und Pierrot kamen voller Ideen von der Schutzstation in Chimfushi, wo die Konferenz stattgefunden hatte, zurück.

„Dort gibt es sogar Schlafsäle für Schüler …“, murmelte Crispin. Und wir hatten nicht einmal einen Filmvorführungssaal, nur den Pavillon, der nach allen Seiten offen war …

„Wir haben noch das alte leerstehende Kükenhaus, wenn wir es umbauen, könnte es den Zweck erfüllen.“

Im Blick, den Dominique mir zuwarf, las ich die Bitte, ihr ein wenig Zeit zu lassen, bevor wir wieder ganze Abende mit dem Ausklügeln neuer Finanzierungsmöglichkeiten verbringen mussten. Ich beruhigte sie: „O.K., ich habe verstanden.“

Dominique war beruhigt und merkte nicht, dass meine Worte eine fromme Lüge verbargen. Einige Wochen später waren Dominique und ich an der Reihe und fuhren zur Plenarsitzung von PASA, die jedes Jahr Anfang Juni stattfindet. Sie wurde zum zweiten Mal in Entebbe, Uganda, veranstaltet, und unser Gastgeber war die Schutzstation in Ngamba Island vom Jane Goodall Institute. Wie jedes Mal freuten wir uns sehr, die Kollegen wiederzutreffen und zu sehen, wie PASA Riesenfortschritte machte.

In vielen Diskussionen ging es um die langfristige Zukunft der Schutzstationen, insbesondere um die heiklen Probleme bei der Auswilderung wieder zurück in die freie Natur. Denn viele von uns waren bereits fast am Ende ihrer Aufnahmekapazitäten angelangt – ein weiterer Beweis, dass die Schutzstationen mit der Vielzahl an Affenwaisen infolge des Wildfleischhandels eine traurige Realität widerspiegelten. Trotz des Kampfes, den die Umweltschützer vor Ort führten, mit oder ohne Unterstützung der großen internationalen Organisationen, erzielten sie nur sehr dürftige Ergebnisse. All diese Experten, die sich so oft trafen, um zu diskutieren, zu prüfen, Pläne und Strategien zu entwickeln, konnten nur schwer eine positive Bilanz ziehen. Es stimmte wirklich, dass Afrika mit seinen Konflikten, seiner Armut, seinen schlechten Regierungen ihnen eine harte Nuss zu knacken gab.

Aliette Jamart aus der Volksrepublik Kongo war eine Pionierin der Auswilderung und wurde nicht müde, ihr Anliegen zu verteidigen. Manche konnten noch nicht daran glauben, aber die Diskussionen erhielten von Jahr zu Jahr mehr Substanz. Die Wissenschaftler bei diesem Treffen bestätigten es: Die Tiere in ihren natürlichen Lebensraum zurückzubringen schien ein unumgänglicher Schritt in der Zukunft. Aber wie sollte das geschehen? Niemand kannte die Lösung.

In der Zwischenzeit mangelte es nicht an Problemen. Wenn ich mir vorgestellt hatte, Zeit für die detailliertere Renovierungsplanung unserer Station zu haben, musste ich meine Ansprüche schnell herunterschrauben. Wir navigierten zwischen der medizinischen Versorgung der Bonobos, der Verhaltensforschung, dem Besuch von Schulklassen, den Bauarbeiten und dem Bemühen, die täglichen Krisen in den Griff zu bekommen ... Wenn ich zu diesem schon vollen Arbeitsplan noch die Verwaltungsarbeiten für unseren Verein ABC gegenüber den Sponsoren und den kongolesischen Behörden hinzufüge, hat man eine gewisse Vorstellung davon, was das Paradies für mich bedeutet. Wie eine Art allgegenwärtiger Dirigent lege ich im Notfall den Dirigentenstab ab, um mich in den Orchestergraben zu stürzen, über die Violinen zu springen, um die Flöten zu retten, dabei die große Trommel zu schlagen und dann lächelnd zurückzukommen und am Wochenende einen Rundgang durch Lola mit Hunderten von Besuchern zu machen. Nicht zu vergessen das wunderbare Medium E-Mail, das mich einen guten Teil der Nacht beschäftigt!

Ich habe das Glück, von einem tüchtigen und engagierten Team unterstützt zu werden, aber es gibt in Lola noch so viel zu tun, dass ich manchmal nicht mehr weiß, wo mir der Kopf steht. Zum Glück gelingt es mir, lange Momente der Ruhe bei meinen geliebten Bonobos zu verbringen, in der Aufzuchtstation oder im Wald. Bei ihnen schöpfe ich neue Kraft und finde gleichzeitig die Rechtfertigung für meinen Kampf und die Freuden, die zu den tiefsten meiner Existenz gehören.

Mitte August kam das komplette Team des kenianischen Unternehmens, das schon unser erstes Gehege installiert hatte, wieder nach Lola, um zwei weitere zu bauen. Mit Simon an der Spitze zogen wir durch den Wald und steckten die Grenzen der zukünftigen Gehege ab. Dadurch wurden unsere 25 Hektar Wald vor der Abholzung geschützt, die weiterhin rund um Kinshasa wütete. Pierrot hatte erst kürzlich eine Studie abgeschlossen, deren Ergebnisse erschreckend waren. Auf der einzigen kleinen Straße, die zur Schutzstation führte, wurden täglich durchschnittlich 220 Quadratmeter Feuerholz und 80 Quadratmeter Holzkohle abtransportiert. Ich wagte nicht mir vorzustellen, welche Mengen auf der Nationalstraße 1, die vom Hafen in Matadi nach Kinshasa führt und den Wald von Mayombe durchquert, transportiert wurden. Und trotzdem dachte ich schon besorgt an die paar Bäume, die auf der Grenze der Gehege wuchsen und die wir opfern mussten, um die Bonobos zu schützen. Ich kam mir vor wie auf einem Trauermarsch, als ich schweren Herzens alle zu fällenden Bäume mit einem Kreuz kennzeichnete. Die Mitarbeiter lachten mich aus und trösteten mich verschmitzt: „Keine Angst, wir machen das in Ihrer Abwesenheit."

Diese zwei Gehege hatten einen weiteren Vorteil. Dort konnten wir unseren zukünftigen Gästen, die schon in einer festen Gruppe lebten, die bestmögliche Unterkunft bieten. Es handelte sich hier zum einen um Bonobos von der PPG, dem Gorilla Schutzprojekt der Volksrepublik Kongo und zum anderen um vier Bonobos, die schon seit fast zwanzig Jahren im Staatlichen Institut für Biomedizinische Forschung in Kinshasa gehalten wurden.

Ich wusste von Letzteren seit der Zeit in der Tierklinik, und ihr Schicksal hatte mich immer bekümmert. Mediziner aus Frankreich hatten in diesem Institut in Kinshasa jahrelang Aids-Forschung betrieben, und dazu in der Tierabteilung Schimpansen und einige Bonobos gehalten. Aufgrund der Konflikte mussten die Mediziner eines Tages das Land verlassen, und die Schimpansen verschwanden. Aber die Bonobos waren geblieben. Niemand wusste, was mit diesen „vergessenen Affen", diesmal im wörtlichen Sinn, geschehen sollte. Man wartete darauf, dass sie irgendwo anders einen Platz finden würden, wahrscheinlich in einem europäischen oder amerikanischen Zoo, der damit Blutlinien auffrischen könnte, was bei der drohenden Inzucht immer sehr willkommen war. Bis dahin kümmerte sich die Amerikanerin Delphi Messinger um sie. Sie war sich jedoch bewusst, dass auch sie eines Tages das Land würde verlassen müssen, wenn ihr Auftrag im Institut beendet war. Die Zeit verging, und Delphi musste tatsächlich abreisen. Einige Bonobos wurden in den Zoo von Apenheul in Appeldoorn in den Niederlanden geschickt, sechs von ihnen blieben im Institut zurück, wo sie unter beklagenswerten Bedingungen lebten. Eingesperrt in schmutzige Käfige und umgeben von dichten Zäunen, die jeden Blick auf das bisschen Natur drum herum versperrten, wurden sie mehr schlecht als recht von den Angestellten des Instituts versorgt. Trotz mehrerer vergeblicher Anläufe meinerseits, die armen Tiere in unsere Schutzstation zu bringen, blieben sie aus undurchschaubaren rechtlichen Gründen Gefangene eines veralteten Vertrags. Wegen unzureichender Pflege waren zwei von ihnen während der Belagerung von Kinshasa im Jahre 1998 gestorben.

Eines Tages kam Karl Ammann zu Besuch nach Lola. Er wurde von Herrn Wasmoeth von der Organisation The Wasmoeth Wildlife Foundation (TWWF) begleitet, der sich für Bonobos begeisterte. Karl ergriff die sich uns bietende Gelegenheit.

„Ja, aber du solltest auch wissen, dass nicht alle Bonobos so gut behandelt werden wie diese hier.“

Herr Wasmoeth war entsetzt von dem, was er erfuhr, und es gelang ihm, bei den beteiligten Parteien etwas zu erreichen und von den kongolesischen Behörden die Genehmigung zu erhalten, dass die vier Bonobos des Instituts endlich nach Lola kommen durften. Karl hatte spitzfindig vorgeschlagen, die Bonobos am Ende des Waldes, also außerhalb der Schutzstation, unterzubringen. Fest entschlossen, nicht nur bei frommen Wünschen zu bleiben, sondern Taten sprechen zu lassen, hatte Herr Wasmoeth die fünf Hektar gekauft und die Umzäunung bezahlt. So konnten die schon erwachsenen Bonobos aufgenommen werden, denn sie lebten in einer homogenen Gruppe und waren zu gestresst, um sie unseren anderen Schützlingen dazuzugesellen.

Unsere neuen Bauarbeiten dauerten insgesamt mehr als sechs Monate. Im September, als wir gerade mit den Arbeiten begonnen hatten, glich Lola wieder einmal einem Bienenstock. Wir hoben die Grube für den neuen See aus, der am Rand des zweiten Geheges geplant war, und installierten die Pfosten für den elektrischen Zaun. Pierrot hatte die Gesamtleitung aller Arbeiten übernommen. Während überall, an den Hängen des Hügels und entlang des Lukaya, Männer Pfosten einbetonierten und Zäune zogen, ging das Leben in Lola weiter, im Rhythmus des zweigeteilten afrikanischen Klimas.

Im September geht die Trockenzeit allmählich zu Ende. Es ist trüb, aber frisch. Ich mag diese neblige und eintönige Zeit gar nicht. Es ist der südliche Winter, die Blätter färben sich und fallen ab, die Vegetation welkt und verschwindet. Dies ist auch die Zeit der Buschfeuer. Rings um Lola zünden die Gemüsebauern Feuer an, um die Ränder ihrer Felder zu säubern. Sie lieben dieses altüberlieferte Ritual, das jedoch den sandigen Boden noch weiter auslaugt und die kümmerliche Vegetation, die der Abholzung widersteht, vernichtet. Das Ganze ist nicht ohne Risiko. Eines Morgens stieg im Wald von Gehege 3, ganz am Ende gelegen und für die Bonobos des Instituts vorgesehen, dichter Rauch auf und breitete sich aus über Tal und See. Bald darauf hörten wir ein Knattern, und die Flammen schlugen aus dem Wald. Alle unsere Männer mussten mit Säcken, Decken und Sand bewaffnet anpacken, oder, weil wir keine weiteren Mittel zur Verfügung hatten, mit dem energischem Einsatz ihrer Füße das Feuer bekämpfen, das schnell in einer Katastrophe hätte enden können. Schließlich kamen sie lachend von ihrer Heldentat zurück, ein bisschen zerzaust und ganz rußig. In Afrika kommt man schließlich immer dazu, über ein Unglück zu lachen, sicher auch eine Art, es erträglicher zu machen. Aber die Vegetation würde noch lange unter diesen vier Monaten der Trockenzeit leiden. Genauso wie das Fell unserer Bonobos. In der Aufzuchtstation pflegten die Mamas die Haut ihrer Kleinen mit Kokosnussöl, aber die „Großen" boten keinen so schönen Anblick.

Im Oktober 2003 ging es uns wie im Juni 2000: ein Monat, im dem wir uns die Ankunft von nicht weniger als drei Bonobowaisen dick im Kalender ankreuzten Als erstes wurde Pierrot von einem Mitglied des Club de la Bonté „Gazelle" informiert, dass es in seinem Viertel einen kleinen Bonobo gäbe. Er würde in der Familie eines Polizeioffiziers als Haustier gehalten. Pierrot nahm sofort Kontakt zum Halter auf. Dieser wusste offenbar nicht, dass sein „Spielzeug" einer geschützten und nur im Kongo vorkommenden Art angehört. Nach einigen telefonischen Erläuterungen über die geltenden Gesetze und die Bedrohungen, denen diese Art ausgesetzt ist, über ihre Ähnlichkeit mit dem Menschen und die Ziele der Schutzstation gab der Offizier seinem Chauffeur die Anweisung, das Tier Pierrot zu übergeben, damit es bei uns aufgezogen werden könnte. Indem wir an seinen Nationalstolz appellierten, hatten wir ihm eine patriotische Tat ermöglicht. Dies würde uns für spätere Verhandlungen mit Haltern von seltenen und bedrohten Tieren und unsere Art des Vorgehens als Vorbild dienen.

Wir nannten dieses kleine Männchen Bili, in Erinnerung an Louis, einen langjährigen kongolesischen Freund, der im Diabetes-Koma starb, als er im kleinen Dorf Bili im Norden Kongos auf der Suche nach dem „verlorenen Gorilla von Bondo“ war. Bili wurde später für einige Minuten der Star eines Films für den Sender Discovery Channel-Animal Planet, der Bilis Ankunft in der Schutzstation verewigte. Es war der erste Dokumentarfilm über die Schutzstation, der für amerikanische Zuschauer gedreht wurde, und wir erwarteten ungeduldig seine Ausstrahlung.

Am nächsten Morgen erreichte ich die Beschlagnahmung eines Bonobos, von dessen Existenz ich seit mehr als drei Jahren wusste. Es war unmöglich gewesen, seiner habhaft zu werden, da er sich in den Händen eines Ausbeuters der Tierwelt befand, der allzu gute Kontakte zum Umweltministerium hatte. Meine Hartnäckigkeit siegte schließlich über seinen Widerstand und seine Beziehungen. Ich hatte es nicht mehr ertragen können, immer und immer wieder Anrufe von Besuchern seiner „Zoo-Bar“ zu erhalten – ein schmeichelhafter Ausdruck für ein schmutziges Gefängnis für Tiere, die exportiert werden sollten. Die Anrufer baten mich inständig, einzugreifen und diesen Bonobo zu retten, der in einem winzigen Käfig von kaum einem Kubikmeter untergebracht war. Unsere Pfleger Jean-Claude und Eddy beschlossen, ihn Tembo, auf Suaheli „der Elefant“, zu nennen, und zwar aus drei Gründen: Erstens war er der Größte unter den Kleinen der Aufzuchtstation, zweitens hieß in der Bar, wo er beschlagnahmt wurde, eine Dunkelbiersorte aus Katanga so, und drittens ist Tembo der Name einer Stadt in der Provinz Bandundu. Tembo war ungefähr sechs Jahre alt und zeigte schon stolz die bleibenden Eckzähne, wenn er Besucher der Aufzuchtstation mit seinem breiten Lächeln begrüßte.

Kurz darauf rief Sally Coxe von der BCI, der Bonobo Conservation Initiative, uns aus Washington an: Sie hatte von Professor Mwanza, der in Mbandaka in der Provinz Equateur arbeitete, erfahren, dass ein kleiner Bonobo von bolivianischen Blauhelmsoldaten aufgenommen worden war. Ich suchte sofort den Vertreter der Vereinten Nationen im Kongo, Botschafter Swing auf, einen langjährigen Unterstützer der Schutzstation. Er veranlasste, dass das Hauptquartier der Blauhelmsoldaten für uns eine Reise nach Mbandaka organisierte, um den kleinen Bonobo zu holen. So flogen Crispin und ich am nächsten Morgen mit einem Flugzeug der UNO. Wir nutzten den Zwischenstopp in Kisangani, um einen Vortrag über bedrohte Arten zu halten. Unser Publikum war sehr interessiert und berichtete uns Neuigkeiten aus dem Lebensraum der Menschenaffen, insbesondere aus den Städten Boende und Oshwe, wo Bonobowaisen ankommen, die Opfer des Handels mit Wildtierfleisch geworden sind. Es scheint, dass junge Soldaten, die von der ehemaligen Frontlinie kommen, regelmäßig Bonobos mitbringen.

Wie groß war unsere Überraschung, als wir in Mbandaka einen kleinen Bonobo in Topform vorfanden! Aber die Bolivianer schienen nicht einverstanden, ihn an uns zu übergeben. „Nicht so schnell", sagten sie. „Wir würden ihn gern noch ein bisschen behalten ..." Seine Geschichte war einfach: Die bolivianischen Soldaten hatten ihn bei einem Einsatz in Boende in jämmerlichem Zustand aufgenommen, ihm dadurch das Leben gerettet und Junior genannt. Sie hatten ihm ihre ganze Liebe gegeben, und er war bei ihnen richtig aufgeblüht. Wir erklärten ihnen das geltende Gesetz, das die Haltung von Bonobos verbietet, wir erzählten ihnen von der Schutzstation und von unserem Bildungsprogramm. Die Bolivianer waren begeistert, als sie erfuhren, dass Junior nicht in einem Käfig eingesperrt sein würde, wie sie befürchtet hatten, sondern ganz im Gegenteil im großen Wald von Lola eine richtige Familie finden würde. Junior war auf dem Rückflug der große Star, er erhielt sogar einen Antrittsbesuch vom Bordkommandanten.

Es wurde Dezember, und damit Zeit, Bilanz zu ziehen. Das vergangene Jahr war wie die Jahre zuvor reich an Freud und Leid gewesen. Zu Anfang des Jahres hatten die Epidemien einen hohen Tribut gefordert. Seitdem war das EMC-Virus verschwunden, aber für wie lange? „Na und?", antworteten die Mitarbeiter bei unserer letzten Teamsitzung des Jahres. „Wenn es wiederkommt, sind wir gewappnet!" Ich lächelte, nicht ohne einen gewissen Stolz: Ich wusste, dass ich in Lola niemals allein würde kämpfen müssen.

Während die Bonobos uns die Arbeit leichter machten, weil sie keine Gesundheitsprobleme mehr hatten, schafften die Männer kräftig weiter. Sie wollten die Arbeiten für das Gehege 3 abschließen, das für die vier Bonobos aus dem Staatlichen Institut für Biomedizinische Forschung reserviert war. Ich hatte als Datum für ihren Umzug den 28. Februar 2004 festgelegt, das Datum eines glücklichen Jubiläums, da wir am 28. Februar 2002 in Lola eingezogen waren. Wir beschlossen, die Anzahl der Schulklassenbesuche zu begrenzen, damit wir die gewonnene Zeit besser nutzen konnten. Außerdem war ich damit beschäftigt, die für den Umzug der Bonobos notwendigen behördlichen Genehmigungen einzuholen.

Aber zu diesem Zeitpunkt begannen die Beamten, darunter auch die des Umweltministeriums, einen Streik, der nicht enden wollte. Wir waren so nah am Ziel und nun verfloss ein Tag nach dem anderen, und ich bekam Angst, ob wir den Termin einhalten und die ganze damit zusammenhängende Organisation bewältigen könnten. So viele Personen waren daran beteiligt! Sunny Kortz von der TWWF, die das dritte Gehege finanziert hatte, und ein Filmteam, das für sie den Umzug filmen sollte, würden bald ihre Reise aus den Niederlanden antreten. Garry Richardson und Nick de Souza von WSPA würden aus Kenia kommen. Nicht zu vergessen Professor Muyembe, der Generaldirektor des Forschungsinstituts, der am Umzugstag zusammen mit seinem Team für einen reibungslosen Ablauf sorgen würde. Schließlich erhielten wir die Papiere doch noch rechtzeitig, dank des guten Willens aller Beteiligten.

So war alles vorbereitet, und wir fuhren einige Tage lang täglich ins Institut, um Makali, Keza, Tshilomba und Etumbe, zwei Männchen und zwei Weibchen, kennenzulernen. Die Tierabteilung war abgelegen und nur zwei Pfleger gingen regelmäßig dorthin. Unser Besuch war für unsere zukünftigen Schützlinge eine Stresssituation, die man ihnen deutlich anmerkte. Wilde Sprünge und monotone Gesten zeugten von der Angst, die sie bei allem empfanden, was ihren traurigen Alltag unterbrach.

Keza, mit 15 Jahren das jüngste Männchen, schien psychisch der ausgeglichenste zu sein. Man konnte sich ihm leichter nähern und seine Aggressivität war weniger beängstigend als die der drei älteren Bonobos. Etumbe, ein etwa 20-jähriges Weibchen, hatte einen seltsam durchdringenden Blick, als wollte sie ständig fragen, was jetzt noch kommen würde. Das andere, auch etwa 20 Jahre alte Weibchen, Tshilomba, ließ sich durch unsere Anwesenheit überhaupt nicht bei ihrer Beschäftigung stören: Mit ihren langen dürren Finger breitete sie langsam und sorgfältig ihren Kot auf dem Boden aus. Ich beobachtete sie und stellte fest, dass die Ärmste darin Kerne der Barbadine-Frucht – der Passionsfrucht Zentralafrikas – oder andere Fasern suchte, die sie noch hätte essen können. Wie viele Hungertage mussten zu einem solchen Verhalten geführt haben! Ich sprach ganz sanft zu ihr, sie näherte sich den Gitterstäben, hörte mir erstaunt zu und wandte mir dann ihren Rücken zu, mit gesenktem Kopf, damit ich sie streichelte. Ich verstand ihre Bitte und strich ihr über den Rücken. Sie drehte sich langsam um und schaute mir tief in die Augen. Ich war überwältigt von der Intensität ihres Blickes, ohne Feindseligkeit, in dem das Versprechen einer zukünftigen Freundschaft lag. Dagegen trug Makali, mit 21 Jahren der älteste Bonobomann, seinen suahelischen Namen „der Boshafte" zu Recht: Er unterbrach diesen magischen Augenblick, indem er mit beiden Füßen abwechselnd kräftig gegen das Käfiggitter trat. Er ließ mich schnell zurückweichen und schickte mich auf den Boden der Tatsachen.

Jetzt kam der große Tag des Umzugs. Wir hatten uns für einen Samstag entschieden, weil es da im Institut ruhiger zugeht. Alles bis ins Detail geplant, trafen wir zur verabredeten Zeit vor Ort ein und waren positiv überrascht, alle anwesend zu finden. Wir mussten uns beeilen, da die Tiere spürbar nervös waren. Nick und Crispin mussten mit Hilfe der Pfleger und der beiden Tierärzte des Instituts die Bonobos einen nach dem anderen betäuben. Die Tierärzte entnahmen Standardproben, um den Gesundheitszustand zu überprüfen, dann trugen wir die Tiere in den Minibus von Lola. Zum Glück waren die Bonobos im Institut in getrennten Käfigen untergebracht gewesen, das erleichterte uns jetzt die Arbeit.

Sunny, Garry, Robert Brandford von WSPA und Virginie, eine junge Belgierin, angehende Tierärztin und als Praktikantin in Lola, hielten sich im Hintergrund bereit, um bei Bedarf einzuspringen. Das Filmteam agierte sehr professionell: Man merkte kaum, dass sie da waren, so sehr bemühten sie sich, die medizinischen Maßnahmen und den Umzug nicht zu stören.

Es war sehr heiß. Im Bus kühlte ich die schlafenden Bonobos mit einem nassen Handtuch und Crispin kontrollierte regelmäßig ihre Temperatur. Als wir abfuhren, goss Professor Muyembe selbst ein Getränk für die Ahnen auf die afrikanische Erde und bat sie um eine lange glückliche Zeit für unsere neuen Schützlinge in Lola ya Bonobo. Eine Stunde später hatten wir Kinshasa durchfahren und waren wohlbehalten in Lola angekommen. Nach und nach kamen die Neuankömmlinge wieder zu sich. Wir blieben in ihrer Nähe, um sie zu beruhigen. Alle vier zeigten in unserer Gegenwart keine oder fast keine Angst. Keza, noch ziemlich benommen, sprang unbeholfen im Stroh herum.

Ich dachte schon an den nächsten Tag, wenn sie den Wald in Lola entdecken würden. Sechs Hektar, ganz für sie allein, wo sie rennen, von Ast zu Ast springen konnten, die Natur und den Geruch der Freiheit wiederentdecken. Leider lief nicht alles so gut, wie wir es uns gewünscht hätten. Der Stress bei den armen Bonobos war so groß, dass die beiden Männchen Makali und Keza trotz der paar Tausend Volt, die eigentlich jede Annäherung hätten verhindern sollen, über den Zaun sprangen und sich von einem zweiten Zaun eingesperrt fanden. Makali wiederholte seinen Versuch einige Zeit später, diesmal gelang es ihm, beide Zäune zu überwinden. Wir mussten die Jäger um Hilfe bitten, um den Ausreißer wiederzufinden, den wir betäubten, zur Sicherheit fesselten und nach Hause zurückbrachten.

In unserem dritten Gehege wurden bald darauf drei Bonobos aus der noch tief in politischen Unruhen steckenden Volksrepublik Kongo (Kongo Brazzaville) aufgenommen. Christelle, eine belgische Kollegin, die ich bei PASA getroffen hatte und deren Camp von Rebellen angegriffen worden war, hatte uns gebeten, ihre letzten Bonobos aufzunehmen, die Männchen Max, Tex und Mixa. Ich stimmte diesem Vorhaben gerne zu, wusste aber gleichzeitig, dass ich sie nicht zu unserer sich eben erst formierenden Gruppe dazunehmen konnte. Wir beobachteten nämlich seit kurzem, wie sich unter den Bonobos, die ohne elterliches Vorbild aufgewachsen waren, allmählich eine Familieneinheit bildete und befürchteten, dass das plötzliche Eingliedern von den drei neuen Bonobos dieses empfindliche Gleichgewicht stören würde. Daher mussten wir ein neues Gehege bauen, mit einem neuen See, Käfigen und einer Umzäunung, für die wieder der Columbus Zoo, Steve Woodruff und Garry Richardson Gelder locker machten.

Schließlich kam der Tag des Umzugs. Max, Tex und Mixa fühlten sich schnell wohl in ihrer neuen Umgebung. Nach drei friedlich verlaufenen Tagen beschloss ich, ihnen, die bisher keinen Kontakt zu Bonoboweibchen hatten, drei unserer brillantesten Exemplare zu schicken, darunter die pfiffigste der Gruppe, Semendwa. Diese betrachtete Max überrascht und gesprächig mit „Oh! Oh!“, während er, erstaunt und sichtlich sprachlos, ihre sexuelle Annäherung zuließ. Der Anstand gebot uns zu gehen. Würde alles gut gehen mit diesem jungen Paar? Am Nachmittag bestätigte mir der Pfleger: „Semendwa ist eine Wucht. Sie hat Max, der nur noch schläft, völlig erschöpft.“ Wir hatten uns also nicht getäuscht. Dank Semendwa hatte Max die verlorene Zeit schnell aufgeholt.

Man muss dazu sagen, dass wir Semendwas Überzeugungskraft kannten. Als wir ihr vor einigen Jahren Mikeno vorgestellt hatten, hatte sie ihn mit einem wahren Feuerwerk an Verführungskünsten beeindruckt, würdig einer großen Kurtisane. Sie stolzierte um ihn herum, präsentierte sich auf dem Gipfel eines Termitenhügels in der Mitte des Geheges, bis er seinerseits begann, den Charmeur zu spielen, ohne jedoch der Sexbombe, die er in ihr vermutete, zu nahe zu kommen. Dann hatte er sie zwei Wochen lang mit Blicken verzehrt und ihr seinen Korb mit Früchten angeboten, als ob er sich um seine Angebetete sorgte. Danach begannen Liebesspiele, die einem echten Sexfilm in nichts nachstanden!

Als ob der Umzug der Bonobos vom Staatlichen Forschungsinstitut nach Lola uns nicht ausreichend beschäftigt hätte, fanden in den kommenden Monaten viele Besuche, gesellschaftliche Veranstaltungen und Reisen statt. Durch die schnelle Entwicklung von Lola wurden wir immer bekannter und wir mussten auf immer mehr Einladungen reagieren.

Im März wurde ich nach Paris zu Bloomberg eingeladen. Bei diesen hochrangigen Essen treffen sich die unterschiedlichsten Persönlichkeiten. Sie knüpfen informelle Kontakte und tauschen sich über ihre Aktivitäten aus. Diese Einladung war für mich ebenso überraschend wie aufschlussreich, denn als Ehrengast kam kein anderer als Didier Reynders, der belgische Finanzminister. Ich speiste also mit der Hochfinanz, sehr bekannten Politikern und Journalisten, wie Jean-Pierre Gaillard, dessen Name all denen ein Begriff ist, die wie ich seit dreißig Jahren Radio France International hören. Ich überreichte dem Minister eine zierliche afrikanische Skulptur, einen kleinen Bonobo mit Hut und Aktenkoffer. „Ein als Minister verkleideter Bonobo", bedankte er sich lächelnd. „Ich werde ihn auf meinen Schreibtisch stellen."

Danach ging es weiter nach Château-Gonthier zur Festimalia, dem Tierfilm-Festival, wo ich als Ehrengast eingeladen war. Ich freute mich, dort Virginie Guiton wiederzutreffen, die Regisseurin von *L'Ange des bonobos (Der Engel der Bonobos)*. Cyril Ruoso und Emmanuelle Grundmann stellten ihr wunderschönes Buch *Etre singe* vor. Die großformatigen Fotos von Cyril waren hervorragend: Crispin, Henriette, Yvonne, Bukavu, Tatango, Inongo und die anderen waren durch sie an meiner Seite auf dem Festival präsent. Etwas weiter, am Stand der Stiftung Brigitte Bardot, die uns seit mehr als vier Jahren unterstützte, entdeckte ich zu meiner Freude noch mehr Fotos von Lola. Es machte Spaß, den Leuten, die mich kannten, etwas über die Arbeit der Menschen auf den Postern zu erzählen.

Anschließend reiste ich zu einer langen Tournee mit Informationsveranstaltungen und Sponsorensuche in die USA. Diese zweite Amerika-Tour war seit langem geplant, aber wie hätte ich mich von Lola freimachen können? Seit zwei Jahren folgte ein interessantes Ereignis auf das andere: der Umzug, unsere Bonobos, die den Wald entdeckten, Mimia, die endlich nach Lola kam, der Bau der neuen Gehege, die Ankunft der Bonobos vom Forschungsinstitut und nicht zu vergessen die vielen kleinen Bonobowaisen, die wir ständig aufnahmen, jedes mit seiner eigenen Geschichte. Und weil ich nichts verpassen und in Lola alle Neuigkeiten und Veränderungen hautnah miterleben wollte, war die Amerika-Tour immer wieder verschoben worden. Zum Glück passte Valérie auf. „Bei all der Arbeit und Aufnahme neuer Bonobos werden wir eines Tages ohne einen Cent dastehen", erinnerte sie mich, den Taschenrechner in der Hand. Wie recht sie hatte. Es war Zeit, die Freunde zu besuchen, die uns aus der Entfernung halfen, und wir mussten uns auf internationaler Ebene präsentieren, um unseren Kampf für die letzten Bonobos im Kongo bekannter zu machen.

Mary Rose hatte freundlicherweise angeboten, die Reise in den USA zu organisieren. Sulatalu Fund for Great Apes und der Columbus Zoo erklärten sich bereit, die Flugkosten zu übernehmen. Auf den verschiedenen Etappen erhielt ich Unterkunft bei Privatleuten, um die Kosten so gering wie möglich zu halten. Etwa zehn öffentliche Vorträge, einige Radiosendungen, viele Treffen ... Diese drei prall gefüllten Wochen führten mich nach Columbus, Cincinnati, Washington, Oakland, San Francisco, Los Angeles, San Diego und schließlich Atlanta. Überall wurde ich begeistert empfangen und fand alles erstklassig organisiert vor.

Dank einer Radio-Livesendung einige Tage vor meinem Vortrag, stand ich in Columbus vor einem vollbesetzten Saal. Die Zuhörer waren mucksmäuschenstill, danach hagelte es Fragen. Der Abend endete mit einer Versteigerung: Was hatte man sich nicht alles ausgedacht, um die Leute zu verlocken, meistbietend zu steigern! Der Name des Bonobos, der als nächster im Zoo in Columbus geboren würde, eine Woche Ferien in Lola, eine Zeichnung unseres Künstlers Tsham ... In hitziger, aber schöner Atmosphäre wurde immer höher geboten: Das Publikum war wunderbar, alle wollten Lola helfen.

Dann kamen meine Besuche in den Zoos von Cincinnati und Washington, wo mich das schlimmste Übel ereilte, das eine Rednerin treffen kann: Ich hatte keine Stimme mehr. Zum Glück wurde ich von langjährigen Freunden empfangen: Betsy und Jim Williamson, die meine ersten Tage mit den Bonobos vor fast zehn Jahren miterlebt hatten. Betsy ist wunderbar: Immer hilfsbereit, nutzt sie ihre Beziehungen, wo immer Unterstützung nötig ist. Unser Team hat ihr den Spitznamen „Joghurt Mama" gegeben, weil ihr so sehr daran liegt, dass die Bonobos mehrmals pro Woche qualitativ guten Joghurt bekommen. Der soll ihrer Meinung nach die Verdauung fördern und Problemen vorbeugen. Bei ihr und ihrer Familie fühlte ich mich wie zu Hause: Auch hier überstieg die Gastfreundschaft meine Erwartungen. Betsy hatte ein Abendessen mit Freunden, Verwandten, Kollegen und sogar dem zukünftigen amerikanischen Botschafter im Kongo vorbereitet. Letzterer versprach, uns bald in Lola zu besuchen. Einige Tage später ging es weiter Richtung Kalifornien. Im Zoo von Oakland gab es keine Bonobos, aber der Direktor vertraute mir an, dass er sie eigentlich lieber möge als Schimpansen ... das war schon fast ein Sieg! An diesem Abend im großartig dekorierten Festsaal des Zoos war das Publikum ganz bei der Sache, die Stimmung gut, das Buffet prächtig. Der Abend schloss spät mit einer Überraschung: Man zeigte den Film L'Ange des bonobos, und das Publikum überredete mich zu einer Simultanübersetzung – eine heikle Bewährungsprobe, die ich einigermaßen gut bestand.

Danach reiste ich zum Zoo von San Diego. Der Bildungsbeauftragte Pete Andrews führte uns, und ich knüpfte mit den Pflegern der Bonobos sehr nette Kontakte. Ich entdeckte ein kleines, drei Wochen altes Männchen, das von seiner Mutter verstoßen worden war. Man bot mir an, ihm einen Namen zu geben. Um das Schicksal zu seinen Gunsten zu wenden, wählte ich Makasi, auf Lingala „der Starke". Am Abend fand ein öffentlicher Vortrag im Auditorium des Zoos statt. Und am nächsten Tag in der Fullerton Universität in Los Angeles ein Vortrag nur für Studenten, die alle sehr sympathisch waren.

Schließlich kehrte ich für zwei Tage nach Washington zurück. Nathalie Bailey vom Komitee „Kampf gegen den Handel mit Wildtierfleisch" hatte verschiedene Treffen organisiert. Nach dem Vortrag im National Zoo in Washington nahm ich das Flugzeug nach Atlanta, meine letzte Station in den USA, wo ich im Zentrum für Sprachforschung einen öffentlichen Vortrag hielt. Zu meiner Freude traf ich dort Sue Savage-Rumbaugh wieder. Es war schon lange her, dass wir uns gesehen hatten, aber es kam uns vor, als wäre es gestern gewesen. Nur dass ich inzwischen 38 Bonobos in Lola hatte und Kanzi etwas rundlicher geworden war! Sue hatte einige schöne Überraschungen für mich vorbereitet: Unter den Zuhörern war Frans de Waal und brachte mir seine Bücher mit, in die er die Widmung „mit Bewunderung" geschrieben hatte. Ich hatte außerdem das Glück, einen von Sues Partnern in ihrem neuen Projekt der Primaten-Forschungsstation in Iowa kennenzulernen, und wir stellten gleich fest, dass wir ähnliche Vorstellungen über Bildung hatten. Als Krönung des Tages überreichte mir eine junge Frau mit schönen roten Locken einen stattlichen Betrag für den Kauf eines Busses in Lola, einfach so, ohne viel dazu zu sagen.

Nach einem Monat Abwesenheit kehrte ich endlich wieder nach Lola zurück. Ich schaute nach den Bonobos und nahm mit

Freude die Kilometer meiner Beobachtungsrunde, über Berg und Tal, rund um das Schutzgehege, auf. Die drei Gehege waren jetzt alle belegt, sogar die Aufzuchtstation war in ihr neues Gebäude umgezogen. Zusätzlich zur bisherigen Gruppe passte jede Mama auf einen neuen kleinen Bonobo auf: Mama Micheline kümmerte sich um Kiri, Marthe um Lulua, die im März von Brazzaville gekommen war, Henriette um den süßen Ruzizi, und Yvonne versuchte, den kleinen Virunga wieder ins Leben zurückzuführen, der am 14. Mai bei uns gestrandet war. Auch ihn gab ein kongolesischer Händler spontan in der Schutzstation ab.

Es war trüb, wie immer in der Trockenzeit, aber deutlich kühler als sonst. In der Aufzuchtstation breitete sich Schnupfen aus. Die Mamas holten wollene Babyjäckchen, Wärmflaschen und Decken, aber unsere Kleinen waren so jung und zart, dass wir uns in diesem Jahr bei den kühlen Temperaturen etwas Wirksameres einfallen lassen mussten. „Warum nehmt ihr nicht die elektrischen Heizstrahler aus dem Kükenhaus der Farm?", schlug unser Freund Albert Buisine vor. Zu dieser Jahreszeit gab es keine Küken, und er konnte sie uns ausleihen. Die Mamas waren nicht ganz überzeugt von dieser unerwarteten Modernisierung. Ich wappnete mich mit Geduld und erklärte ihnen den automatischen Temperaturregler. Mit dem Thermometer in der Hand bewies ich, dass die Temperatur einen ganzen Tag lang konstant blieb. „Der Kinderarzt hat 33 Grad empfohlen, wie in einem Brutkasten, eure Kleinen werden es die ganze Nacht lang schön warm haben." Das Argument überzeugte sie schließlich. Und unsere Mini-Bonobos schätzten es vom ersten Augenblick an. In ihrem Urwald am Äquator gab es das natürlich nicht, und das Fell ihrer Mama ersetzte jeden Heizstrahler. Aber hier mussten wir erfinderisch sein, um es unseren Waisenjungen so angenehm wie möglich zu machen. Was würden wir nicht alles unternehmen, damit sie ihr verlorenes Glück wiederfinden und von dieser „wilden Zärtlichkeit“ umhüllt würden, die ich selbst in meinen Jahren in Afrika überreich erfahren habe?

Unser Weg ist täglich von tausend Kleinigkeiten gesäumt, die uns schlichte Freuden bringen und den Kummer vertreiben. Wie könnten wir diese gemeinsamen Erinnerungen vergessen? Es geht mir zum Beispiel jedesmal zu Herzen, wenn ich an meine erste Begegnung mit Kalina denke. Wir fuhren von der Schutzstation zurück, als mein Chauffeur Sadico sie entdeckte. Der Händler hatte sich an den Straßenrand gestellt, neben die Autoschlange, die sich dort jeden Abend bildet. Er hielt das arme Tier an seinen kleinen Händen mit ausgestrecktem Arm fest und schwang es ganz nah den Autos hin und her, um die Aufmerksamkeit eines möglichen Käufers zu erregen. Mit einer rasanten Kehrtwendung, die jedem Rallyefahrer Ehre gemacht hätte, hielt Sadico auf dem Gehweg direkt neben dem Mann an. Dieser hatte Kalina bereits auf den Boden gesetzt, um mit uns zu verhandeln. Ich war kaum aus dem Auto ausgestiegen, als die Ärmste, kaum 50 Zentimeter groß, auf ihren mageren Beinchen auf mich zugelaufen kam, ihre Arme nach mir ausgestreckt, den Mund offen, mit diesem angstverzerrten Gesichtsausdruck, den ich nur zu gut kenne. Ihr Schrei war kaum hörbar. Sicherlich hatte sie so sehr geweint, dass ihre Klage kaum mehr dem Vokalisieren eines Bonobos glich: Es war nur noch ein schwacher Hilfeschrei mit einem letzten Hoffnungsschimmer. Ich bückte mich und nahm sie in die Arme. Sie klammerte sich mit aller Kraft an mir fest und beugte ihren Kopf zurück, um mir in die Augen zu schauen, den Mund immer noch geöffnet in ihrem verzerrten Gesicht, das einem Lächeln gleichen könnte, wäre es nicht so voller Angst gewesen. Was für ein Leid! Was für eine Botschaft! Ihre kleinen Hände krallten sich durch meine Kleidung an meiner Haut fest, als ob sie mich nie wieder gehen lassen wollte.

Aber vor dem Händler konnte ich sie weder bedauern noch in Tränen ausbrechen, wozu ich leicht geneigt gewesen wäre. Ich verhandelte also mit ihm, dass ich sie mitnehmen, meinem Mann zeigen und die 100 Dollar holen würde, die er verlangte. Ich wusste, dass er es praktisch als letzte Chance akzeptieren würde. Kalinas Stress äußerte sich in einem konstanten Durchfall, und dem Mann war klar, dass sein Schatz bald für immer verschwinden würde. Wir fuhren also direkt zum Umweltministerium.

Zum Glück empfing mich der Generalsekretär sofort. Ich nahm mir nicht einmal die Zeit, mich hinzusetzen – das kleine Tier hing immer noch an mir – und erklärte ihm hastig die Situation. Dann wartete ich auf die offizielle Bescheinigung, die ich, begleitet von den Inspektoren und wahrscheinlich auch mit einem Polizeibeamten für alle Fälle, zum Gespräch mit dem Händler mitnehmen wollte. Vor allem meiner durchschlagenden Argumente wegen, aber auch ein wenig wegen des leidigen Durchfalls – ich sehe noch, wie der Generalsekretär mit Toilettenpapier hinter mir hereilte – erhielt ich diese Dokumente schneller denn je. So ausgerüstet ging ich zum Händler zurück, damit er verwarnt würde. Sicher, er musste weder Strafe zahlen noch ins Gefängnis, aber für ihn bedeutete es das Ende seiner Träume. Schmerzhaft musste er von seiner Hoffnung auf das große Geld Abschied nehmen. Dieses winzige Weibchen in unsere Schutzstation aufzunehmen war ein beachtlicher Erfolg gewesen. Die Beamten hatten ganze Arbeit geleistet und das Gesetz war in der geltenden Form angewandt worden. Mehr konnte ich nicht erwarten. „Du hast die Bronzemedaille gewonnen", sagte mir Victor jedesmal nach einer Beschlagnahme, „und ich hoffe, dass du eines Tages ganz oben auf dem Treppchen stehen wirst." Ich hörte ihm lächelnd zu. Würde der Tag der Verwirklichung dieses anderen Traums kommen: die Auswilderung der Bonobos in ihren natürlichen Lebensraum?

Kapitel 8

Die Geburt der Zukunft

Das nächste Treffen der PASA fand 2004 in Johannesburg, der Hauptstadt Südafrikas, statt. Dominique begleitete mich. Unsere Abreise war für den 4. Juni geplant. Aber der Kongo wäre nicht der Kongo, hätten nicht unvorhergesehene Ereignisse unsere Abreise verhindert. Vor der Universität fanden Demonstrationen gegen die Präsenz der UN-Truppen im Land statt. Sie schlugen in Plünderungen um, die Plage des afrikanischen Kontinents schlechthin. Die Einrichtungen der Blauhelmsoldaten waren die bevorzugten Ziele, aber die Geschichte des Landes hatte uns Vorsicht gelehrt. Wir warteten bei uns zu Hause ab, was noch kommen würde. Zwei Freunde, die mit uns kommen wollten, Barbara und John, waren dank der Wachsamkeit von Sadico, der ein Experte für diese Art von Situationen ist, der aufgebrachten Menge entkommen. Sie konnten sich in Crispins Haus, das sich ganz in der Nähe befindet, retten. Ich telefonierte mit einem anderen Bonobo-Unterstützer, der ein Begleitschutz-Unternehmen hat, und ihm gelang es, zusammen mit einigen Polizeibeamten, Barbara und John hinten im Jeep versteckt bei Nachteinbruch zu uns zu bringen.

Zwei Tage später hatte sich die Situation anscheinend normalisiert. Obwohl fast alle Flüge annuliert worden waren, erfuhren wir, dass die größte kongolesische Fluggesellschaft, Hewa Bora, an diesem Morgen nach Johannesburg fliegen sollte. Den Verantwortlichen am Flughafen konnten wir informieren: Er würde den Abflug erst freigeben, wenn wir an Bord waren. Mit einer Polizeieskorte erreichten wir den 40 Kilometer außerhalb von Kinshasa gelegenen Flughafen und gingen an Bord.

Wir hatten uns fest vorgenommen, am PASA-Treffen 2004 allen Widrigkeiten zum Trotz teilzunehmen, und überraschten unsere Kollegen, als wir tatsächlich eintrafen. Diese hatten, wie wir, wiederholt das Aufflammen des Krieges erlebt. Christelle aus der benachbarten Volksrepublik Kongo und Bala aus Sierra Leone lachten bei der Erinnerung an ähnlich gelungene Situationen vielleicht ein bisschen lauter als die anderen. In solchen Momenten ist Humor eine wertvolle Hilfe, um solchen Erlebnissen etwas von ihrer Bedrohlichkeit zu nehmen.

2004 war eines der Hauptthemen die kurz- und mittelfristige Zukunft der Schutzstationen. Der Tierarzt Marc Ancrenaz und der Genetiker Benoît Goossens, die mit Aliette Jamart von Help-Congo zusammenarbeiten, berichteten von Auswilderungserfahrungen mit Schimpansen. Ich hörte ihnen sehr aufmerksam zu, denn für einige Bonobos in Lola konnte ich mir diesen Schritt durchaus vorstellen. Und ich bin glücklich, dass in diesem Jahr bei PASA ein Problem diskutiert wurde, das uns alle bewegt: Was sollen wir mit unseren Bonobos machen, wenn sie erwachsen geworden sind und der Platz nicht mehr ausreicht?

Ich kehrte von meiner Reise mit der immer gleichen Ungeduld zurück: Lola wiedersehen, dieses geschäftige Treiben, erfahren, wie es mit den Neuankömmlingen weitergegangen ist ... Crispin beruhigte mich: Im Moment liefe alles gut, in allen Gehegen sei es friedlich. Bei so guten Neuigkeiten freute ich mich ganz egoistisch, dass ich stundenlang meiner Lieblingsbeschäftigung nachgehen konnte: dem Studium des Verhaltens der Bonobos.

Ich musste aber auch vernünftig sein und mich einige Abende mit Verwaltungsarbeiten beschäftigen. Dominiques endgültige Abreise musste vorbereitet werden, denn ihre eigentliche Arbeit führte sie nach Indien. Das Wunder des Internets würde es uns ermöglichen, trotzdem weiterhin zusammenzuarbeiten. Wieder einmal nahm mir das Leben eine meine Wegbegleiterinnen von der Seite, eine jener Frauen, die meine Träume geteilt und dadurch Lola mit mir aufgebaut haben. So wie damals Emy, die heute an den Stränden von Französisch Polynesien lebt und glückliche Mama der kleinen Sophia ist, so wie Kate, die immer noch ein gefährliches Leben führt, irgendwo im Sudan oder in einem anderen Kriegsgebiet, und so wie Claudia mit ihrem bezaubernden kreolischen Akzent, die wieder in ihrer Heimat Haiti ist, uns aber nicht vergessen kann, denn ihre kleine Tochter trägt den Namen Alexa-Lola.

Um die Arbeit der Ersatzmütter zu erleichtern, musste ich unbedingt einige der lebhaftesten kleinen Bonobos von der Aufzuchtstation in ein Gehege der Größeren bringen. Wir planten also, dass Tembo, Fizi, Lipopo, Api und Lisala umziehen sollten. Zunächst ließen wir die fünf Rabauken zusammen im Quarantäne-Gehege, damit sie sich daran gewöhnten, ohne ihre menschlichen Mamas zu sein. Bis dahin ging alles gut. Das Gehege ist bewaldet, sie tobten wie die Wilden zum Vergnügen der Besucher. Aber bald danach, als wir wie jeden Nachmittag einige der etwas älteren oder erwachsenen Bonobos nacheinander in das Gehege unserer Halbstarken ließen, stellten sich Probleme ein. Tembo floh, trotz seiner sechseinhalb Jahre, in den äußersten Winkel des Waldes, sobald einer der größeren Bonobos an der Tür des Geheges auftauchte, und verkroch sich dort bis zum Abend. Er hatte sogar vor Prinzessin Mimia und vor Maya Angst. Er aß und trank nicht mehr. Nach einigen Tagen vergeblicher Bemühungen wusste ich nicht weiter und versuchte, mehr über Tembos Leben vor Lola herauszufinden. Pierrot ging in die Bar zu seinem ehemaligen „Besitzer“. Dieser erzählte ihm, dass sie mit Tembo Probleme hatten, weil er nie „mit dem anderen Schimpansen“ zusammensein wollte. Erstaunt über diese Antwort bat Pierrot darum, diesen „anderen" zu sehen und stand vor einem ausgewachsenen Schimpansen in einem Käfig, den wir schon für einen jungen Bonobo für viel zu klein hielten. Der schlecht informierte Besitzer hatte mehrmals versucht, den armen Tembo mit dem Schimpansen in einen Käfig zu stecken, wobei Tembo wahrscheinlich jedes Mal von dem anderen fast umgebracht worden war. Daher kam seine Angst vor allen Größeren, egal ob Schimpanse oder Bonobo. Es bedurfte mehrerer Monate Geduld und viel Feingefühl, bis er schließlich Vertrauen zu den größeren Bonobos fasste, die ihm bei uns überhaupt nichts Böses wollten.

Bei der Eingliederung der anderen kleinen Bonobos gab es keine vergleichbaren Schwierigkeiten. Trotzdem blieb es ein heikles Unterfangen. Zusammen mit den anderen Ersatzmamas entschieden wir einstimmig, dass die Gruppe aus Gehege 2, in dem Max und die anderen Neuankömmlinge aus Brazzaville wohnten, für sie die geeignetste wäre, was sich auch als richtig erwies.

Und wie ging es in den anderen Gehegen weiter? Machen wir gemeinsam den Rundgang durch die Schutzstation, so wie ich ihn jeden Tag gehe, um die tausend Kleinigkeiten, die das Leben unserer Schützlinge kennzeichnet, besser zu verstehen. Im Gehege 1 ist Matadi, unser jüngstes Männchen, der mich immer wieder mit seinem Erfindungsreichtum beeindruckt. Zu den dominanten Weibchen der Gruppe hat er eine erstaunliche Beziehung: Er ist wirklich der „Sohn der Chefin", wie ihn Stany, der Gehege-Verantwortliche, ganz ernsthaft nennt. An einem Abend schaue ich fast im Dunkeln und mit angehaltenem Atem, um das Geschehen nicht zu stören, heimlich zu, wie er sich schlafen legt. Die ältesten, befreundeten Weibchen, Mimia, Maya und Opala, belegen eine der großen Flächen im Schlafgehege. Wie immer bringen Maya und Opala große Armvoll Stroh in ihre Hängematten, während unsere Prinzessin sehr sorgfältig ein Nest aus dem restlichen Stroh direkt am Boden baut. Immer an ihrer Seite, wartet Matadi geduldig, dass sie ihr Werk beendet und stößt regelmäßig einen kurzen Seufzer aus. Er scheint sagen zu wollen: „Kann ich nachher kommen?" Gleichgültig und hochnäsig fährt Mimia mit ihrem kunstvollen Nestbau fort und schiebt Matadi immer wieder sanft zur Seite. Weiterhin seufzt er sie an, kaum hörbar, und scheint eine einzige, flehentliche Bitte. Zehn Minuten später ist er in seinem Bemühen noch kein bisschen weitergekommen. Er versucht daher, Mimias Mitleid zu erregen. Elend und ständig weiter jammernd schiebt er ein paar dünne, herumliegende Strohhalme zusammen und legt sich auf die nackten Fliesen. Ohne Mimia anzuschauen, mit dem Gesicht zum Boden, streckt er dann seine Hand nach ihr aus. Schließlich nimmt sie sie und zieht ihn zu sich. Er kuschelt sich an sie, sucht Wärme und Trost. Gewonnen!

Im Gehege 2 geht es vollkommen harmonisch zu. Max und seine Kumpanen Tex und Mixa haben sich ausgezeichnet an ihren Wald gewöhnt und genießen mit ihren neuen Freundinnen Semendwa, Kisantu und Nioki das Gelände. Die Männchen gehen nach der letzten Mahlzeit zum Schlafen in den Wald, während die Weibchen zum Schlafgehege zurückkehren, um es sich dort mit viel Stroh in den Hängematten gemütlich zu machen. Bei der Eingliederung der kleineren aus der Aufzuchtstation – Tembo, Fizi, Lipopo, Api und Lisala – zählen wir wieder auf unseren „Vermittler" Inongo. Semendwa, das Alpha-Weibchen, ist mit ihren neun Jahren nicht einfach: Sie verhält sich sehr dominant und nimmt sofort den kleinen Api aufs Korn. Aber Api ist schlau. Trotz der Schikanen der Chefin klammert er sich an sie. Er geht und kommt immer wieder zu ihr und quengelt, um ihre Aufmerksamkeit zu erregen. Schließlich zieht sie ihn zärtlich an sich. Er jubelt bereits über seinen Erfolg, da stößt sie ihn weg und er rollt über den Boden ... um danach wieder von ihr in die Arme genommen zu werden. Wie man sieht, sind die Launen einer Diva nicht nur den menschlichen Exemplaren vorbehalten. Bei Tembo dagegen läuft trotz unserer Befürchtungen alles bestens: Er versteht sich gut mit Max, Inongo und Tex, und da Semendwa ihn nicht beachtet, geht alles gut. Bei der kühnen Lisala hingegen müssen wir bald wieder einen Schritt zurück machen. Sie will absolut nicht im Gehege 2 bleiben, sie entfernt sich von der Gruppe und geht allein in den Wald, um dort zu weinen. Wenn die Mamas vorbeikommden, springt sie gegen den Zaun und scheut nicht einmal die Elektroschocks, um zu ihnen zu gelangen. Wir bringen sie also wieder in die Aufzuchtstation zurück, damit sie dort noch ein bisschen verwöhnt werden kann. Wir hätten niemals gedacht, dass wir mit Lisala solche Probleme haben würden. Aber bei den Bonobos ist nie etwas sicher. Wegen ihrer ausgeprägten emotionalen Sensibilität muss man immer behutsam vorgehen, darf Veränderungen nur schrittweise vornehmen und muss das Leben der Gruppen, die Spiele des Aufeinanderzugehens und Zurückweisens, das plötzliche Auftreten von Ängsten oder unerwarteten Blockaden genau beobachten.

Die Gruppe in Gehege 2 besteht jetzt also aus 13 Bonobos, darunter sechs kleine. Der Bach ist nicht sehr tief, aber schon am ersten Tag, als wir sie dorthin brachten, haben sie mir große Angst gemacht: Sie sind uns den Zaun entlang gefolgt und kannten den Weg über die natürliche Brücke nicht, den die Großen immer gehen. Stattdessen versuchten sie, einfach quer durch den Bach zu kommen, ohne daran zu denken, dass sie dabei untergehen könnten. Lipopo und Fizi waren schlauer, sie sprangen und hielten sich dabei an einem Ast des gegenüberliegenden Ufers fest, aber der kleine Api stürzte sich ohne jede Achtsamkeit hinein. Schon bald verschwand sein Kopf unter der Wasseroberfläche. Wir konnten unmöglich eingreifen, die Entfernung zur Gehegetür war zu groß. Wir riefen nach Inongo, damit er Api zu Hilfe käme, eine Aufgabe, die er bestens löste und Api aus seiner misslichen Lage rettete. Ohne weitere Zwischenfälle abzuwarten, habe ich sofort die Männer gebeten, einen abgestorbenen Baumstamm über den kleinen Bach, der den See speist, zu legen, damit die Kleinen in den Wald kommen können, ohne dabei Gefahr zu laufen zu ertrinken.

Im Gehege 3 ist das Fell der Bonobos die größte sichtbare Veränderung seit ihrem Umzug nach Lola. Keza und Etumbe sehen großartig aus. Unsere zarte Tshilomba erholt sich langsam von einer Shigellose, einer bakteriellen Durchfallerkrankung, an der sie kurz vor meiner Abreise nach Johannesburg erkrankt war. Makali dagegen widmet sich seiner Lieblingsbeschäftigung: sich die Haare ausreißen. Er hat jetzt eine wilde Intellektuellen-Frisur und ähnelt Jack Nicholson in Einer flog übers Kuckucksnest.

So also sieht es in Lola an einem ganz normalen Tag aus. Natürlich fehlen bei diesem Bericht die Bilder und Gerüche des Waldes, das Kommen und Gehen der Menschen und die Gespräche mit den Bonobos. Aber mit Hilfe ihrer Fantasie können Sie sich nun alles gut vorstellen.

Zum ersten Mal konnte im Rahmen der Neutralität der Unesco eine Zusammenarbeit zwischen zwei benachbarten Ländern während eines kriegerischen Konflikts organisiert werden. Eine konsequente Hilfe ermöglichte es dem ICCN, dem Kongolesischen Institut für Naturschutz, für die Stätten des Welterbes der Menschheit, zu denen die meisten Naturschutzgebiete des gesamten Kongobeckens zählen, eine weitestgehende Überwachung zu gewährleisten. Dies war der Zeitpunkt, um die Landbesitzer und Partner dazu zu bewegen, sich vermehrt zu engagieren und auch die uneingeschränkte Unterstützung der kongolesischen Regierung zu erreichen. Der Durchsetzungskraft von Eulalie Bashige, der Verantwortlichen des ICCN, war sicher ein entscheidender Anteil für die Zusage der erneuten internationalen Hilfe zu verdanken, denn die zu bewältigende Aufgabe ist so groß, dass neue Finanzmittel unabdingbar sind.

Auf der Versammlung, bei der diese neuen Maßnahmen beschlossen werden sollten, traf ich eine ganze Gruppe von Kollegen, bekannte Persönlichkeiten aus dem Umweltschutz und Freunde von Lola, aber auch Virginie Guiton und Stéphane Alexandresco, die Regisseure des Films *L'ange des bonobos, Der Engel der Bonobos,* und die zarte Priscilla Telmon, die gerade erst von ihrer langen Tibetwanderung bis Lhasa zurückgekommen war, dazu Emmanuelle Grundmann und noch andere. In einer anderthalbstündigen Sendung mit Jacques Pradel auf Europe 1 konnten wir unsere Arbeit und Ziele vorstellen und die aktive Rolle der Schutzstationen beim Umweltschutz vorbringen. Danach kehrte ich schnell wieder zurück nach Lola.

Am 30. Oktober brachte eine unserer Ersatzmamas, Yvonne, ihr zweites Baby zur Welt, eine hübsche kleine Tochter, Prisca. Dies war die ideale Gelegenheit, Etumbe, an deren Schwangerschaft wir nicht mehr den geringsten Zweifel hatten, ein elterliches Vorbild zu zeigen. Könnten wir uns denn einen besseren Unterricht für unsere Bonobos vorstellen, als einen Säuglingskurs von ihrer Ersatzmama? An ihr könnten sie lernen, die Gegenwart eines ganz Kleinen zu respektieren und die Rolle einer Mutter zu begreifen. Die Primatologen im Zoo von Antwerpen hatten mir erklärt, dass die Bonoboweibchen wegen späten Milcheinschusses nicht immer ihre Kleinen an die Brust legen. Yvonne war ganz begeistert von unserer Idee und antwortete auf meine Bitte nahezu feierlich:

„Das ist meine Aufgabe als Mama. Von Anfang an zeigen wir ihnen den Weg der Liebe. Ihnen das Muttersein und das Stillen zu erklären ist nur die logische Folge dieser Rolle."

„Herzlichen Dank, Yvonne. Ich hatte ein bisschen Angst, dich darum zu bitten, aber jetzt bin ich beruhigt."

So war sie also damit einverstanden, ihr Baby vor den Augen der zukünftigen Bonobomutter an die Brust zu legen. Etumbe schaute voller Aufmerksamkeit zu. Der Anblick war schlicht und berührend. Bald kamen die anderen beiden Weibchen der Gruppe und die Kleinen und betrachteten ebenfalls die Szene. Dann kamen auch die Männchen dazu. Wir waren zufrieden. Es schien uns ganz wichtig, ihnen zu zeigen, wie zart ein Baby ist, da sie oft die Grenzen des Spiels überschreiten und dabei grob werden.

Lola entwickelte sich prächtig. Dank der positiven Ergebnisse meiner Reise in die USA konnten wir einen größeren Bus für den Transport der Mitarbeiter kaufen, unverzichtbar in einer Stadt wie Kinshasa, wo es praktisch keine öffentlichen Transportmöglichkeiten gibt. Trotz der 100 000 Kilometer, die er auf dem Zähler hat, sah der Mercedes noch ganz passabel aus. Auf seinen 26 Plätzen können wir alle Mitarbeiter transportieren, inklusive der Mitarbeiter des Dorfes, die vor der Stadt aussteigen. Unser Bus hält nach Bedarf. Florent, unser Praktikant und Medienbeauftragter und Anne-Marie Oudart, unsere Gestaltungskünstlerin in Lola, die gerade die Schilder für den pädagogischen Pavillon fertiggestellt hatten, schlugen uns vor, das Fahrzeug für unser Bildungsprogramm in Lola zu nutzen: Bald zierten den Bus eine naive großflächige Zeichnung, die den äquatorialen Urwald mit einigen Bonobos darstellt. Patrick, der Direktor des Memling Hotels und Mitglied in unserem Verein, bot uns an, die Realisierung der Bilder zu sponsern. Er schlug sogar vor, Sonntag morgens Ausflüge vom Hotel nach Lola zu organisieren.

Weitere Neuigkeit zu Ende dieses Jahres: Wir arbeiteten unser Bildungsprogramm weiter aus. Pierrot und Benoît steckten bis zum Hals in Arbeit mit der Auswertung einer Studie, die von Disney finanziert wurde. Der Vergleich von Bildungseinheiten in Lola, direkt bei den Bonobos, und Unterrichtseinheiten in den Clubs de la Bonté und in den Schulen, ohne direkte Beobachtung von Bonobos, brachte die interessantesten Ergebnisse. Entgegen unseren Vermutungen schien der Fortbildungserfolg im Rahmen der Schule stärker als bei Besuchen in Lola. Dort lassen sich die Kinder zu sehr von der Natur ablenken und hören nicht mehr so gut zu. Wie alle Stadtkinder der Welt entdecken die Schüler von Kinshasa, wie schön es ist, in der freien Natur zu sein, am Ufer eines Flusses, mitten im Wald, umso mehr als seit sieben Jahren die Bewegungsfreiheit außerhalb der Stadt von vielen schikanösen Straßensperren der Militärs sehr beeinträchtigt wird. Kommt die Bildung bei den Ausflügen zu kurz? Die Schule bringt die Schüler normalerweise wenig mit Umweltproblemen in Kontakt, und eine Person, die ein Thema vorträgt, das nicht im Lehrplan steht, ist immer sehr willkommen. Wir änderten also unsere Strategie: Von nun an gingen wir vermehrt in die Schulen, bevor wir Besuche in Lola organisierten.

Mit dem Dezember kamen endlich die Regenfälle, aber mit ihnen auch die Bronchitis. Vier Kleine, Lulua, Lusambo, Kiri und Ruzizi, waren krank und wir ließen ihnen sofort eine Intensivbehandlung zukommen. An einem Freitag regnete es den ganzen Tag. Ich riet dem Team, den Heizstrahler über dem Käfig anzubringen, damit sich die Bonobos während der Nacht nicht unterkühlen. So kam es zur Tragödie. Als am Abend nach einem der häufigen Stromausfälle der Strom wieder da war, führte eine Überspannung zum Kabelbrand. Das Kabel verschmorte vollständig und setzte dabei giftige Gase frei. Die Bonobobabys atmeten schlafend dieses giftige Gas ein und wachten nicht mehr auf. Die anderen Bonobos waren nicht weit entfernt, aber zu Beginn der Nacht in einer Tiefschlafphase und hatten weder etwas gesehen noch gerochen, da der große Saal gut belüftet ist. Sie hatten das Nachtteam nicht alarmiert, die auch nichts bemerkt hatten. Am frühen Morgen entdeckten die Mitarbeiter die toten Babys in Schlafposition, um sie herum verbranntes Stroh. Nur Ruzizi atmete noch. Wir brachten sie sofort in die Tierklinik von Pierre, aber sie hatte zu viel von dem giftigen Gas eingeatmet und starb im Lauf des Tages. Wir waren untröstlich. Obwohl uns viele Freunde ihre Unterstützung bekundeten, hatte sich ein schwarzer Schleier über Lola gesenkt und um die Aufzuchtstation gelegt. Die Mamas weinten und verfluchten die Stromgesellschaft. Jede konnte uns von einem ähnlichen Unfall berichten. Unser Schmerz wurde damit nicht geringer. Ich wusste, dass der Unfall dieser Nacht noch lange eine unserer schrecklichsten Erinnerungen bleiben würde. Dieses Jahr hätte doch „unser Jahr" werden sollen, denn Lola strahlte vor Glück: die Rettung der Bonobos aus der benachbarten Volksrepublik Kongo; die vier erwachsenen Bonobos, die endlich aus dem Forschungsinstitut gekommen waren; der Bau von zwei neuen Gehegen, jedes mit Schlafkäfigen und Quarantäne-Station; ein neuer Bus; und am Ende des Jahres ging das Anwesen von Lola rechtlich in den Besitz des Vereins ABC über. Leider erinnerte der Trauerfall, den wir gerade erlebt haben, uns nur zu schmerzlich daran, dass man sich nie in Sicherheit wiegen kann.

Licht und Schatten des Jahres 2005: Zu den guten Nachrichten zählte auch, dass Lola über die Medien ein immer größeres Publikum erreichte. CNN widmete uns in der Sendung „Inside Africa" eine lange Sequenz, und wir nahmen an den Dreharbeiten von zwei Filmen teil: zum einen an einer japanischen Produktion, zum anderen an einer mit BBC-News. Ich reiste nach Europa auf Sponsorensuche und wandte mich erneut an die Stiftung Brigitte Bardot, die uns schon seit drei Jahren unterstützte und das Futter für die Bonobos zahlte. Ich bat sie um Unterstützung für den Bau einer neuen Aufzuchtstation, die unseren Mamas schon so lange am Herzen lag. Und schließlich brauchten wir für die Vorbereitung von so vielen Obst- und Gemüsekörben für die verschiedenen Gehege eine neue, größere und gut ausgestattete Futterküche. Ein Raum in dem Gebäude mit den Schlafkäfigen von Gehege 2 wäre dafür wunderbar geeignet. Ich erhielt die finanziellen Mittel dafür dank der Stiftung „Trente millions d'amis" (Dreißig Millionen Freunde), als ich auf meiner Reise in ihren Fernsehstudios vorbeikam, um ein Interview zu geben.

Aber vor allem traf ich in Paris meine Freundin Emmanuelle Grundmann, die Verhaltensforscherin, wieder, mit der ich das Projekt des Auswilderns einer Gruppe von Bonobos im Urwald der Demokratischen Republik Kongo vorbereiten möchte. Wir beschlossen, so bald wie möglich mit der Suche nach einem geeigneten Gebiet zu beginnen. Diese für die Schutzstation so wichtige Etappe muss mit allen erdenklichen Vorsichtsmaßnahmen vorbereitet werden. Wir einigten uns darauf, bald nach Mbandaka, der Kreisstadt in der Provinz Equateur, zu reisen, uns dort mit dem Gouverneur zu treffen und ihm unser Projekt vorzustellen.

Diese Idee des Auswilderns war nicht neu. Bei der ständig steigenden Anzahl unserer Schützlinge mussten wir den Tatsachen ins Auge sehen: Als Lösung bliebe uns bald nur noch die Euthanasie oder das Auswildern in den natürlichen Lebensraum. Im Lauf der Jahre hatte bei den Treffen von PASA diese Idee des Auswilderns immer konkretere Formen angenommen. Manche sprechen statt von „Auswildern" von „Freilassen", ein Begriff, den ich nicht mag, weil er Bilder von achtlos geöffneten Käfigen und Menschen, die sich nach erfüllter Mission wieder zurückziehen, weckt. Bei jedem unserer Treffen wurde bei der Nennung der Anzahl unserer Tiere die Sorge größer, dass wir an die Grenze unserer Kapazitäten gelangten, und führte uns dazu, Fragen an die Zukunft zu stellen. Man wird diese Angst besser verstehen, wenn man erfährt, dass manche Schutzstationen schon lange die Grenze von 150 Tieren überschritten haben. Und diese Zahlen werden wahrscheinlich noch steigen, denn nichts lässt darauf schließen, dass der Handel mit Wildtierfleisch in naher Zukunft zurückgeht und damit die Zahl der Menschenaffen, die zu Waisen werden und in den Städten zum Verkauf angeboten werden.

Aber so verlockend die Vorstellung auch ist, einige unserer Bonobos in ihren Wald zurückzubringen, sind wir uns doch der Gefahren bewusst, die dort auf sie lauern. Es kommt nicht in Frage, dass wir sie wissentlich in den Tod oder in die Netze der Jäger schicken. Auswilderungs-Projekte müssen von drastischen Schutzmaßnahmen begleitet werden, die in Richtlinien der IUCN, dem Weltnaturschutzverband, aufgelistet sind und die wir selbstverständlich befolgen wollen. Unsere Erfahrung und die Tatsache, dass wir unsere Bonobos sehr gut kennen, sind weitere Elemente, die zu einer erhöhten Erfolgschance beitragen könnten.

Meine größte Sorge gilt derzeit noch dem Erforschen der wild lebenden Bonobo-Bestände. Auch wenn die Population noch so gering ist, müssen wir zuerst an ihren Schutz denken, die Anzahl der wilden Bonobos herausfinden und ihr Verhalten studieren. Wir müssen den Lebensraum und die Lebensweise kennenlernen, um die Folgen des Auswilderns einer größeren, mehr oder weniger sozial gefestigten Gruppe in eine alteingesessene Population abschätzen zu können. Es darf nicht zu einem Ungleichgewicht kommen, das zur Folge hätte, dass eine Gruppe dann in einen anderen Teil des Waldes, der mehr Gefahren ausgesetzt sein könnte, weiterzieht.

Natürlich ist das soziale Verhalten der Bonobos bei der Begegnung mit neuen Artgenossen längst nicht so brutal, wild und dramatisch wie das der Schimpansen unter ähnlichen Bedingungen. Wir wissen, dass nach dem sukzessiven Auswildern von Schimpansen, das Kollegen von Help-Kongo durchführten, oft die Männchen in Freiheit das Eindringen von neuen Männchen in ihr Territorium kaum duldeten, ja sie sogar töten wollten. Die Weibchen hatten bessere Chancen akzeptiert zu werden, aber es handelte sich immer um ein schwieriges Unterfangen. So etwas würde bei den Bonobos nicht vorkommen, da bin ich fast sicher. Zwei gute Gründe hindern sie daran, so gewalttätig zu reagieren und beruhigen mich: Zum einen sind sie weniger auf ihr Gebiet fixiert als die Schimpansen, zum anderen erheben Bonobomännchen keinen „Besitzanspruch" auf Weibchen gegenüber fremden Männchen. Wir haben bei unseren Versuchen, große Gruppen miteinander zu mischen, die Erfahrung gemacht, dass die Anspannung in den ersten Momenten sicherlich groß ist, aber die sexuellen Kontakte das Zusammentreffen bald in eine *Sexparty* verwandeln. Die Weibchen sind Experten darin, die Aggressionen der Männchen zu managen, ergreifen sehr schnell beruhigende Initiativen und bilden untereinander eine Koalition gegen diejenigen, die nur ihren eigenen Kopf durchsetzen wollen.

Wenn das Auswildern nach diesem optimistischen Szenario verläuft, werden sie das Leben in der Wildnis auch erlernen: die Eingewöhnung in den neuen Lebensraum, das Entdecken von neuen Nahrungsangeboten und die Wachsamkeit gegenüber neuen Gefahren. Denn im Gegensatz zu der Population, die sie vor Ort kennenlernen werden, haben unsere Waisen, die unter Menschen aufgewachsen sind, keine Angst vor diesen. Sie betrachten sie als Freunde, als Gefährten. Sie wären also auch sehr gut dafür geeignet, ihre Artgenossen für den Ökotourismus fit zu machen. Bleibt noch zu sagen, dass man die Folgen einer unerwarteten Begegnung mit Wilderern nicht voraussagen kann.

Um diese Aufgabe zu meistern, müssten alle notwendigen Begleitmaßnahmen getroffen werden: in der ersten Phase tägliche nahe Überwachung, wenn notwendig teilweises Füttern, Tragen von Halsbandsendern, mit deren Hilfe die Gruppe lokalisiert und das Überleben der Einzelnen gesichert werden kann – auch wenn das Tragen von Sendern manchmal kontrovers diskutiert wird. Benjamin Becks, ein Experte für Auswilderung, hat mir nicht weniger als 17 Gründe gegen das Tragen von Sendern aufgezählt! Aber ich weiß, dass neue Modelle ausprobiert werden, und ich wage zu hoffen, dass sie sich als leistungsfähiger und flexibler erweisen. Bis zum Beweis des Gegenteils erscheint mir ihre Verwendung unabdingbar. Ich vergesse auch nicht eine Gruppe von Gorillas und ein Schimpansenweibchen, die wir gesehen haben, die zunächst gut integriert schienen, dann aber wieder zu den Menschen zurückkamen, weil sie ihr Futter nicht selber suchen wollten.

Wir müssen dabei an alle Risiken denken, auch an jene, die mit den Menschen in Zusammenhang stehen, die in den Schutzgebieten und Pufferzonen leben, oft ehemalige Arbeiter der Holzkonzerne. Sie müssen lernen, die Artenvielfalt zu respektieren und dafür müssen sie eine Alternative zur kommerziellen Jagd erhalten. Ich weiß aus unserer Erfahrung, dass die Gründung von Lola für das nahegelegene Dorf Kombala mehr Verdienst für die Gemüsehändler, eine bessere Instandhaltung der Straße und eine Menge von Besuchern, die das Gebiet „beleben", zur Folge hatte. Die Einrichtung eines Bonoboreservats für den Ökotourismus würde bestimmt dieselbe Dynamik entwickeln: mehr Arbeit, bessere Straßen, das Ende der Isolierung. Wir müssen Wildhüter ausbilden, Führer, Chauffeure, Pfleger, Mitarbeiter, einen ganzen Komplex, bei dem die einheimische Bevölkerung geeignete Arbeitsplätze und ihre Würde wiederfinden wird. Wie man sieht, mangelt es in dieser Vorbereitungsphase auf den großen Sprung nicht an Fragen und Unbekanntem. Aber ich bin bereit, die Herausforderung anzunehmen, denn ich weiß, dass ich damit nicht alleine bin, ich erhalte auch langfristige Hilfestellung und Schutz von meinem Partner von einer Holzgesellschaft. Und außerdem werden wir aus der Phase des Auswilderns nicht ein improvisiertes Abenteuer machen. Starten werden wir damit erst nach einer minutiösen Vorbereitung, mit der Erfahrung von Kollegen, zu denen Wissenschaftler, die kompetenten Mitarbeiter von Lola ya Bonobo, die Beamten des Umweltministeriums, die Behörden vor Ort, die Stammesältesten und ... ein guter Rechtsanwalt gehören! Denn um die Liste der vielen Hindernisse nicht noch zu verlängern, mit denen wir konfrontiert sein werden, übergehe ich stillschweigend die behördlichen oder juristischen Probleme, die diese neue Etappe mit sich bringen wird.

Einige Zeit beobachtete ich, wie sich die Gruppen in Lola bildeten, in der Hoffnung, darunter eine zu finden, die stabil genug wäre, um eines Tages die Herausforderung der Auswilderung anzunehmen. Ich stellte mir eine Gruppe von etwa zwanzig Bonobos vor, mit einem breiten Altersspektrum, und wollte mit ihnen nicht nur größte Umsicht walten lassen, sondern auch so viel kompetenten Rat und Vorsichtsmaßnahmen wie möglich berücksichtigen. Und ich öffnete die Gehege, um die Bildung neuer Gruppen zu ermöglichen. Aber da die dominanten Weibchen sich weigerten, neue Allianzen einzugehen, mischten sich die Gruppen wenig und wir mussten daher unsere Entscheidungen auf der Basis des Verhaltens einzelner Tiere treffen. Wir hatten uns angewöhnt, das Futter für die Bonobos an verschiedenen Stellen in den Gehegen auszulegen, damit sie frei wählen konnten und nicht alle an derselben Stelle zusammenkommen mussten. Trotzdem ging es nicht immer ohne Reibereien ab. Tatango zum Beispiel hat einen schwierigen Charakter und will immer der Chef sein. Daher kam es zwischen ihm und Max zu Meinungsverschiedenheiten, denn Max ist die Freundlichkeit in Person, aufmerksam zu den Kleinen und geschätzt von den Weibchen, obwohl er sexuell wenig aktiv ist. Die Spannung zwischen den beiden stieg von Tag zu Tag, ich hörte den Konflikt an ihrer Art des Vokalisierens, wenn sie aus dem Wald kamen, um zu trinken. Schließlich brachte ein Tropfen das Fass zum Überlaufen. Als Tatango begann, Max im Kronendach zu verfolgen, übernahmen die von mir „Terrible Five" genannten jungen Weibchen, die noch nicht geschlechtsreif sind, Max' Verteidigung. Wild entschlossen verfolgte die Horde einen Tatango, der schnell in die Enge getrieben war und vor diesen kleinen Teufelinnen floh. Aber sie wollten dem verwegenen und dickköpfigen Kerl eine gehörige Lektion erteilen, warfen sich auf ihn, bissen ihm in die Ohren und verfehlten knapp seine Hoden. Crispin musste seine Wunden mit einigen Stichen nähen, und wir trennten Tatango von den anderen, bis sie verheilt waren. Etwa zehn Tage später ließen wir ihn wieder in die Gruppe zurück, und er wurde mit offenen Schenkeln – pardon: offenen Armen und Vokalisieren empfangen und von allen Bonobos, inklusive der Terrible Five gedrückt und geherzt.

Was genau war geschehen?, fragten wir uns im anschließenden Meeting. Wir wollten besser verstehen, wie es zu der bisher einzigen Aggression, die wir in der Schutzstation trotz der großen Gruppen mit den erwachsenen Männchen und den dominanten Weibchen jemals erlebt hatten, kommen konnte. Die Antwort, die wir fanden, war plausibel: Da einige der verbündeten erwachsenen Weibchen, träge aufgrund ihrer Schwangerschaft, nicht eingreifen konnten oder wollten, hatte diese Allianz der jungen Freundinnen reagiert und eine neue Macht gebildet. Die Terrible Five hatten den Schwächsten geschützt und den Angreifer bestraft, um das Gleichgewicht in der Gruppe und die Harmonie wiederherzustellen. Uns wurde schon von einem ähnlichen Verhalten bei einem dominanten Gorillamännchen, einem sogenannten Silberrücken, berichtet, der in seiner Gruppe ein Weibchen, das gegenüber einem schwächeren zu dominant war, sanktioniert hatte. Aber bei Bonobos hatte ich das noch nie beobachtet. Bei der Erforschung der Menschenaffen gibt es immer ein erstes Mal. Blieb zu hoffen, dass Tatango, um die Harmonie aufrechtzuerhalten, sich die Lektion lange merken würde.

Im Allgemeinen ist eine Gruppe bei uns sehr homogen. Eine Allianz von Weibchen wacht im Hintergrund über die Einheit der Gruppe und managt die Aggressivität der Männchen. Im Gegensatz zu den Gorillas, die im Patriarchat organisiert sind, empfindet man beim Anblick einer Bonobogruppe nicht die Vorherrschaft des einen oder anderen Geschlechts. Sie leben meist sehr harmonisch in ihrer kleinen Welt. Unsere bestehende Gruppe kannte keine größeren Konflikte, höchstens wurden einmal Männchen gemaßregelt, wenn sie zu wild waren oder versuchten, die Aufmerksamkeit eines Weibchens auf sich zu ziehen, indem sie zum Beispiel die Kleinen schikanierten. Das Wiederherstellen der Ordnung geschah im Handumdrehen und meist herrschte, wie es in der Natur eben ist, nach einem kurzen Streit wieder Frieden.

So sehr die Schaffung eines Schutzgebietes zur Auswilderung der Bonobos beschlossene Sache war, so viele Fragen blieben offen. Ich sah mich mit der Quadratur des Kreises konfrontiert: Es war nutzlos, ohne Finanzierungsmöglichkeiten nach einem geeigneten Ort zu suchen, aber es war auch undenkbar, ohne vorhandenen Ort eine Finanzierung zu finden. Ich habe mich deshalb an den Französischen Fonds für weltweiten Umweltschutz, gewandt, der mich gebeten hatte, ein Projekt vorzustellen, in dem ich einen zukünftigen Standort nennen sollte. In Begleitung von Emmanuelle Grundmann nutzte ich die laufenden Dreharbeiten des Arte Filmteams, um in die Provinz Equateur zu reisen und das Gebiet entlang des Kongo-Stroms und seiner Zuflüsse, wie dem Ruki, für unser Vorhaben zu erkunden. Ich fühlte mich in die Zeit zurückversetzt, als ich vergeblich die Umgebung von Kinshasa nach einem Gelände für die Bonobo-Schutzstation absuchte. Leider blieben auch diesmal unsere Recherchen erfolglos. Die menschliche Besiedelung ist einfach zu dicht, um eine Auswilderung von Bonobos in eine solche Umgebung in Erwägung zu ziehen.

Aber das Glück, das in meinem Leben schnell auf jede Enttäuschung folgt, führte in Mbandaka zur Begegnung mit dem Verantwortlichen des großen Holzunternehmens Siforco, einer kongolesischen Filiale der deutschen Firma Danzer. Sie hatte in den Neunzigerjahren ein Konzessionsgebiet von Hunderttausenden Hektar Wald, das sie nicht bewirtschaften konnte, an den WWF abgegeben, um sie dem Umweltschutz und gleichzeitig dem Schutz der Bonobos zur Verfügung zu stellen. Ich lernte also Dieter Haag kennen, eine beeindruckende Persönlichkeit, der in seiner Arbeit einen absolut untadeligen Ruf genoss. Er zeigte mir offen seine Enttäuschung: Die Infrastruktur der überlassenen Gebiete wurde seit der Übergabe entweder geplündert oder dem Verfall überlassen. Diese große Spende an den WWF am Vorabend der Plünderungen und zu Beginn einer sehr langen und unruhigen politischen war umsonst gewesen.

„Und Sie? Was führt Sie hierher?“, fragte er mich.

Ich hatte kaum begonnen, ihm von meiner ergebnislosen Suche nach einer Insel für die Auswilderung der Bonobos von Lola zu erzählen, als er mir vorschlug, mit dem Umweltschutzministerium der Demokratischen Republik Kongo eine Kooperation zu starten: Sein Unternehmen hätte der Regierung gerade neue Flächen zur Verfügung gestellt, weil durch das neue Forstgesetz die Steuern für die Vertragshändler so erhöht worden wären, dass es sich nicht mehr lohnte, diese Wälder zu bewirtschaften.

„Aber Sie könnten doch etwas daraus machen", schloss Dieter Haag. „Sie müssten es mit dem Umweltminister absprechen, und wir könnten Ihnen helfen und vielleicht sogar dem Ökotourismus auf die Beine helfen."

Sofort begann mein Hirn fieberhaft zu arbeiten. Seit fünfzehn Jahren wurde kein Holz mehr geschlagen, der Wald war nachgewachsen. Es führten Straßen hindurch und Camps standen noch. Nach unserem Gespräch fasste ich wieder neuen Mut. Endlich zeigte sich eine Möglichkeit, meine Bonobos wieder in der freien Natur anzusiedeln! Und außerdem gefielen mir Dieter Haags Vorschläge. Karl Ammanns Kämpfe um eine Sensibilisierung der Holzgesellschaften waren in diesem Fall offenbar nicht vergeblich gewesen. Man schien sich an die Versprechen zu halten, was den Schutz von Ökosystemen anging: strenge Verurteilung des Wilderns und des Handels mit Wildtierfleisch.

Sobald ich wieder in Lola zurück war, überstürzten sich die Ereignisse. Die Führungsmannschaft von Danzer kam zu ihrer Jahresversammlung nach Kinshasa. Auf Initiative von Dieter Haag wurde ein Besuch der Schutzstation ins Programm aufgenommen, und Lola begeisterte sie. Ich spürte, dass das Projekt, das in meinem Kopf Form annahm, sie interessierte: im Rahmen einer Partnerschaft von Lola, den kongolesischen Behörden und den Holzkonzernen Ökotourismus und Auswilderung der Bonobos zu vereinen.

„Stellen Sie mir ein Projekt vor", bat mich der Generaldirektor von Danzer und fügte hinzu: „Es wäre gut, wenn eine große Nichtregierungsorganisation mitarbeiten würde, um Patrouillen gegen Wilderer in Ihrem Reservat und auch in unserem Konzessionsgebiet zu stellen."

Meine Antwort kam prompt, und mit meinem gewohnten Optimismus entgegnete ich:

„Kein Problem, die werde ich für Sie und uns finden!"

Einige Zeit zuvor hatte ich in Paris bei einem Treffen der weltweiten Umweltschutzorganisationen, die der Unesco unterstehen, die Verantwortlichen des FFEM kennengelernt. Als einer von ihnen, Herr Mauvais, in den Kongo kam, haben wir den Kontakt schnell wiederaufgenommen. Er kümmerte sich um Probleme im Gebiet von Lomako, wo sich Japaner, die amerikanische BCI (Bonobo Conservation Initiative) und andere nichtstaatliche Organisationen vor Ort unter der Leitung des AWF (African Wildlife Foundation) engagieren. Der AWF ist jene amerikanische Organisation, für die mein Freund Jef Dupain arbeitet. Sie will der einheimischen Bevölkerung eine „wirtschaftliche Alternative" zum Wildfleischhandel bieten. Und da der Zufall es wollte, dass die Gebiete, die von der Holzgesellschaft Siforco zur Verfügung gestellt wurden, im Gebiet von Maringa-Lopori-Wamba liegen, schlug ich vor, dass die beiden Projekte gemeinsam von den staatlichen französischen Geldgebern geprüft würden. Herr Mauvais schien von der Idee umso mehr angetan, als er persönlich Lola besuchte und, wie ich merkte, schnell positiv beeindruckt war. Es blieb nur noch zu wünschen, dass man in Paris unsere Meinung teilte und die nötigen Mittel freigeben würde. So hatte das, was mir wie ein entfernter oder gar unerreichbarer Traum erschienen war, innerhalb weniger Monate Gestalt angenommen. Und in welchem Maße! Die Schutzstation Lola wird durch ein großes Gebiet ergänzt, in dem die Bonobos ihren ursprünglichen, natürlichen Lebensraum wiederfinden und die Natur in ihrem eigenen Rhythmus erleben. Es wird ein Gebiet sein, das dem Ökotourismus offensteht und in dem die wirtschaftliche Entwicklung zum Wohl der einheimischen Bevölkerung unterstützt wird. Eben einfach traumhaft.

Als ob ich in meinem Optimismus noch bestärkt werden sollte, begeisterte sich der Umweltminister selbst für dieses Projekt. Bei einem Besuch, den ich ihm zusammen mit Dieter

Haag abstattete, zeigte sich, dass er das Projekt schnell unter Dach und Fach bringen wollte.

„Ich brauche dieses Projekt rasch. Aber ich möchte auch sicher sein, dass Sie Lola nicht schließen werden", fügte er, sichtlich besorgt, hinzu.

„Das Projekt, das wir Ihnen vorschlagen, kann nur eine Ergänzung zu Lola sein, Exzellenz. Denken Sie nur an Lolas Bildungsauftrag. So nahe der Hauptstadt gelegen, gehört die Bildung der städtischen Bevölkerung, die mangels ausreichender Information selbst Wildtierfleisch kauft, unbedingt dazu."

Er war beruhigt. Ich Lola aufgeben? Da kannte er mich schlecht. Ich wusste jedoch, dass die Wildhüterpatrouillen im Mittelpunkt meines Kampfes stehen müssen und dass ihr Einsatz eine sehr breit angelegte Zusammenarbeit erfordert. Ich wandte mich also an den US Fish & Wildlife Service, eine Einrichtung der amerikanischen Regierung, die mir über ihre Projekte zum Schutz der Wälder und der Tierwelt im Kongobecken eine weitere Tür öffnen könnten. Mein Zeitplan stand jetzt fest: Schon in wenigen Monaten würde ich das vollständig ausgearbeitete Projekt inklusive der Budgetierung den Sponsoren vorlegen. Dann würden die wissenschaftlichen Vorbereitungen, die Festlegung der juristischen Grundlagen, die Ausarbeitung der Baupläne zusammen mit meinem Partner, beginnen und anschließend die anstrengende Phase der Erschließung der Infrastruktur kommen. Alle diese Schritte würden viel Zeit in Anspruch nehmen, wahrscheinlich zwei bis drei Jahre. Wenn das neue Projekt Wirklichkeit würde, wie ich es von ganzem Herzen hoffte, würde ich Aufgaben an diejenigen delegieren, die seit Jahren ihr Engagement und ihre Kompetenz unter Beweis gestellt hatten. Wenn Crispin es immer noch wollte, würde er seinem Wunsch entsprechend in das Schutzgebiet gehen, während Pierrot in unserer Abwesenheit die Leitung in Lola übernehmen würde. Ich würde dann die sechzig überschritten haben und, so hoffte ich, dafür gesorgt haben, dass die Projekte weitergeführt würden. Zwei Direktoren würden dann über die Geschicke von Lola 1 und Lola 2 wachen. Sie sollten Rückendeckung von einem Komitee der Freunde der Bonobos erhalten, während ich mit dem Pilgerstab in der Hand das Anliegen meiner Bonobowaisen in der ganzen Welt bekannt machen würde. Ich würde mir also meinen Platz im Paradies der Bonobos verdient haben und all denen, die noch zweifeln, zeigen, dass Lebenserfahrung sehr wohl Universitätsdiplome aufwiegt.

Die Kraft des Lebens schien endgültig in Lola Einzug halten zu wollen. Während das Auswilderungsprojekt Gestalt annahm, verlief Etumbes Schwangerschaft gut. Ihr Bauch wurde immer runder. Bei meinen Besuchen streichelte ich sie oft und spürte gerührt, wie sich unter meiner Hand das Baby bewegte. Wusste sie überhaupt, was mit ihr geschah? Wir Frauen der Schutzstation sprachen oft über das freudige Ereignis. Niemand wollte es verpassen! Wir trafen uns zu Fachgesprächen und klärten Fragen zu den Vorbereitungen.

Mit Yvonne und ihrem Baby ging der „Säuglingskurs“ weiter, und Anne-Marie und ich spazierten mit einem schwarzen Plüschtier vor Etumbe auf und ab, um ihr zu zeigen, wie man ein Baby trägt. Michèle zählte immer wieder die Tage der Schwangerschaft nach, gemäß den Informationen, die sie vom Zoo in Antwerpen und von Mary Rose bekommen hatte, die in Columbus oft Schwangerschaften überwacht hatte. Aber alle Vorsorgemaßnahmen konnten unsere Besorgnis nicht verhindern. Und dann war geplant, dass der Film von Arte, der in der Provinz Equateur begonnen wurde, in Lola weitergedreht werden sollte. War es vernünftig, das Team hier festzuhalten, um so ein Ereignis zu filmen, die erste Geburt eines Bonobobabys in einer Schutzstation? Aber wie hätte man eine solche Gelegenheit auslassen können? Gemeinsam beschlossen das Filmteam und wir, dass sie bleiben und die Regisseurin rechtzeitig vor Ort sein würde. Nun mussten wir nur noch den Bonobohimmel um Hilfe zu bitten.

Aber das Rad drehte sich weiter. Der bevorstehenden Geburt ging ein sehr schmerzlicher Tod voraus. Inongo, unser Vermittler, für den Crispin siebzehn lange Monate „Ersatzmutter" gewesen war, kam durch einen Unfall ums Leben. Am Vorabend hatte Stany mir berichtet, dass er nicht in die Schlafunterkunft gekommen wäre, ungewöhnlich für Inongo, der den doppelten Komfort eines dicken Kissens aus Stroh und einer Hängematte liebte. Ich fing sofort an, ihn im Wald zu suchen, mitten in der Nacht, aber vergebens. Die Suche der Ersatzmütter am nächsten Morgen blieb auch ergebnislos. Nachdem er zwei Nächte verschwunden war, befürchtete ich das Schlimmste. Es war sein Pfleger Stany, der den leblosen Körper von Inongo fand. Sein Mund, der tief in die Erde eingegraben war und seine nach oben gestülpten Lippen zeigten, mit welcher Wucht er aufgeprallt sein musste. Sein Nacken bildete einen Winkel, der keinen Zweifel ließ: Inongo hatte sich das Genick gebrochen. Sein Fuß war auch gebrochen und steckte in der Gabelung eines Astes, den er beim Sturz mitgerissen hatte. Was konnte passiert sein? Ein Fangspiel im Kronendach? War Inongo mit seinem zu kurzen Bein, das seit seinem dritten Lebensjahr nicht mehr gewachsen war und dem er den liebevollen Spitznamen Courte Patte verdankte, auf einem Ast ausgerutscht und abgestürzt? Wenn man weiß, wie geschickt die Bonobos in den Bäumen klettern, wird klar, dass nur ein körperliches Handicap, wie Inongo es hatte, sie das Leben kosten kann. Adieu, lieber Botschafter. Dass du uns fehlen wirst, ist viel zu wenig gesagt, wir alle empfinden schmerzlich den Verlust.

Dann hielt die Grippe Einzug in Lola, und mit ihr nochmals das Schreckgespenst des Todes. Schlag auf Schlag erkrankten

23 Bonobos, also die Hälfte unseres Bestands. Sechs große Bonobos schwebten mehrere Tage lang zwischen Leben und Tod: Nioki, Tembo, Mixa, Lipopo, Opala und Keza. Sie überlebten dank der Behandlung mit Rocephin, mit dem wir die Lungenentzündung in den Griff bekamen. Leider verschwand Tex, „unser kleiner Gorilla", wie wir ihn nannten, und der die Medikamente nicht nehmen wollte, in den ersten Tagen der Epidemie. Wir fanden ihn tot im Wald.

Würde der schwarze Engel und sein Schatten des Todes, den wir so sehr fürchteten, uns endlich verlassen? Wir beschlossen, uns wieder an den großen Häuptling zu wenden, um ihm unser Unglück zu berichten. Es würde vielleicht wieder an der Zeit sein, mit den „Kokos", den Ahnen, zu sprechen. Es traf sich gut: Er kam uns kurz danach besuchen, um seine nächste Heirat zu verkünden ...

„Oh je!", prophezeite Valérie, die trotz der stürmischen Zeiten einen kühlen Kopf behielt. „Diesmal wird es sicher mehr als nur neun Kolanüsse kosten."

„Komm schon, Val! Du weißt doch, dass wir in Krisenzeiten die Ahnen besänftigen müssen."

„Mögen die Ahnen mit uns sein, Halleluja! Amen!", sangen die Mamas im Chor, die unter den Bürofenstern vorbeiliefen und auf den Armen ihre kleinen Cherubine trugen.

Am 15. März 2005 empfingen wir wie geplant das Arte-Team, außerdem Emmanuelle Grundmann und Cyril Ruoso. Schon am nächsten Morgen berichtete uns Jean-Claude, Etumbes Pfleger, von der seltsamen Stimmung der werdenden Mutter.

„Sie will mich nicht sehen", sagte er. „Und weil sie sich sonst nie so benimmt ..."

Er mußte seinen Satz nicht beenden. Ich wusste, dass Jean-Claude seine Bonobos sehr genau beobachtete. Crispin und ich nahmen seine Bemerkung sehr ernst.

„Wenn es jetzt losgeht?“, murmelten wir.

„Was, jetzt schon?“, rief Dominique Hennequin, der Regisseur. „Und wir haben unser Material noch nicht ausgepackt! Jetzt aber ran!“

Wir besuchten Etumbe, die in den Schlafkäfig gegangen war. Um ganz sicherzugehen, dass ich das Ereignis nicht verpasste, hatte ich mit Jean-Claude ausgemacht, dass er Etumbe jedes Mal, wenn sie sich müde fühlte, in ihren kühlen Schlafkäfig ließ. Sie hatte das Angebot gerne angenommen und seit einigen Wochen die Gewohnheit, sich dort für ein kurzes Schläfchen zurückzuziehen. Zu unserer Überraschung war das Fruchtwasser bereits abgegangen und die Wehen kamen alle zehn Minuten. Florent, unser eigener Kameramann, stand schon bereit zu filmen. Es galt keine Sekunde mehr zu verlieren.

„Schnell, sagt Dominique, dem Team, Emmanuelle und den anderen Bescheid! Das Baby kommt gleich!“

Ich ging in das Gehege hinein. Die Gefühle überwältigten mich. Im Lauf der Jahre des Kampfes hatte ich alles Leid und alle Freuden erlebt, die wir mit den Tieren, die wir lieben, erleben konnten – nur eines noch nicht: das Wunder einer Geburt. Und jetzt stand es vor mir, unmittelbar und ungewiss. Würde alles gut gehen? Als ich sah, wie ruhig Etumbe war, konnte ich meine Sorgen besser verbergen. Während der Wehenpausen kam sie zu mir, schaute mich fragend an, um sich dann wieder zu entfernen, mitgerissen von der Welle der Schmerzen der nächsten Wehe. Ich sprach leise mit ihr, um sie zu beruhigen. Die Wehen kamen in immer kürzeren Abständen. Wir hielten den Atem an in der Erwartung der bevorstehenden Geburt. Das Arte-Team war bereit. Ich fühlte mich hin- und hergerissen zwischen der Freude, dieses Ereignis in einem Film festzuhalten und den Gewissensbissen wegen unseres Egoismus hinter dieser Entscheidung. Je näher die Geburt rückte, desto mehr bedauerte ich unsere Schaulustigkeit.

Etumbe hatte nur noch eines im Sinn – mit ihren Schmerzen fertig zu werden, und wendete sich von mir ab. Sie kletterte für die letzten Wehen nach oben in die Hängematte, sicher ein erblich verankerter Instinkt, da in der Natur auf dem Boden des feuchten Urwalds Raubtiere und andere Gefahren lauern.

„Himmel!“, sagte Florent, „da kommt das Baby, und wenn es da runterfällt aus dieser Höhe ...!“

Ich sprang nach vorne, um es auffangen zu können, nahm mich aber sofort wieder zurück. Was wäre, wenn Etumbe das Baby verstoßen würde, weil ich es angefasst habe? Es war sowieso zu spät, das Baby fiel schon aus der Hängematte heraus. Aber es wurde von der Nabelschnur festgehalten und kam auf die Welt mit einem beeindruckenden Bungeesprung. Es zerriss sofort die Eihaut und stieß mit der Atmung seinen ersten Schrei aus. Etumbe war auch überrascht, beugte sich aber aus der Hängematte und holte mit ihren Füßen das Baby an der Nabelschnur zu sich. Jetzt hielt sie es an sich, wie wir es ihr oft gezeigt hatten.

„Es ist ein Junge!“, rief ich, und vergaß, dass die Bezeichnung Männchen richtiger wäre. Alle waren sehr bewegt. Ich schaute mich um und sagte mit einem Freudenschluchzer im Hals: „Es ist nicht ganz so wie bei der Geburt meiner Enkel ... aber doch ein bisschen.“

Alle lachten, klopften mir auf den Rücken, aber ich sah bei ihrem Lachen auch Tränen in den Augenwinkeln glänzen. Mein Blick suchte Crispin, um meine Freude zu teilen. Ich sah, dass er sich entfernt hatte, allein hinter den Schlafkäfigen stand. Mir wurde bewusst, dass dies für ihn ein schwerer Augenblick war, da er vor wenigen Tagen sein neugeborenes Baby verloren hatte. Kurz darauf kam er zurück und zwinkerte mir verschwörerisch zu.

Wir waren alle so glücklich und auch ein bisschen stolz. Wir erkannten plötzlich, dass diese Geburt ein Erfolg war, eine neue

Etappe. Unser erstes Baby ... Ich weinte, war glücklich. Dieses Baby ist ein Geschenk des Himmels. So nannten wir es dann auch: Mbano ya Lola, „das Geschenk vom Paradies".

Zu unserer großen Erleichterung riss die Nabelschnur am zweiten Tag. Jetzt war Mbano in sein Leben gestellt, und Etumbe hatte schon zu den ewig gleichen Gesten des Mutterseins gefunden. Sie stillte ihr Baby, wiegte es zärtlich, streichelte es. Die Natur hatte gesiegt. Ich ging zur Seite, fühlte mich überflüssig. Ich entfernte mich von den Käfigen, mein Blick umfasste Lola. Wie jeden Tag war das Team gut gelaunt bei der Arbeit. Ich wusste, dass Crispin widersprüchliche Gefühle bewegten: Trauer um sein eigenes Kind, das er verloren hatte, Freude über unser aller Kind, das endlich geboren worden war. So ist das Schicksal, Freuden und Leid sind wahllos gemischt. In der Ferne spielten die Bonobos in den Bäumen, verständigten sich mit kurzen Schreien, paarten sich in schnellen Umarmungen. Jede einzelne ihrer Bewegungen spiegelte den ewigen Rhythmus des Lebens und erfüllte mich mit Kraft.

Welch ein Symbol, diese Geburt! Zum ersten Mal hatte in der Schutzstation ein Weibchen, das ohne elterliches Vorbild aufgewachsen war, den mütterlichen Instinkt wiedergefunden und den Faden der Generationen neu geknüpft. In meinen Augen ist Mbanos Ankunft ein Meilenstein auf unserem Weg und beflügelt meine Fantasie. Auf zur nächsten Etappe: die Schaffung des Bonoboschutzgebiets.

„Hei!", ruft Valérie, das Kassenbuch in der Hand, „Es gibt noch viel zu tun in Lola!"

Ich weiß, Val, aber die Zeit drängt. Ich bin nicht mehr zwanzig.

In einigen Tagen werde ich wieder Richtung Mbanka aufbrechen, in die Provinz Equateur, am linken Ufer des Kongo, beim Zufluss des Ruki, mit seinem beeindruckenden dunklen Wasser. Ein abgeblättertes Schild am Stadteingang verkündet:

Der Äquator verläuft durch Mbandaka. Der Ort hat nach und nach seinen Glanz verloren, außer den Fahrzeugen der UNO gibt es so gut wie keine Autos, keinen Strom und oft kein fließendes Wasser. Ich weiß, dass wir trotzdem mit offenen Armen empfangen werden, dass Interviews, Fotos, Filme und Einladungen ab dem ersten Tag auf uns warten werden.

Morgen wird die Expedition starten. Es wird gerade dämmern, wenn ich in den Einbaum steigen und auf dem schönen traditionellen Sitz Platz nehmen werde. Dann werden sich wunderbare Bilder vor mir ausbreiten: der Tagesanbruch über dem schönen und majestätischen Kongo-Strom, die gewaltigen Wassermassen, mit einzelnen Inseln, bewaldet oder mit Palmenhainen bewachsen. Wir werden stundenlang dem Wasserlauf des Kongo und des Ruki folgen, auf der Suche nach dem *kanzi,* dem „versteckten Schatz", auf dem eines Tages in hoffentlich naher Zukunft gut zwanzig unserer Bonobos eine neue Heimat finden werden. Auf dem Einbaum der Männer wird man sich amüsieren, viel lachen, Wetten abschließen, mitten im Fluss baden. Das wird ein fröhliches Baden sein. Wieder und wieder werden die Männer in das dunkle Wasser springen und begeisterte Rufe ausstoßen.

Etwas später, bei den Zwischenstopps, wird mich beim Besuch der Märkte wieder dieser schmerzhafte Faustschlag, den ich nur zu gut kenne, mitten ins Herz treffen: Ich werde viele Stände mit geräucherten Affen, Wildschweinen und anderen Jagdtrophäen finden. Hier und dort werden grausame Bilder auf mich einstürmen: lebende Antilopen, denen die Beine gebrochen wurden, Wildschweine, die an den Kniekehlen gefesselt sind, Krokodile mit zertrümmertem Schädel ... Das ist Afrika: packend, laut, grausam und sich seiner Unmäßigkeit nicht bewusst. Aber es birgt in sich den Ort, der eines Tages, so hoffe ich, das zweite Paradies der Bonobos werden wird, den Ort, wo zum ersten Mal eine Gruppe von Bonobowaisen, versöhnt mit dem Leben, den Weg in den großen Wald zurückfinden wird, aus dem die Menschen sie entrissen haben. Tausende Hektar Land, das Schutzgebiet der Bonobos in der Landschaft Maringa-Lopori-Wamba, dem ursprünglichen Lebensraum der Bonobos, vergleichbar dem Schutzgebiet der Okapis, der anderen endemischen Tierart des Kongo, in der östlichen Provinz.

Meine Träume werden Wirklichkeit werden und meine Mission sich endlich erfüllen: die Bonobowaisen wieder in ihren ursprünglichen Lebensraum zurückzubringen. Mikeno, Maya, Makali, Semendwa und die anderen dem Wald zurückzugeben, einfach, weil ich sie liebe, und den Menschen hier zu verstehen zu geben, dass es hundert Mal besser ist, das Leben anzunehmen als den Tod zu bringen.

Das ist die Botschaft, die ich in den Augen meiner verlorenen Bonobokinder lese. Jedes liebt mich auf seine Weise, so wie jedes meiner eigenen Kinder seine Liebe auf seine Weise ausgedrückt hat. Jedes von ihnen hat mir immer wieder Liebesbeweise entgegengebracht, zärtliche Gesten, Blicke, die um meine Aufmerksamkeit bettelten. Ein seltsamer Spiegel ist die Welt der Menschenaffen, manchmal so menschlich ... Ich liebe diese flüchtigen Momente, in denen sie wir sind und wir sie. Es ist schwierig, sich von dieser faszinierenden Welt, in die ich eintauche, wenn ich mit ihnen in Frieden zusammen bin, loszureißen, und nicht die Grenze zu überschreiten: Wir können ebenso leicht in ihre Welt eindringen, wie sie in die unsere, mit denselben Gesten, denselben Blicken, dem Vokalisieren, das die Worte ersetzt und nur eine andere Sprache ist, die ich von Tag zu Tag besser verstanden habe, so wie ich Englisch oder Swahili gelernt habe.

Und dann schrillt eine Alarmglocke in mir. Ich muss in unsere Welt zurückkommen. Es sind nur Tiere, sage ich mir, mehr überzeugt, weil ich es um mich herum höre, als in meinem Herzen. Aber hat man das Recht, so weit entfernt von den

Menschen zu bleiben? Wie können wir trotz unserer Unterschiede zusammenleben, in einer Welt, die uns gemeinsam gehört? Dann entferne ich mich für einige Zeit von ihnen, nur um zu den Meinen zurückzukehren ... Genauso starke Bindungen, die ich niemals aufgeben würde.

Aber wenn ich meine Bonobos verlasse, erfasst mich Traurigkeit. Ich frage mich oft, was mir diese Tiere, der Kontakt zu ihnen, gebracht hat, und komme immer wieder auf dieselbe Antwort: den Frieden. Francis Ford Coppola soll gesagt haben: „Niemand hat je behauptet, dass das Paradies leicht zu erreichen wäre." Ich jedoch sage mir, dass ich nicht weit entfernt bin. Das ist sicher der Grund, warum mich jedes Mal, wenn ich an die Bonobos denke, eine große Ruhe erfüllt.

Sie ist vielleicht nur eine andere Form des Glücks.

Als ich ein kleines Mädchen war, wollte ich ein Junge werden. Ich wurde eine Frau, und heute würde ich nichts anderes sein wollen. Ich liebte das abenteuerliche Leben, das ich führte, und wenn je die weißen Haare der Staub des hinter mir liegenden Weges sind, so werde ich doch bis zum Ende die flammend Rothaarige bleiben, die vom Licht ihres guten Sterns erhellt wird.

Danksagung

Das ist meine Geschichte: Sie ist eng verbunden mit der politischen Situation meiner Wahlheimat und kann nicht davon getrennt werden. Ich stelle die Ereignisse so dar, wie ich sie wahrgenommen habe. Victor, meine große Liebe, hat mich bei jedem meiner Schritte begleitet, und Priscilla, meine liebe Freundin, hat mir geholfen, mein weibliches Empfinden zu bewahren, das die Quelle für meine Leidenschaft ist. Bruno Tesarech hat alles miteinander verbunden und meine Worte klug in eine Form gebracht. Karl und meine Freunde aus der Wissenschaft, die mich auf diesem langen Weg begleitet haben, haben meine Kenntnisse erweitert. Sie mögen mir Irrtümer in meinem Wissen, das ich mir im Laufe meines Lebens über die Bonobos angeeignet habe, verzeihen. Schließlich noch ein großes Dankeschön an Christine d'Hauthuille für die wunderbaren Fotos, mit denen sie diesen Text bereichert hat.

Verzeichnis der Organisationen

L'association les Amis des Animaux au Congo (AAC)
RDC – Kinshasa
claudine@ic.cd / bonoboducongo@free.fr /
emybonobo@voila.fr
bonoboducongo.free.fr
www.friendsofbonobos.org
www.bonoboscongo.net
bonoboscongo.net

African Wildlife Foundation (AWF)
Blvd. du 30 juin No. 2515
Immeuble AFORIA (ex. Shell)
6eme Niveau
B.P. 2396
RDC – Kinshasa/Gombe
www.awf.org

The Bonobo Conservation Initiative (BCI)
2701 Connecticut Ave., NW #702
USA – Washington, DC 20008
bci@bonobo.org
www.bonobo.org

CITES Secretariat
International Environment House
Chemin des Anémones
CH–1219 Châtelaine, Geneva
info@cites.com
www.cites.org

Fondation Brigitte Bardot
28 rue Vineuse
F – 75116 Paris
www.fondationbrigittebardot.fr

Institut Congolais pour la Conservation
de la Nature (ICCN)
13, Avenue des Cliniques
Commune de la Gombe
RDC – B.P. 868 Kinshasa I
www.iccnrdc.cd

International Union for the Conservation
of Nature and Natural Resources (IUCN)
Rue Mauverney 28
CH – Gland 1196
www.iucn.org

Jane Goodall Institute Germany (JGI)
Leonrodstraße 42
D – 80636 München
info@janegoodall.de
www.janegoodall.de

PASA Pan African Sanctuary Alliance (PASA)
P.O. Box 86645
USA – Portland, Oregon
PASAapes@aol.com
www.panafricanprimates.org

The Wasmoeth Wildlife Foundation (TWWF)
Javastraat 12
NL – 3016 CE Rotterdam
info@wasmoethwildlife.org
www.wasmoethwildlife.org

Deutsche UNESCO-Kommission e.V.
Colmantstraße 15
D – 53115 Bonn
info-bibliothek@unesco.de
www.unesco.de

United Nations Regional Information
Centre for Western Europe (UNRIC Brussels)
Residence Palace
Rue de la Loi/Wetstraat 155, Block C2,7th and 8th floor
B – Brussels 1040
www.unric.org

Welttierschutzgesellschaft e.V. (WSPA)
Kaiserstraße 22
D – 53113 Bonn
www.wspa.de

World Wildlife Fund WWF
Rebstöckerstr. 55
D – 60326 Frankfurt
info@wwf.de
www.wwf.de

Les Amis des Bonobos du Congo
& Friends of Bonobos
präsentieren

„LOLA YA BONOBO“

die Schutzstation in Kinshasa,
Demokratische Republik Kongo

Lola ist ein Wort aus Lingala, einer der Dialekte des Kongo, und bedeutet „Paradies“. Die von Claudine André errichtete Schutzstation liegt etwa 30 km von der Hauptstadt Kinshasa entfernt, und wurde 2002 in Trägerschaft des Umweltministeriums offiziell eröffnet, unterstützt vor allem von Claudine Andrés Tierschutzorganisation ABC (Les Amis des Bonobos du Congo). 20 Bonobos im Alter von zwei bis 20 Jahren zogen in das 20 Hektar große Waldparadies ein. Mittlerweile wurde es auf 35 Hektar erweitert und beherbergt mehr als 40 Bonobos. 2005 gab es erstmals dort geborenen Nachwuchs.

Claudine André
Gründerin und Direktorin von Lola Ya Bonobo, dem “Paradies der Bonobos”.

Die Ersatzmütter
Ohne ihre Liebe würde der Lebenswille der Bonobowaisen schwinden und keine Medizin der Welt könnte sie retten!

Das Schul-Programm
Die Schutzstation empfängt pro Jahr über 8.000 Kinder aus Schulen in Kinshasa im Rahmen ihres Umwelt-Erziehungsprogramms.

Bonobos *(Pan Paniscus)* sind eine der gefährdetsten Tierarten der Welt. Sie leben ausschließlich im Kongo und wurden als letzte der Menschenaffen entdeckt. Aber sie könnten die ersten sein, die aussterben: 1980 gab es noch schätzungsweise 100.000 freilebende Tiere, heute besteht die Population wahrscheinlich aus nicht mehr als 10.000 Bonobos.

Das Matriarchat Obwohl die Bonobo-Gemeinschaft fast gleichberechtigt ist, führen die Weibchen die Gruppen, zu denen immer mehrere Männchen und Weibchen gehören, an. Die Männchen nehmen dem Status ihrer Mutter entsprechend einen Platz in der Rangordnung ein und bleiben sehr lange, wenn nicht ein Leben lang, bei ihr.

Make Love, not War! Das Markenzeichen des Bonoboverhaltens ist eine intensive sexuelle Aktivität, unabhängig von Alter oder Geschlecht. Die Bonobos nutzen den Sex, um Spannungen, Konflikte und Aggressionen abzubauen. Es ist kein einziger Fall bekannt, wo sich Bonobos gegenseitig töteten, wie es beispielsweise bei den Schimpansen vorkommt.

Unsere nächsten Verwandten fast 99 % unserer Erbinformation ist mit der des Bonobos identisch, dadurch stehen uns diese Tiere näher als beispielsweise Schimpansen oder Gorillas.

Die Bonobos brauchen Ihre Hilfe!
Unterstützen Sie die Schutzstation mit Ihrer Spende oder adoptieren Sie einen unserer Bonobo-Waisen !
Weitere Informationen finden Sie unter *www.lolayabonobo.org*